insel taschenbuch 4674
Helga Maria Wolf
Die schönsten Bräuche, Rituale und Traditionen

Was versteht man unter Blochziehen, Hütelheben und Heringschnappen? Was hat es mit Rügebräuchen, dem Haussegen und der Weintaufe auf sich?
Bräuche, Rituale und Traditionen dienen seit jeher dazu, besondere Ereignisse zu begehen, Festtage zu feiern, durchs Jahr zu begleiten, Sinn zu stiften. Ob Weihnachten oder Ostern, Hochzeiten oder Begräbnisse, Almabtrieb oder Maifest, Eisheilige oder Raunächte – Bräuche und Rituale begegnen uns noch heute vielerorts und in unterschiedlichster Gestalt. Und doch sind viele von ihnen und vor allem das Wissen um sie oft weitestgehend in Vergessenheit geraten. Dieses Buch erzählt davon, woher sie kommen und wie sie entstanden sind.
Überraschend, unterhaltsam und voller kurioser Details: Helga Maria Wolf öffnet mit diesem Buch ein Fenster in die Vergangenheit. Der Blick hindurch weckt Neugier und Verständnis, vor allem bewahrt er wertvolles Wissen, damit es nicht verloren geht.

Helga Maria Wolf, 1951 in Wien geboren, studierte Europäische Ethnologie und beschäftigte sich in zahlreichen Publikationen, Fernseh- und Radiosendungen mit der Geschichte und Kultur ihrer Heimatstadt. Als Herausgeberin des digitalen Wissensnetzes »Austria-Forum« gestaltet sie u. a. *Alltag – Brauch – Cultur. ABC zur Volkskunde Österreichs.* 2013 wurde der Autorin der Kulturpreis des Landes Niederösterreich verliehen.

HELGA MARIA WOLF

DIE SCHÖNSTEN *Bräuche* RITUALE & TRADITIONEN

Mit Fotografien und Abbildungen

Insel Verlag

Der 2015 im Christian Brandstätter Verlag, Wien, erschienene Originalband wurde für die Taschenbuchausgabe gekürzt.

Erste Auflage 2018
insel taschenbuch 4674
Insel Verlag Berlin 2018
Copyright © 2015 by Christian Brandstätter Verlag, Wien
Lizenzausgabe mit freundlicher Genehmigung
Alle Rechte vorbehalten, insbesondere das des öffentlichen Vortrags
sowie der Übertragung durch Rundfunk und Fernsehen, auch einzelner Teile.
Kein Teil des Werkes darf in irgendeiner Form
(durch Fotografie, Mikrofilm oder andere Verfahren)
ohne schriftliche Genehmigung des Verlages reproduziert
oder unter Verwendung elektronischer Systeme
verarbeitet, vervielfältigt oder verbreitet werden.
Vertrieb durch den Suhrkamp Taschenbuch Verlag
Umschlag: zeromedia.net, München
Umschlagabbildungen: Getty Images, FinePic®
Druck: CPI – Ebner & Spiegel, Ulm
Printed in Germany
ISBN 978-3-458-36374-3

DIE SCHÖNSTEN *Bräuche* RITUALE & TRADITIONEN

VORWORT

Bräuche fallen nicht vom Himmel, sie kommen auch nicht aus der »Volksseele«. Sie werden erfunden, wenn man sie braucht. Bräuche wandern, entwickeln sich dynamisch weiter, verschwinden, werden revitalisiert. Keiner hat sich von mystischer Vorzeit bis in die Gegenwart erhalten.

Helga Maria Wolf

Von Adam und Eva bis zum Zylinderhut reichen die hier vorgestellten rund 300 »verschwundenen Bräuche«. Selbstverständlich kann in einem Buch wie diesem nicht »alles« vorgestellt werden. Weder sollte das Kuriose überwiegen noch das Kirchliche, der Gegenwartsbezug durfte nicht fehlen. Städtisches und Ländliches sollte ausgewogen sein, verschiedene Regionen berücksichtigt werden. Der Begriff »Brauch« weckt sehr unterschiedliche Assoziationen, die von persönlichen Einstellungen und Erfahrungen abhängen – und Bräuche waren nicht nur schön.

»Was ist also ein Brauch?«, fragte die deutsche Professorin für Europäische Ethnologie, Ingeborg Weber-Kellermann (1918–1993). 1985 erschien ihr Standardwerk *Saure Wochen, frohe Feste. Fest und Alltag in der Sprache der Bräuche*. Darin schreibt sie: »Jede kulturelle Erscheinung, die unser Fach untersucht, ist gebunden an Zeit, Raum und Gesellschaft. (…) Die Bräuche sind selbst soziale Tatsachen, Zeichen, in denen sich das gesellschaftliche Leben der Gruppen ausdrückt. (…) Bräuche bestehen aus einzelnen Elementen, sind jedoch nicht deren Summe, sondern ordnen sich in Strukturen, die Systemcharakter tragen. Verändert sich unter bestimmten Strukturen eines der Elemente, so bewirkt das die Veränderung der gesamten Struktur.« So kommt sie zu der Definition: »(…) formalisierte, ausgestaltete Handlungen (…) mit einer Rollenverteilung, einem Spielablauf, ausgeübt von Gruppen, zu festgelegten Zeiten des Jahres oder bei speziellen Anlässen«.

Braucherfinder – Einzelpersonen oder Gruppen – kamen aus allen sozialen Schichten. Herrscher und Kirche hatten gute Gründe, selbst Feste zu begehen oder für andere festzulegen. Kreative Köpfe, wie der Dichter Matthias Claudius (1740–1815), führten für ihre Familien eigene Feiertage ein. Als Journalist ermunterte er auch seine Zeitgenossen dazu. Die Landbevölkerung erhoffte sich von ihren Ritualen Schutz und Segen. Die bestehende Gemeinschaft sollte nach bewährten Regeln funktionieren, dazu gehörten auch soziale Kontrolle, Rüge- und Heischebräuche.

Die Gründe für die Entstehung von Traditionen sind vielfältig. Meist kommen einige zusammen wie wirtschaftliche Notwendigkeiten, religiöse Gebote, ungeschriebene Gesetze oder psychologische Ursachen. Bräuche werden veränderten Gegebenheiten angepasst, einzelne Elemente verschwinden, verbinden sich mit anderen, es entsteht etwas Neues. Bräuche sind flexibel und hybrid. Die aktuelle Europäische Ethnologie sieht kulturelle Erscheinungen als Prozesse, die »ausgehandelt« werden.

Bräuche sind nicht »ewig«. Im Jahrhunderte dauernden Transformierungsprozess geht manches verloren, wenn die Grundlage wegfällt. Viele Bräuche hatten agrarischen Charakter und waren an hierarchische Strukturen gebunden. Andererseits sorg(t)en Innovationen für das Entstehen von ständig Neuem. Bräuche mit Eventcharakter gehorchen eigenen Gesetzmäßigkeiten und nehmen doch Elemente auf, die (fast) schon verschwunden waren. Charakteristische Beispiele dafür sind die aktuelle Trachten-Renaissance, das von den Veranstaltern als »Österreichs größtes Brauchtums- und Volksmusikfest« bezeichnete, 2011 erstmals durchgeführte Wiener Wiesn-Fest sowie die in den letzten Jahren zunehmende Popularität des Pilgerns auf dem Jakobsweg.

Im Zuge von Globalisierung und elektronischer Vernetzung spielen geographische Grenzen eine immer geringere Rolle. Unter den neuen Bräuchen sind oft auch solche, die aus anderen Kulturkreisen kommen oder Elemente aus anderen Kulturkreisen aufgreifen. Doch manchmal scheint es nur so. Eine Wurzel des »amerikanischen« Festes Halloween führt eindeutig zum europäischen Armen-Seelen-Glauben des Hochmittelalters. Das legen schon der Termin und die Ableitung von *all hallows evening* nahe, dazu braucht man nicht die Kelten zu bemühen. Allgemein fällt beim Vergleich von Bräuchen und Brauchelementen auf, dass sich, über Ländergrenzen hinweg, vieles ähnelt. Im österreichisch-süddeutschen Alpenraum, in dem viele der in diesem Band vorgestellten Bräuche verortet sind, bestimmte die (katholische) Kirche den Festkalender, und an die Heiligenviten oder Legenden knüpften sich bestimmte Vorstellungen wie die Patronate für bestimmte Berufsgruppen oder Anliegen. Dazu kommen anthropologische Konstanten wie Lichterbräuche im Winter oder magische Zusatzversicherungen, wenn es um den Erhalt des Besitzes (z. B. Blitzschutz durch Antlasseier) oder Bewahren bzw. Steigern des Ernteertrages (z. B. Einstecken des Palmbuschens, Flurprozessionen) ging.

Es zeigt sich, dass das weite Feld der Superstition – landläufig Aberglaube genannt – fließende Grenzen zum kirchlich vermittelten Glauben aufweist. Solche Vorstellungen, die oft in Bräuchen ihren Ausdruck finden, füllen Bände (z. B. das 1927–1942 herausgegebene zehnbändige *Handwörterbuch des deutschen Aberglaubens*). Etliches klingt skurril. Längst sind Blitzableiter und Kunstdünger erfunden – was sollen da noch Wetterläuten und Feldersegen? Trotzdem ist es lohnend, sich damit auseinanderzusetzen. Wenn hier »verschwundene Bräuche« vorgestellt werden, öffnet sich ein Fenster in die Vergangenheit. Der Blick durch dieses kann beitragen, Verständnis für die Alten und das Alte zu wecken, »damit es nicht verloren geht«.

Vieles wünscht sich der Mensch, und doch bedarf er nur wenig.

Johann Wolfgang von Goethe

ADAM-UND-EVA-SPIEL Seit dem Mittelalter ging den Aufführungen des Weihnachtsspiels ein Paradeisspiel voraus. Der Umzugsbrauch stellte die Vertreibung aus dem Paradies (Gen 3) dar. Ein mit Äpfeln geschmücktes Bäumchen war der Baum der Erkenntnis. 1687 wunderte sich ein Reisender, der in Tirol ein solches Umzugsspiel sah: »(…) und setzte einen baum mit rothen früchten behangen mit in den weg und sich darneben. Nach ihm kam ein teufelgen geschlichen in gestalt eines crocodils, das legte sich an den baum an, wohin auch ein mädgen mit langen und zufeldte geschlagenen haaren kam (…) daraus wir aber noch nicht klug werden konnten, dass es eine vorstellung der historie, da die schlange Evam verführt, seyn sollte.«

1712 schilderte der Wiener Weltpriester und Satiriker Johann Valentin Neiner (1679–1748), dass sich umherziehende Schauspieler in der Wohnung eines kranken Mannes so ungestüm benahmen, dass er sie »die Stiegen abzuprügeln« befahl. Aus dieser Beschreibung geht hervor, dass Adam und Eva in Leinengewänder gekleidet waren, der Teufel eine Kette und Gottvater die Papstkrone mit dreifachem Kronreif (*Tiara*) trug.

Im Dezember 1719 wurde das öffentliche Adam-und-Eva-Spiel wie auch das Bauern- oder Hochzeitsspiel in Wien verboten, da das Herumziehen »verschiedener dienstloser Burschen« die Bewohner beunruhigte und für die Geistlichkeit ein Ärgernis war. Wie es hieß, sollte damit ein »ungestümes Blasen und Leiern, ein ungebührliches Springen und Tanzen« verboten werden. In Zukunft waren Adam-und-Eva-Spiele nur noch an den letzten drei Faschingstagen erlaubt, und das auch nur, wenn sie »in aller Ehrbarkeit« stattfanden.

ADVENT Mit dem Advent (lat. *adventus* – Ankunft), Zeit der Ankunft Christi, beginnt das Kirchenjahr. Er dient der Vorbereitung auf → Weihnachten. Sucht man nach den Wurzeln des Advents, so wird man zum einen beim Konzil von Ephesus (431) fündig, das sich mit der Gottesmutterschaft Mariens befasste, zum anderen im Gallien des 6. Jahrhunderts.

Mehrere Wochen sollte man sich auf das Kommen des Erlösers mit Fasten und guten Werken vorbereiten. Um 600 legte Papst Gregor I. (um 540–604) die Zahl der Adventssonntage auf vier fest, doch erst im 16. Jahrhundert galt dies für die ganze Kirche. Bis 1917 war der Advent eine Fastenzeit. Wie vor → Ostern untersagte ein Kirchengebot während dieser → Geschlossenen Zeit Hochzeiten und Tanzveranstaltungen. Vielleicht kommt daher die Vorstellung von der viel zitierten »stillsten Zeit im Jahr« (Karl Heinrich Waggerl). Sie war von Kirchenbräuchen, wie dem Besuch der → Rorate, geprägt. Auf den Bauernhöfen war es die Zeit der Winterarbeiten wie Holz machen oder → Flachs spinnen.

Die Tiroler begingen die Donnerstagabende im Advent, die sie → Klöpfelsnächte nannten, als Belustigungstage mit Theaterspielen und → Heischebräuchen. In der Steiermark sorgte das → Sauschädelstehlen für Unterhaltung. Weihnachtsvorbereitungen spielten lange Zeit keine Rolle, weil die Feier am → Heiligen Abend mit Christbaum und Geschenken erst seit dem 19. Jahrhundert üblich ist.

Den Adventskranz erfand der spätere Gründer der Inneren

Im Berchtesgadener Land gehörten die »Buttenmandl« zum Gefolge des Nikolaus. Die Strohmasken mit geschnitzten Larven und schweren Glocken waren schon zur Barockzeit bekannt. Nach dem Zweiten Weltkrieg revitalisiert, kann ihr Einkehrbrauch nun auch an den Adventssonntagen oder zu Weihnachten stattfinden.

Mission, Johann Hinrich Wichern (1808–1881), damals Direktor des 1833 eröffneten Hamburger Erziehungsheimes Rauhes Haus. Von ihm stammt der älteste bekannte Bericht (1838). Auch der Erfinder des Adventskalenders, Gerhard Lang (1880–1974), stammte aus einer evangelischen Familie, sein Vater war Pfarrer in Maulbronn. 1903 gilt als Geburtsjahr des Adventskalenders.

AGNESBRÜNNL Auf einem Grundstück des Stiftes Klosterneuburg an der Grenze zu Wien entspringt eine Quelle, die als Agnesbrünnl Eingang in Brauch und Sage fand. Bis 1230 bestanden oberhalb von Klosterneuburg-Weidling auf dem Hermannskogel das Dorf Kogelbrunn und in dessen Nähe die Quelle. Sie kam zwischen den Wurzeln einer Buche hervor, in deren Rinde man das Bild der Muttergottes zu erkennen glaubte. 1805 brachte jemand auf dem Baum eine auf Eisenblech gemalte Kopie des bekannten Mariahilfbildes von Lucas Cranach an, das seit 1931 in der Weidlinger Pfarrkirche hängt.

Das Agnesbrünnl galt als Jungbrunnen und heilkräftig bei Augenkrankheiten. Im Biedermeier war es ein überaus beliebtes Ausflugsziel. Besonders das »Kometenjahr« 1811 verhalf ihm zu Popularität. Von Neustift am Walde (heute 19. Wiener Gemeindebezirk) bis zum Brünnl standen Buden, in denen Waren und Dienstleistungen aller Art angeboten wurden. Um den großen Zulauf zu beenden, ließ die Behörde 1817 die Wunderbuche fällen und die Quelle zuschütten. Doch die Quelle zeigte sich wieder und die Menschen kamen weiterhin zu ihr. 1859 hieß es, dass alte Frauen »mit Glücksnummern und sympathetischen Mitteln handelten und geheimnisvoll von den Sagen und Wirkungen des Agnesbrünnls sprachen«. Bis nach dem Zweiten Weltkrieg fand zu Johannes' Enthauptung (29. August) der Brünnlkirtag statt. Zu bestimmten Zeiten, v. a. am → Dreikönigstag, Karfreitag und Johannestag (→ Johannesfeuer), hoffte man im Schlamm der Quelle oder auf Steinchen darin Nummern zu erkennen, um sie im → Zahlenlotto zu setzen. Den größten Gewinn hatte aber der Ober-Sieveringer Gemeindewirt (später Gasthof »Zur Agnes«). Er ließ Bilder der Sage anfertigen, versprach seinen Gästen ein neues Glücksspiel und verkaufte Mehlspeisen mit eingebackenen Lottozahlen.

Im 19. Jahrhundert entstand der Sagenkreis um Karl und Agnes: Ein armes Köhler-Ehepaar entdeckte an der Quelle ein Findelkind, dessen Mutter eine Fee war. Sie erzogen das Mädchen, Agnes, gemeinsam mit ihrem Sohn Karl. Als dieser herangewachsen war, versorgte ihn die Fee mit einer Rüstung und Waffen, mit denen er im Kampf gegen die Osmanen siegte. Bei seiner Heimkehr hatte sich die Köhlerhütte in einen Palast verwandelt, in dem ihn Agnes als Braut erwartete, doch Karl war bereits mit einer Wienerin verlobt. Der Palast stürzte ein, Karl und sein Heer spuken seither als Ritter bei der Quelle.

AHNLSONNTAG Den Sonntag nach → Ostern (Weißer Sonntag) nutzten Enkelkinder, um ihre Großeltern aufzusuchen, die sie mit Gaben bedachten. In Oberösterreich waren die Ahnlkipferl (Weiber- oder Butterkipferl) eine beliebte Gebäck-Spezialität, die an diesem Tag verschenkt wurde. → Taufpaten erwiderten den Besuch bei den Eltern ihrer Täuflinge.

AITENKERZEN Wie zum → Lichtmesstag am 2. und zu Blasius am 3., spielte auch am 5. Februar, dem Tag der hl. Agatha, Licht eine Rolle. Seit dem späten Mittelalter sollten geweihte Aitenkerzen und Agathenzettel mit aufgedruckten Segensformeln Haus und Hof vor Krankheit und Feuer schützen, ebenso Brote, die an ihrem Tag gebacken und geweiht wurden.

In St. Oswald in der Steiermark opferte man zwischen 1515 und 1518 Aitenkerzen. Mit Kerzen bestücktes Agathenbrot sollte im Wasser sichtbar machen, wo jemand ertrunken war. Agathenbrote bzw. Striezel aus Roggenmehl galten als heilkräftig. Aufgrund einer jahrhundertealten Stiftung werden sie in Stein im Jauntal (Kärnten) auch heute noch am ersten Februarsonntag von der Burg in die Menge geworfen.

Die adelige Jungfrau Agatha (um 225–250) aus Sizilien zählt zu den Märtyrern vom unzerstörbaren Leben. So nannte man frühchristliche Glaubenszeugen, die mehrere tödliche Martern überlebten, ehe sie in das Reich Gottes eingehen konnten. Bei drohenden Ausbrüchen des Vulkans Ätna trug man den weißen Seidenschleier aus Agathas Grab dem Lavastrom entgegen, um diesen von der Stadt Catania abzulenken.

ALLERHEILIGENSTRIEZEL AUS STROH Zu Allerheiligen (1. November) waren Striezel als Patengeschenk oder Ablöse einer Gabe für die Armen Seelen üblich. Im niederösterreichischen Weinviertel jedoch gab es Allerheiligenstriezel aus Stroh. »Geflochtene Strohseile, quer über die Straße gespannt, werden hier Allerheiligenstriezel genannt und missliebigen Mädchen stellt man einen solchen Strohzopf vor die Türe«, beobachtete der Volkskundler Arthur Haberlandt (1889–1964) im Jahr 1927.

Der Wiener Ethnologe Helmut Paul Fielhauer (1937–1987) forschte in den 1960er Jahren über diesen Brauch. Er schrieb: »In der Nacht zum Allerheiligentag (…) bringen die Burschen des Ortes geflochtene Strohzöpfe (…) den heiratsreifen Mädchen ihres Ortes dar. Begehrten Mädchen mögen sie zur Ehre gereichen, den jenseits gewisser Ordnung und Verpflichtungen Stehenden zur Schande, was vielfach aus den Beigaben – Blumen oder Fruchtabfälle – ersichtlich wird. Daneben finden wir über die Straße gespannte, desgleichen als ›Allerheiligenstriezel‹ bezeichnete Strohseile, in deren Mitte zumeist eine kleine Tafel hängt, auf welcher gewöhnlich der Jahrgang der Burschenschaft, die den Strohstriezel geflochten hat, vermerkt ist.« Der Autor berichtete in diesem Zusammenhang auch von früher üblichen Sprüchen, die »den Rahmen des Anstands überschritten« hätten.

ALLERSEELEN Kurz vor der ersten Jahrtausendwende rief Abt Odilo von Cluny (994–1048) in seinen Gemeinschaften zum festlichen Gedächtnis aller verstorbenen Gläubigen am 2. November auf. 1006 ordnete Papst Johannes XVIII. († 1009) die allgemeine Feier dieses Festes an. Es folgt im Kalender dem Hochfest Allerheiligen, dessen Termin Papst Gregor IV. († 844) im Jahr 835 auf den 1. November festgelegt hatte. Obwohl Allerheiligen kein Trauertag ist, sondern das neue Leben, in das die Heiligen und Seligen eingegangen sind, feiert, zog der arbeitsfreie Tag Bräuche von Allerseelen auf sich und gilt in katholischen Gegenden heute vielen als Tag des Totengedenkens.

1842 schilderte der Lokalschriftsteller Emanuel Straube das Treiben auf den damals sechs Wiener Friedhöfen zu Allerseelen:

→ Allerseelen
Zu Allerheiligen und Allerseelen hatten die Blumenhandlungen Hochsaison (hier eine Ansicht aus Wien). Fotografie. 1916

»Wolken von Gezelten, in welchen Wachslichter, Blumen, Bänder, oder auch geselchte Würstel und Semmeln, Votivbilder und Obst verkauft werden, Heerscharen von Bettlern (…) geputzte Manns- und Frauenbilder, die zu einem frommen Werke kommen, wie zu einer Opern-Vorstellung; das Gedränge, Stoßen, Treiben, Treten an den Eingängen, wo Taschendiebe und die löbliche Polizei wacker zu tun haben.« Damals war es üblich, den familiären Friedhofsgang mit einem Heurigenbesuch zu verbinden.

In den ländlichen Gemeinden Österreichs war mit Allerseelen ein → Heischebrauch verbunden. Kinder gingen mit einem Spruch zu den Bauernhäusern und baten um Striezel, Brot oder Wecken. Bei der Spende der Seelenwecken bzw. Allerheiligenstriezel nahmen die Kinder symbolisch die Stelle der Armen Seelen im Fegefeuer ein. Gaben oder Messstiftungen sollten deren Qualen verkürzen. In Oberösterreich war das »Seelbrotgehen« im Inn- und Mühlviertel üblich, wobei jeder Bauernhof hunderte Gebäcke verschenkt haben soll. In Salzburg konzentrierte sich der Brauch auf Lofer und Lamprechtshausen und bestand bis in die 1930er Jahre. Aus Tirol berichtete der Bibliothekar und Volkskundler Ludwig Hörmann von Hörbach (1837–1924), dass sich das Almosengeben »zu Hilf und Trost der Armen Seelen« zum erlaubten Bettel und schließlich zum »Missbrauch« gewandelt habe. Während die Heischegänger anfangs bescheiden um Gaben baten, wendeten Bettler um 1900 lautstark Gewalt an, wenn sie nichts bekamen. Traditionelle Lebensmittelspenden waren Brot und Gebäck, Getreide, Mehl und Schmalz. Später übergab man sie dem Pfarrer, der sie gerecht verteilen sollte.

ALLGÄUER BROTVÖGEL Dieses spezielle Gebäck wurde im Allgäu, wie Pfingstwecken oder Heilig-Geist-Krapfen, zu → Pfingsten hergestellt. Die Form knüpft an die Darstellung des Heiligen Geistes als Taube an.

ALMFESTE »Über das Almleben haben die Städter vielfach recht romantische Vorstellungen. Schnulzenfilme und Heimatromane haben diese Auffassung nur bekräftigt. Das echte Almleben sieht anders aus, auch wenn es heißt: Almazeit, lustige Zeit«, schrieb der Salzburger Brauchtumsforscher und Schützenmajor Karl Zinnburg (1924–1994). Er schilderte die harte Arbeit der Sennerinnen, aber auch ihre Freizeitvergnügungen. Dazu zählte das »Jogassengeah« (Jakobi-Gasslngehen) am 25. Juli. In den Salzburger Gebirgsgegenden, besonders im Pongau, Lungau und Pinzgau, kontrollierten die Bauern am Jakobitag ihre Almen, auch die Dorfbewohner besuchten sie. Dabei warteten die Sennerinnen »Schwimmmüsel« (in Fett schwimmendes Mus), »Fleckertes« (flaumigen Brei), Kaffee und Schnaps auf. Manche Gäste brachten Musikinstrumente mit und spielten bis in die Nacht hinein zum Tanz auf. Auch das Ran-

→ Almfeste
Wenn die Rinder am Ende der Saison in die Dörfer zurückkehrten, wurden sie geschmückt. Die Leitkuh trug die prächtigste Zier.

geln (Hosenrecken, Schwingen) fand als Kraftspiel statt. Der Sieger, Hagmoar genannt, durfte sich drei Federn an den Hut stecken.

Ludwig Hörmann schrieb 1909: »Die flinken, kräftigen Burschen haben eine Menge Spiele erfunden, größtenteils gymnastischer Natur (…) Sehr beliebt ist das ›Hackeln‹ mit den Fingern und der sogenannte ›Duxerschub‹, wobei sich die Gegner mit den Fäusten gegen einen Tisch oder eine Bank hinschieben. (…) Zu all dem erwähnten Zeitvertreib kommen sodann noch die eigentlichen Alpenfeste, religiöse und weltliche, welche die Reihe der Arbeitstage unterbrechen. Die ernsteste dieser Feierlichkeiten ist wohl der ›Alpensegen‹. (…) Einmal während des Sommers, meistens nicht lange vor der Abfahrt, wird dort, wo mehrere Alpen in der Nähe sind, ein ›Kirchtag‹ gehalten.«

Klassische Feste sind der Almauftrieb am Beginn und der Almabtrieb am Ende der Saison. Der Auftrieb, in Liechtenstein Alpauffahrt genannt, war dort von einer Reihe religiöser Handlungen begleitet, die das Vieh im Sommer schützen sollten. Dazu zählten das Besprengen mit → Weihwasser, Füttern mit → Antlasseiern, geweihtem Salz, Brot und Kräutern. Der Pfarrer folgte den Sennern, um die Alpe zu segnen.

Ende August oder im September war es Zeit zum Almabtrieb. Im Großarltal (Salzburg) fand er zu Ruperti (24. September) statt. Wenn in der Saison kein Vieh zu Schaden gekommen und im Dorf niemand gestorben war, erhielten die Rinder Hals-, Hörner- und Stirnschmuck aus Reisig, Blumen und buntem Papier. Die prächtigste Zier trug die Leitkuh, Milchkühe waren einfacher bekränzt, Kalbinnen und Jungtiere nur bescheiden geschmückt. Der Stier bekam ein Fichtenbäumchen aufgesetzt, und im Ennstal eine Tafel mit dem Spruch »I bin der Herr Stier mit meine zehn Küah, wir bitten den Bauer um ein Winterquartier« umgehängt. Der Stiertreiber, ein verkleideter Spaßmacher, begleitete ihn. Auf dem Weg verteilten die Sennerinnen Schmalzgebäck. Daheim empfing man sie mit Musik, Böllerschüssen und Peitschenknallen.

ANBLASEN Zu den Frühlingsbräuchen in Deutschland zählte das Begrüßen der ersten Schwalbe um den 25. März. »Zu Mariä Verkündigung kommen die Schwalben wiederum«, sagte man. Die feierliche Begrüßung besorgte der Türmer vom Kirchturm aus, er erhielt dafür einen Ehrentrunk.

ANDREASNACHT Bräuche in der langen Andreasnacht (30. November) verweisen auf den nahenden Jahreswechsel, der klassischen Zeit für → Orakel. Besonders Hochzeitsorakel (Andreseln) waren üblich. Mit magischen Praktiken versuchten heiratswillige Frauen herauszufinden, wer ihr Zukünftiger sei. Unter anderem schälten sie einen Apfel so, dass die Schale ein langes Band ergab, und warfen dieses hinter sich. Aus der Form hofften die Junggesellinnen jenen Buchstaben zu erkennen, mit dem der → Vorname des Bräutigams begann.

Der Chronist Gustav Gugitz (1874–1964) nennt an Praktiken Pantoffelwerfen (wenn die Spitze zur Tür zeigt, kommt ein Bräutigam) oder Bettstaffeltreten. Beim Scheitergreifen schloss man aus der Form des Holzstücks auf die Gestalt des Mannes. Im finsteren Hühnerstall sollte man einen Hahn fangen oder man sollte einen Baum schütteln und darauf achten, aus welcher Richtung Hundegebell zu hören war. Ludwig Hörmann wusste aus Tirol, dass die Junggesellinnen durch Bleigießen Stand und Handwerk des Bräutigams erkennen wollten. Er schrieb von einem Bauernfeiertag und einer Bettlernacht (für Getreide). Wer in dieser sterbe, komme direkt in den Himmel. Kleine Andreaskreuze galten als Talisman gegen Zauberei und Gicht.

Der Apostel Andreas stammte aus Betsaida (Joh 1,44). Er lebte wie sein jüngerer Bruder Simon (Petrus) als Fischer in Kapharnaum am See Genezareth (Mk 1,29). Andreas, zunächst ein Jünger Johannes des Täufers, war unter den ersten Aposteln, die Jesus berief. (Joh 1,35-42, Mk 1,16). In Patras soll er am 30. November des Jahres 60 den Märtyrertod am schrägen Kreuz erlitten haben, woran die Bezeichnung »Andreaskreuz« des Verkehrszeichens erinnert.

ANGEBINDE   Die Bezeichnung entstand aus dem Brauch, (Geld-)Geschenke in ein Tuch einzubinden. Dies war besonders beim Tauftaler üblich, den → Godl oder Göd als traditionelle Gabe zur Taufe (→ Geburt und Taufe) brachten.

Im 19. Jahrhundert waren gedruckte, mit Stanzarbeiten gezierte Taufbriefe in Kuvertform zum Einlegen der Münzen beliebt. Die ältesten Taufbriefe haben sich aus der Zeit um 1750 erhalten. Die Godenbriefe waren eine Spielart der damals modernen Gedenkblätter, die Briefmaler zu Anlässen wie Namenstag, Firmung, → Hochzeit oder → Primiz gestalteten. Als um 1800 die bürgerliche Geburtstagsfeier an Bedeutung gewann, widmeten Familienmitglieder, Freunde und Liebespartner einander poetische Glückwunschschreiben, die man Angebinde oder Bindeverse nannte.

Ein Angebinde anderer Art war das »Bschoadpackerl« (von scheiden – trennen, auch: zuteilen). Es enthielt Mehlspeisen, welche die oft von weit her angereisten Gäste bei Taufen, Hochzeiten etc. nach dem Fest von der Hausfrau erhielten. Aus Salzburg berichtete Karl Zinnburg, dass sich Gäste gern einen Schabernack erlaubten, indem sie statt der Lebensmittel rostige Nägel oder Holzstücke in die Bündel anderer Besucher einpackten.

ANGELUSLÄUTEN   Dreimal täglich läuteten die → Glocken der Dorfkirchen: Um 6, 12 und 18 Uhr riefen sie zum Angelus-Gebet. Das Signal hatte nicht nur religiöse Bedeutung. Es strukturierte den Tag in einer Zeit, in der Uhren im Privatbesitz unüblich waren. »Der Gruß an Maria schien dem Mittelalter so wichtig, dass (1480) die Hausordnung den Einwand des Gesindes, es sei viel zu tun und man könne deshalb das Ave Maria unterlassen, nicht gelten ließ«, schrieb der deutsche Theologe und Kirchenhistoriker Ludwig Andreas Veit (1879–1939). Beim letzten Läuten endete die Feldarbeit. Kinder, die draußen spielten, mussten daheim sein. Im Marchfeld in Niederösterreich drohte man Unfolgsamen, die Klakanitza, eine Hexe, werde sie sonst mitnehmen.

»Der Angelus« ist dem Stundengebet (Offizium, Brevier) der

Ordensangehörigen nachempfunden, die zu Gebeten zu bestimmten Zeiten des Tages verpflichtet sind. Sie beginnen ihn mit dem Chorgebet der Laudes und beenden ihn mit der gemeinsamen Vesper, schließlich folgt als persönliches Abendgebet die Komplet. Am Abend gedenken sie der Gottesmutter Maria: Magnifikat bei der Vesper, Marianische Antiphon als Schlussgesang bei der Komplet. Die heute übliche Form des Volksbreviers führte Papst Pius V. 1571 ein. Die Schriftzitate »Der Engel des Herrn brachte Maria die Botschaft und sie empfing vom Heiligen Geist« (Lk 1,35) – »Maria sprach: Siehe ich bin die Magd des Herrn, mir geschehe nach deinem Wort« (Lk 1,38) – »Und das Wort ist Fleisch geworden und hat unter uns gewohnt« (Joh 1,14) werden mit jeweils drei Ave-Maria und Gebetsformeln kombiniert.

In der Karwoche, wenn die Glocken schweigen, weil sie »nach Rom fliegen«, markierten Kinder mit → Ratschen die Gebetszeiten.

ANNENTAG In der Barock- und Biedermeierzeit wurden alle Annen bzw. ihre Patronin am 26. Juli besonders geehrt. Eigens gedruckte Fächer und Glückwunschbilletts sollten die Annen erfreuen. Im niederösterreichischen Scheibbs veranstalteten die bürgerlichen Schützen seit dem 17. Jahrhundert ein Festschießen am Annentag. Auch Graz, Linz, Prag und Triest hatten ihre Annenfestlichkeiten. Ganz besonders feierte man den Namenstag in Wien, hier galt er als offizieller Feiertag. Am Vorabend boten Musikanten Ständchen dar. Im Prater gab es Feuerwerke, auf dem Kahlenberg Schönheitskonkurrenzen und in vielen Lokalen Annenfeste und -bälle. Bekannte Komponisten wie Johann Strauß Vater (1804–1849) und Sohn (1825–1899) oder Joseph Lanner (1801–1843) schrieben dafür Tanzmusik. Mozarts *Entführung aus dem Serail* wurde anno 1782 speziell »allen Nannerln zu Ehren mit allem Applaus« aufgeführt. Wien-Reisende berichteten: »Die Luft atmet den Abend nichts als Musik, die bis in die Nacht hinein dauert«, und »es wimmelt von Musikanten, die angeführt vom Chor verliebter Fanten der schönen Annen Lob erschallen lassen«.

Die hl. Anna war die Mutter der Gottesmutter Maria. Als Großmutter des Jesuskindes wird Anna selbdritt mit Tochter und Enkel dargestellt. 1584 ordnete Papst Gregor XIII. die Feier eines Festes zu Ehren der Anna an. Wasser aus Annabrünnln (*Aqua sanctae Annae*) trank man seit dem Mittelalter gegen verschiedene Krankheiten. In der einstigen Jesuitenkirche in Wien 1, Annagasse 3a, stand die Annahand-Reliquie im Ruf der Wunderkraft. Der Armenier Rudolfo Dane brachte sie 1678 aus Istanbul nach Wien. 1743 schenkte sie die Habsburgerin Maria Anna (1683–1754) als Königin von Portugal dem Kloster in der Annagasse. Schon ihr Vater, Kaiser Leopold I. (1640–1705), hatte dort eine Annenbruderschaft gegründet. Wachskopien der Heiligen Hand waren beliebte Amulette werdender Mütter. »Annatag ist der Hände Jahrmarkt«, spotteten die Aufklärer.

ANSINGELIEDER Gesungene, oft vielstrophige, Glückwünsche waren ein wichtiger Bestandteil von → Heischebräuchen und Heiligenfesten, wie Georg, Florian, Johann Nepomuk, Luzia (→ Luzientag), hl. → Sebastian, hl. Stephan (→ Stephanitag). Der Aufbau der Lieder folgte einem klaren Schema: Gruß, Glückwunsch mit Bezug zum Fest, Bitte um Gaben, Dank und Abschied. Ausführende waren Angehörige bestimmter Berufe, Burschen oder Mädchen, einzeln oder in Gruppen.

Die → Weinhüter, welche die reifen Trauben zu bewachen hatten, holten sich mit Hüterliedern ihren Lohn, wie aus Nußdorf an der Traisen in Niederösterreich überliefert ist. Gleiches galt für → Hirtenbräuche. Zum Jahreswechsel brachten junge Weinviertlerinnen dem »Herrn« und der »Frau« einen Glückwunsch mit zwölf Strophen dar. Dem Herrn sollte das neue Jahr u. a. Hemd, Rock und Schuhe bescheren, der Frau Haube, Wiege »und den bekannten mythischen Tisch mit dem formelhaften Fisch und dem realer gemeinten Glas Wein«, wie Leopold Schmidt schrieb.

Zugleich mit den Neujahrssängern waren die Sternsinger mit Liedern zum → Dreikönigstag unterwegs, die sich vom 16. bis ins

20. Jahrhundert kaum veränderten. Die Kärntner Slowenen pflegten zu allen Jahresfesten Heischebräuche mit Ansingeliedern, von denen viele aus dem Mittelalter stammten. Die erste schriftliche Erwähnung datiert aus dem Jahr 1575. Bei diesen Bräuchen zogen Männer von einem Haus zum anderen, keines durfte ausgelassen werden. Sie sangen mehrstimmig ohne Instrumentalbegleitung.

Ein Lied aus dem niederösterreichischen Pottschach zum → Lichtmesstag umfasst 39 (!) Strophen, es ähnelt den Wünschen der Neujahrslieder. Ein aus dem Jahr 1602 überlieferter Lichtmessgesang aus Graz enthielt unterschiedliche Wünsche für verschiedene Stände wie Priester, Edelleute, Bauern oder Jungfrauen. Geistliche und Chorknaben sangen es, wenn sie um → Kerzen und Wachsspenden baten. Der Dank dafür gipfelte im Vers: »Wir wünschen das Glück wohl in das Haus, das Unglück fahr zum Giebel hinaus!«

ANTLASSEI Die am → Gründonnerstag (»Antlasspfinztag«) gelegten sogenannten Antlasseier (von Antlass – Entlassung aus der Kirchenbuße, die am Gründonnerstag erfolgte) galten als segens- und zauberkräftig. Man legte sie als Blitzschutz und Zauberabwehr unter den Dachfirst und sagte ihnen Weissagungs- und Sympathiekraft zu. Teilweise erhalten hat sich die Tradition, Antlasseier zu färben und bei der Speisenweihe beim Ostergottesdienst segnen zu lassen. Wenn man sie in der Familie gemeinsam verzehrt, soll diese beisammenbleiben. Falls sich jemand verirrt und an die anderen Personen denkt, soll er wieder heimfinden.

→ Almfeste

APOTROPÄON Apotropäische Mittel (griechisch *apotropaion* – Unheil abwehrend) waren schon in der Antike bekannt. Bestimmte Handlungen und Gegenstände sollten gegen den Bösen Blick schützen, beispielsweise das Umbinden eines roten Bandes bei kleinen Kindern. Abwehrende Gesten (z. B. → Daumen, Neidfeige), Amulette und Symbole waren im populären Glauben weit verbreitet. Oft vermischten sich kirchlich-religiöse und superstitiös-magische Vor-

→ Apotropäon
Amulette sollten ihre Besitzer vor Unheil bewahren. Dazu zählten Gnadenschlüssel ebenso wie Nepomukszungen, Korallen oder Tierzähne.

stellungen, wie beim → Rosenkranz, beim → Benediktuspfennig, bei der Inschrift → C+M+B oder beim → Weihwasser.

ARBEITSVERBOTE Ludwig Andreas Veit erwähnte, dass im Mittelalter das Jahr im deutschsprachigen Raum rund 50 Feiertage hatte. Die Feste populärer Heiliger galten als Bauernfeiertage. An diesen bestanden oft Arbeitsverbote, die mit Analogien zu tun hatten. So sollte man zu → Christi Himmelfahrt wegen drohender Gewitter nicht arbeiten, da der Himmel für die Auffahrt Jesu offen stehe. Am Gallustag (16. Oktober) durften keine Schweine geschlachtet werden, andernfalls würde der Speck gallig. Heute noch bekannt ist das Verbot des Wäschewaschens und -aufhängens in den → Raunächten, dessen Missachtung angeblich einen Todesfall verursacht.

AUFRÄUMMONTAG Montag nach dem → Dreikönigstag war der Tag für den Kehraus nach den Weihnachtsfeiertagen. Man nannte ihn auch »verlorenen Montag« (in den Niederlanden), Frauenmontag (in Brabant) oder Pflugmontag. Vor allem in England war es üblich, einen Pflug durch das Dorf zu tragen, um auf den Beginn des bäuerlichen Arbeitsjahres aufmerksam zu machen. Beim abschließenden Dorffest eröffneten der → Bohnenkönig und die Bohnenkönigin den Tanz.

GEBURT UND TAUFE

Früher, so berichtet das *Wörterbuch der deutschen Volkskunde*, stand die Anrede »Frau« nur Müttern zu. Die Geburt des ersten Kindes bildete eine Zäsur im Leben der Familie, »für das Kind der Eintritt ins Leben, bringt die Geburt alle die volksgläubigen und kirchlichen Bräuche in Anwendung, mit denen (…) Schadenmächte aufgehalten und das Leben, Glück und Gesundheit gesichert werden«.

Möglichst rasch sollte das Neugeborene dann getauft und dadurch in die Gemeinschaft der Christen aufgenommen werden, Geburt und Taufe waren eng verknüpft.

AUSLÄUTEN

Um einem Vater, der außerhalb des Bauernhofes arbeitete, die Geburt seines Kindes anzuzeigen, wurde ihm von seinen Knechten »ausgeläutet«. Sie begleiteten ihn nach Hause, wobei sie mit Pfannen, Glocken oder Pfeifen lärmten. Um das Kind anzuerkennen, hob der Vater das auf die Ofenbank gelegte Baby auf. In das erste Bad des Neugeborenen kamen verschiedene Gegenstände mit Symbolwert, etwa ein Geldstück, ein Rosenkranz und bei Mädchen eine Spule. Die Münze erhielt ein Armer, das Badewasser schüttete man unter den »Lebensbaum« des Kindes. Bei Buben war dies ein Apfel-, bei Mädchen ein Birnbaum.

TAUFE

Für die ersten Christen war die → Taufe eine liturgische Feier der → Initiation. Im 2. Jahrhundert mussten sich die erwachsenen Taufbewerber (Katechumenen) durch mehrjährige Teilnahme am Gemeindeleben, Unterricht und tadellosen Lebenswandel vorbereiten. Allgemeiner Tauftermin war → Ostern (Osternacht). Obwohl das Neue Testament als Bedingung den Glauben an die christliche Botschaft und die Umkehr ausdrücklich nennt, dürfte von Anfang an auch die Kindertaufe bekannt gewesen sein. Mit fortschreitender

Christianisierung wurde die Säuglingstaufe zum Normalfall, allerdings musste die christliche Erziehung des Kindes gewährleistet sein. Dazu verpflichteten sich die Taufpaten.

Zur Taufe gingen in katholischen Familien nur Pate oder Patin, Vater und Hebamme. An die Sakramentenspendung schloss sich das Kindelmahl im Wirtshaus an. Die Mutter war bei alldem nicht dabei, sie genoss eine sechswöchige Ruhepause, während der sie mehrmals mit einer geweihten → Kerze und einem Spruch gesegnet wurde. Drei Tage nach der Taufe schickte die Patin das »Vorweisat«, sechs Semmeln, 101 Eier, Schmalz und eine schwarze Henne, die der Vater sogleich schlachtete.

KINDERZEICHEN

Früher war es nicht unüblich, dass Eltern tote Babys in einen Wallfahrtsort brachten, auf einen Altar legten und hofften, dass sie ein Lebenszeichen von sich gäben (Kinderzeichen), damit sie rasch noch getauft werden könnten.

FÜRSEGNEN

Traditionsgemäß führte der erste Ausgang der Mutter – unabhängig von der Kindstaufe – in die Kirche. Patin und Hebamme begleiteten sie zur Aussegnung (Fürsegnen) durch den Priester. Danach gab es ein Festmahl und kleine (Geld-)Geschenke, sowohl der Eltern für die Verwandten als auch dieser für das Kind. Von der »Reinigung der Wöchnerin« spricht schon das Alte Testament (Lev 12, 1-8). Im *Rituale Romanum* von 1614 ist von einer »Reinigung« der Frau nichts zu finden, in Ritualen des 18. Jahrhunderts hingegen schon. Das Fest »Darstellung des Herrn«, bis 1969 »Reinigung Mariens« genannt (→ Lichtmesstag), am 40. Tag nach → Weihnachten verweist auf den Tempelgang der Gottesmutter (Lk 2, 21–40).

In der evangelischen Kirche wurde der erste Kirchgang der Mutter mit der Taufe verbunden und die Gemeinde zur Fürbitte eingeladen.

Ledigen Müttern blieb der kirchliche Segen verwehrt. Sie muss-

Bis ins 19. Jahrhundert war es üblich, Säuglinge bis zu den Schultern mit Bändern (»Fatschen«) einzuwickeln. Plastische Darstellungen finden sich als Spielzeug ebenso wie als Klosterarbeit, Votivgabe oder Lebkuchenfigur.

ten »über den Besen springen«. Die Redensart geht auf eine Ehrenstrafe zurück, bei der die betroffenen Personen (z. B. Diebe) einen Besen um die Kirche tragen mussten und dann von jedem damit geschlagen werden durften.

TAUFPATEN

Schon vor der Geburt erklärten sich die – in Österreich und im süddeutschen Raum »God« bzw. »Gödl« genannten – Taufpaten bereit, die Patenschaft zu übernehmen. Trotzdem gab es das Ritual, dass der Vater mit einem → Stab aus Haselholz vor dem Haus des Paten vor ihm niederkniete, um ihm das Patenamt anzutragen. Manche Eltern schickten auch einen schön gekleideten Boten, der die Bitte in Spruchform vortrug. Der God seinerseits besuchte rasch die Eltern, brachte das »Krösengeld« mit und steckte dem Baby je drei Brotstücke, Palmkätzchen und Münzen in die Windeln.

B

Es gibt eine Sprache, die nicht spricht und doch alles sagt!

Johann Nestroy

BACHFEIERTAG Diese Feiertage, die in keinem Kalender standen, fanden im Obergailtal (Kärnten) in einigen vom Wildbach verwüsteten Ortschaften statt. Vormittags gingen die Bewohner, die Mädchen mit bunten Kopftüchern, zur Scharmesse, für deren Abhaltung sie gesammelt hatten. Nachmittags veranstalteten sie mit einem schlichten Holzkreuz eine Prozession zu den Ufern des Wildbachs.

BÄCKERSCHUPFEN Das Bäckerschupfen war als Ehrenstrafe seit dem Mittelalter in europäischen Städten üblich. Ein Beleg aus Zürich datiert von 1282. In anderen Ländern (Belgien, England, Sachsen) diente das Schwemmen oder Schnellen zur Buße verschiedener Vergehen. Dazu zählten Gotteslästerung, Betrug, Falschspielen und Diebstahl.

In Wien war die Strafe den Bäckern und ihren Kontrolleuren, den Brotbeschauern, vorbehalten. Die Erzeuger zu teuren (zu leichten) Brotes wurden in einem geschlossenen Korb, der am Ende eines langen Balkens hing, in Wasser getaucht. In den Originalsatzungen des Mittelalters ist von Unrat (*lutum*) die Rede, wobei man die Strafe an den Plätzen des Brotverkaufs, Graben und Neuer

Markt, exekutierte. 1340 heißt es, »die Bäcker sollen geschupft werden nach alten Gebrauch«. 1444 entzogen sich zwölf von ihnen der Strafe, indem sie hohe Geldbußen entrichteten, von denen der Richter 20 Prozent erhielt. 1550 (nach anderen Quellen 1590) starb ein Delinquent. Die Strafe, bei der die schadenfrohen Zuschauer ihrer Spottlust freien Lauf ließen, bestand bis 1773, zuletzt am Donaukanal in der Rossau im heutigen 9. Wiener Gemeindebezirk.

BALLSPENDE Früher erhielten junge Frauen, die in Begleitung ihrer Eltern oder einer Anstandsdame einen Ball besuchten, von dessen Veranstalter eine Ballspende (Damenspende). Da es nicht üblich war, als unverheiratetes Paar zum Tanz zu erscheinen, legte man am Anfang fest, mit wem die Dame die einzelnen Tänze absolvieren würde. Um dies in Erinnerung zu behalten, notierte sie die Tanzordnung in einem Heftchen, das sich in dem Etui der Ballspende befand.

Ballspenden waren aufwändig gestaltet und nahmen auf die Veranstalter Bezug: Bei den Brauern war es ein Bierfässchen, beim Postball ein Kuvert, beim Universitätsball eine Aktentasche, bei den Eisenbahnern eine kleine Lokomotive. Zu den traditionellen Tänzen zählten Walzer, Ländler, Marsch, Polka, Quadrille und Galopp. Aufgeführt war auch die »Ruhe«, eine einstündige Pause um Mitternacht, zum Plaudern, Essen und Trinken. Danach vergnügte man sich bis in die frühen Morgenstunden weiter. In Wien waren Ballspenden dieser Art von der Mitte des 19. Jahrhunderts bis zum Ersten Weltkrieg modern.

BARTHOLOMÄUSTAG Um den Bartholomäustag (24. August) fanden Alm- und Volksfeste statt, die auf den Herbstbeginn verwiesen. Kirchen erhielten eine Wachsabgabe für Bartholomäuskerzen. Barthelmäbutter sollte Brand- und Schnittwunden heilen. Die Redensart »Wissen, wo der Barthel den Most holt« bedeutet, sich zu helfen wissen, alle Schliche kennen, gewandt, schlau und verschlagen sein. Literarisch findet sie sich zur Zeit des Dreißigjäh-

Das Beinhaus von Hallstatt gilt als Sehenswürdigkeit, weil es bemalte Totenköpfe enthält. Die meisten stammen aus der Zeit zwischen 1780 und 1900. Bei den Mustern sind, zeitbedingt, Moden zu beobachten: schmale Kränze mit einem farbigen Kreuz, Blumenornamente auf der Stirn, grüne Blätter an den Schläfen mit einem schwarzen Kreuz in der Stirnmitte.

rigen Krieges in Grimmelshausens *Simplicissimus*, später in der Sprichwortsammlung der Brüder Grimm.

Bartholomäus zählte zu den erstberufenen Aposteln, die mit Jesus vom Jordan nach Galiläa wanderten und dort als Fischer tätig waren (Apg 1,13). Nach der Überlieferung predigte er u. a. in Indien, Mesopotamien, Kleinasien und Armenien, Persien, nach anderen Quellen in Ägypten.

→ Kerzen

BAUMAUSSINGEN Bei den Baltendeutschen war es Brauch, am → Dreikönigstag bis auf eine alle → Kerzen am Weihnachtsbaum ausbrennen zu lassen. Dazu sangen sie das Lied »O Tannenbaum«. Mit der verbliebenen Kerze entzündete man im nächsten Jahr die Lichter am Christbaum. Der abgeräumte Baum blieb, nun mit Speckschwarten behängt, für die Vögel im Garten stehen.

BEICHTZETTEL Die Erfüllung der Osterpflicht (Beichte und Kommunionempfang) wurde früher streng kontrolliert. Daher gab es Bestätigungen vom katholischen Pfarrer bzw. kleine Andachtsbilder, die der Mesner an die Kommunikanten verteilte. So konnte er auch die Anzahl der Teilnehmer leicht ermitteln.

BEINHAUS Ein Beinhaus, auch Karner genannt, diente zur Aufbewahrung von Schädeln und Knochen exhumierter Verstorbener. Dies geschah aus Pietät und in der Hoffnung auf die Auferstehung der Toten, wenn die Gräber neu belegt oder die Friedhöfe zu klein wurden. Ein bekanntes Beispiel ist das seit dem 12. Jahrhundert bestehende Beinhaus von Hallstatt in Oberösterreich. 1720 begannen die Hallstätter, Gräber nach 10 bis 15 Jahren zu öffnen, die Schädel einige Wochen lang im Freien zu bleichen und danach, verziert und beschriftet, im Beinhaus aufzuschichten. Mehr als die Hälfte der dort gelagerten 1200 Totenköpfe sind mit Blumenkränzen und dem Sterbedatum bemalt.

BENEDIKTUSPFENNIG Der Benediktuspfennig, eine ovale Medaille, trägt auf der einen Seite das Bild des Ordensgründers Benedikt von Nursia, auf der anderen ein Kreuz und zahlreiche Buchstaben als Abkürzung von Segensformeln. Dieses Amulett kam um die Mitte des 17. Jahrhunderts auf, der älteste Beleg ist ein Kupferstich von 1664 aus dem Tiroler Benediktinerstift St. Georgenberg. Er verweist auf die Verwendung als → Apotropäon gegen »Hexerei und Zauberei«. So sollte man, wenn der Rahm verhext worden sei, den Pfennig in das Butterfass legen, was auch das Vieh heilen würde.

Der Benediktuspfennig wurde an einer Schnur oder Kette um den Hals getragen oder in das Trinkwasser der Tiere getaucht. Wunderberichte schildern, er habe Kranke geheilt, Dämonen vertrieben und eine unheimliche Brandserie beendet. Noch im 19. Jahrhundert betrieben die Benediktiner die Verbreitung der Medaille. Dann betonten sie (im Unterschied zur Barockzeit), dass deren Wirkungen von Gebet und Gottvertrauen abhingen und nicht vom Gebrauch des Benediktuspfennigs als solchem.

Der Einsiedler Benedikt von Nursia (um 480–549) lebte an der Wende von der Spätantike zum Frühmittelalter. 529 gründete er auf dem Monte Cassino bei Neapel das Stammkloster des Benediktinerordens (OSB). Er gilt als Vater des abendländischen Mönchstums.

BERUFSBRÄUCHE Bis 1859 herrschte in Österreich Zunftzwang. Bestimmte Berufe durften nur von Personen ausgeübt werden, die der entsprechenden Zunft angehörten, dem Zusammenschluss der Handwerker des jeweiligen Gewerbes. Nicht wenige Berufsbräuche erhielten sich über die Abschaffung des Zunftsystems hinaus.

Das Freisprechen der Lehrlinge, die in den Kreis der Gesellen aufgenommen wurden, war ein wichtiges, meist ziemlich grobes Ritual der → Initiation. Die Betroffenen wurden im wahrsten Sinn des Wortes »über den Tisch gezogen« und traktiert. Die Tischler nannten das Hobeln, die Binder Schleifen, die Weißgerber Taufen.

→ Berufsbräuche
Traditioneller Austragungsort des Salzburger Metzgersprungs war der Hof des Stiftes von St. Peter. Hier wurde der Brauch auch wieder belebt.

Eine Besonderheit war das → Gautschen der Buchdrucker und Schriftsetzer. Danach konnten sie auf die → Walz gehen.

Die Salzburger Metzgergesellen wurden am Faschingssonntag (letzter Sonntag im → Fasching) im Hof zu St. Peter durch den Sprung in einen Holzbottich von ihren »Sünden« während der Lehrzeit »reingewaschen« und konnten beim anschließenden Fahnenschwingen ihre Kraft unter Beweis stellen. Dieser Brauch wurde 1981 wieder eingeführt.

Bergleute, die ihre Hauerprüfung abgelegt hatten, pflegten den sogenannten Ledersprung. »Dabei wurden sie nach ihrer Herkunft, dem Wohnort, ihrer Ausbildung und dem Stand befragt. (…) Anschließend wurden sie aufgefordert, ein Glas Bier auszutrinken und mussten von dem Bierfass, auf dem sie bis dahin gestanden waren, über das Arschleder [Lederstück, das am Gürtel befestigt das Gesäß schützte], das von zwei alten Bergleuten gehalten wurde, in den Bergmannsstand springen.« Ganz ähnlich erfolgte die Aufnahme an der Montanuniversität Leoben, wenn die neuen Studenten am Barbaratag über das »Bergleder« sprangen.

In Wagna bei Leibnitz in der Steiermark fand am Sonntag nach Georgi (23. April) das Fischerfest statt. Dabei wurden die Fischereiordnung verlesen und eventuelle Klagen vorgebracht. Dann erfolgte die Aufnahme der neuen Fischer: Der Erstling kniete auf einem Fischbehälter, die anderen gingen paarweise um ihn herum, sagten einen Spruch und der Erste versetzte ihm einen Schlag. Zur Begrüßung des Neulings erklangen Schellen und Glocken.

→ Blauer Montag, Hirtenbräuche, Holzknechtbräuche, Weinhüter

BESCHWÖRUNG Das *Handwörterbuch des deutschen Aberglaubens* definiert: »Beschwörung ist die mit magischen Worten und Handlungen erfolgende Herbeirufung einer stärkeren Macht, um diese dem Willen des Beschwörers untertan zu machen.« Als Arten werden genannt: Krankheits-, Toten-, Geister-, Teufels-, Tier- und Pflanzenbeschwörungen sowie solche zum Bannen und Herbeirufen, für Feuer und Wetter, zum Öffnen verschlossener Dinge oder Schatzsuchen. Anders als beim Besprechen oder Segnen, die ohne Auseinandersetzung mit der beschworenen Macht bleiben, wird diese bei der Beschwörung ganz klar bekämpft. Wer den Namen des Beschworenen kennt und im Ritual nennt, gewinnt Macht über ihn – man denke an das Rumpelstilzchen im gleichnamigen Märchen der Gebrüder Grimm.

Beschwörungsrituale erforderten bestimmte Bedingungen (Reinheit, Nacktheit …) und Vorbereitungen. Als Hilfsmittel dienten Feuer, Räucherwerk, magische Kreise, Zauberbücher oder (meist unverständliche, monotone) Formeln. Christlicher und magischer Glaube gingen ineinander über, wenn Gebete die Handlung begleiteten. So gab es seit der Mitte des 18. Jahrhunderts das Christoffeles- und das Corona-Gebet als Beschwörungsformeln zum Schatzsuchen. Als geeignete Orte bevorzugte man einen → Kreuzweg, Friedhof oder Berggipfel. Als günstigste Zeit wurden die Nacht (»Geisterstunde« um Mitternacht), aber auch der → Heilige Abend und die → Osterzeit angesehen.

Als eine weniger gefährliche Form der Beschwörung erscheint das Besprechen. Entsprechende Handlungen konnten von jedermann, der die »Kraft« dazu hatte, durchgeführt werden. Diese Kraft konnte erblich oder erworben sein. Oft war sie mit sogenannten unehrlichen Gewerben (Scharfrichter, Totengräber, »Fahrende« …) oder bestimmten Berufen (Hebamme, Hirte …) verbunden. Mit dem → Wenden sollten (Haut-)Krankheiten bei Mensch und Tier vertrieben werden. Abnehmender Mond wurde als günstig angesehen, da die Krankheit wie dieser zurückgehen sollte.

→ Vorname, Zauber

BESTRAFTE HEILIGE Wenn um Unterstützung gebetene himmlische Fürsprecher nicht im Sinn der Bittsteller agierten, verweigerten diese ihnen die Verehrung. In Cluny in Frankreich feierte man dann die Liturgie ohne feierliche Gewänder, auf dem Altar brannten nur wenige → Kerzen, und die Mönche hatten die Reliquien mit Dornen bedeckt. Gregor von Tours (538–594), der Biograph des hl. Martin (→ Martinitag), berichtet von der Drohung einiger Pilger an dessen Grab: »Wenn du nicht tust, um was wir dich bitten, so werden wir hier keine Lichter mehr anzünden, dir keine Ehre mehr erweisen.« Alemannische Bauern pflegten ein Bild des hl. Wendelin, des Schutzpatrons der Landleute, mit einem Fluch auf schlechte Äcker zu werfen. Aus Bayern wurde im 17. Jahrhundert von umgedrehten, mit Wasser begossenen oder in den Brunnentrog geworfenen Statuen des hl. → Urban berichtet, wenn die Weinernte schlecht ausfiel.

BLASIUSJAGEN Der Kölner Chronist Hermann Weinsberg (1518–1597) beschrieb das Blasiusjagen am 3. Februar als Fest der

Kinder. Sie wählten einen Schulkönig und zogen mit ihm durch die Stadt. Eine Kölner Redensart lautete »Blasius blös däm Winter de Lamp us«. Der Stadtrat erlaubte einigen Zünften, die Trommel zu rühren und → Heischebräuche zu veranstalten. Um 1600 gingen die Schiffsknechte, Steinmetze, Zimmerleute, Leinenweber und Weißgerbergesellen »den Blasius einsammeln«.

Die Wollweber in Bad Münstereifel feierten am Blasiustag den Beginn des → Faschings mit dem Radlaufen. Sie rollten ein Holzrad vom Gipfel eines Berges, der sich über der Stadt erhebt. Währenddessen hielten die Zunftmeister ihre Sitzung im Rathaus. Hier wurde aus den Teilen des zerbrochenen Rades Feuer für den Festbraten gemacht, den die Gesellen den Meistern stifteten.

BLAUER MONTAG Dieser Brauch dürfte mit der violetten (blauen) Farbe der Messgewänder zusammenhängen, die in der katholischen Kirche während der → Fastenzeit Verwendung finden. Der Faschingsmontag fiel in die Vorfastenzeit, die bis zur Liturgiereform 1968 die drei Wochen vor dem Aschermittwoch umfasste. Am Faschingsmontag arbeiteten die Handwerker und ihre Gesellen nicht. Während sie sich mit Essen und Trinken vergnügten, riefen sie einander zu, dass Blauer Montag sei. Dies habe sich, so heißt es, auch während des Jahres eingebürgert. Schon 1571 in Wien gerügt, wurde der Blaue Montag durch ein Reichsgesetz verboten. Das Verbot dürfte nicht viel geholfen haben, denn 1764, 1772 und in Josephinischer Zeit wurde es mehrfach erneuert.

In Deutschland ist eine Polizeiverordnung aus dem Jahr 1515 bekannt, die es verbot, nach dem »Lade halten«, der Versammlung der Zunftmitglieder, »einen Blauen Montag (zu) machen«. Vom 24. März 1783 datiert ein Edikt des Preußischen Königs Friedrich II. (1712–1786), »wegen Abstellung einiger Missbräuche besonders des sog. Blauen Montag bey den Handwerkern«. Übertreter wurden mit mehrwöchigem Arrest bestraft und durften im Wiederholungsfall ihr Gewerbe nicht mehr ausüben.

BLOCHZIEHEN Dieser → Rügebrauch fand im → Fasching statt, wenn es im letzten Jahr im Dorf keine → Hochzeit gegeben hatte. Im Umland von Graz wurde ein langer Baumstamm (Bloch) an einen Schlitten oder Wagen gebunden und von den ledigen Frauen durch den Ort gezogen. Die Burschen halfen mit, weil dies baldige Hochzeit bedeuten sollte. Mit im Zug waren Musikanten und Maskengestalten wie Strohmänner, Postillion oder Hanswurst, die Schabernack trieben. Den Endpunkt bildete das Gasthaus, wo der Bloch zur Versteigerung gelangte.

In Kärnten übte man das Blochziehen in verschiedenen Varianten. Im Gailtal mussten Junggesellinnen einen schweren Holzblock an Stricken durch die Straßen ziehen, wobei sie die daneben gehenden Burschen mit Peitschenknallen antrieben. In Dellach saß auf dem Block eine Strohpuppe, die im Brunnentrog ihr Ende fand. Das Holz wurde versteigert und der Erlös gemeinschaftlich vertrunken. In den slowenischen Gemeinden zogen als Mädchen verkleidete Burschen mit einem Baumstamm oder Sautrog um, auf oder in dem sich ein als alte Frau maskierter Bursche befand. Erreichte der Zug das Haus einer Frau, die einen Liebhaber abgewiesen hatte, wurde sie mit Spottliedern und Schmähreden überhäuft.

Beim Pflugumzug mussten ledige Frauen einen Pflug oder Baumstamm durch die Straßen ziehen, wie es 1460 aus Innsbruck überliefert ist – nach einem Fastnachtspiel zu schließen, galt es als Strafe für das Ledigbleiben. In Westösterreich, Süddeutschland und der Schweiz bezeichnete Blochziehen (Blockziehen) auch das festliche Einholen des geschmückten → Maibaums oder der Tanne für den → Funken.

BOHNENKÖNIG Der Brauch des Bohnenkönigs ist seit dem 14. Jahrhundert bekannt, für die belgische Stadt Brügge wird er für das Jahr 1392 bezeugt. Der deutsche Chronist Sebastian Franck schrieb 1534 in seinem *Weltbuch, Spiegel und Bildnis des ganzen Erdbodens*: »An der heiligen drei Könige Tag bäckt jeder Hausvater einen guten Kuchen, danach er vermag und ein Hausgesinde hat gross oder klein, und knetet einen Pfennig hinein. Danach schneidet er den Kuchen in viele Stücke und gibt jedem aus dem Hausgesinde eins. Wem nun das Stück wird, darin der Pfennig ist, der wird von allen als ein König erkannt.«

Statt des Pfennigs konnte es auch eine Bohne sein. In jedem Fall durfte der König für einen Tag einen eigenen Hofstaat bestimmen und alle mussten trinken, wenn es der Narrenkönig mit dem Spruch »Der König trinkt!« befahl. Jacob Jordaens (1593–1678) malte mehrere Bilder zum *Fest des Bohnenkönigs*, eines davon aus dem Jahr 1656 befindet sich im Wiener Kunsthistorischen Museum. Es zeigt den König und seinen Hofstaat in angeheiterter Stimmung, eine lateinische Inschrift verrät die Moral der ausgelassenen Szene: »Keiner ist dem Narren ähnlicher als der Betrunkene.«

Oft fanden zum Fest des Bohnenkönigs auch Umzüge und Tänze statt. Aufzukommen hatte der König für das Fest, manchmal übernahm die weltliche Obrigkeit die Kosten. Das Fest des Bohnenkönigs lässt sich als eine Persiflage weltlicher Herrscher oder im Zusammenhang des Fastnachtsbrauchs der Verkehrten Welt deuten.

BRAUCHGEBÄCK Bräuche sind untrennbar mit gutem Essen verbunden. Das Wort »brauchen« ist mit dem lateinischen Ausdruck für genießen – *frui* – verwandt. Bei den großen Jahresfesten spielen Brauchgebäcke wie Allerheiligenstriezel, Osterbrezeln oder Kipfeln eine wichtige Rolle. Sie wurden frei mit der Hand geformt (gebildet), nicht in einem Model oder in einer Backform. Daher nannte man sie »Gebildbrot«.

Diesen Begriff prägte der deutsche Historiker und Volkskundler Ernst Ludwig Rochholz (1809–1892) im Sinne seiner Zeit, die geneigt war, hinter harmlosen Backwerken »kultische« Ursachen zu sehen. So sollten die Formen angeblich aus vorchristlichen Epochen stammen. Das wurde auch in der NS-Zeit propagiert (»germanische Sonnensymbole«), durch neuere Forschungen jedoch eindeutig widerlegt. Die Bezeichnung »Gebildbrot« wird in der Wissenschaft nicht mehr verwendet.

Die meisten Brauchgebäcke bestehen aus Hefeteig. Um 1700 gab es Hefezüchtungen für die Erfordernisse der Bierbrauer und Schnapsbrenner, die für jene der Bäcker wenig geeignet waren. Erst seit dem 18. Jahrhundert erhielten sie von den Brauereien obergärige Hefen zur Herstellung von süß-fermentierten Broten.

Kreative Bäckermeister haben viele regionale Spezialitäten erfunden, z. B. die »Himmelsleiter« im Bezirk Kirchdorf im südöstlichen Oberösterreich. Dieses Spiralgebäck schenken Eltern ihren Kindern zu Allerheiligen statt der traditionellen Striezel. Ähnliches gibt es auch auf niederösterreichischen Kirtagen, dort heißt es »Kirtagsschlangerl«.

BRECHELRITTER Aufgabe der Brechlerinnen war es, Stängel und Faser des gedroschenen → Flachses zu teilen. Dafür bekamen sie von der Bäuerin → Krapfen und Schnaps. Wer sie bei der Arbeit störte, wurde verspottet und eingefangen, bis er sich, ebenfalls mit Schnaps, freikaufte.

Im Glantal in Kärnten brachte der Besuch des Brechelritters Abwechslung. Er kam auf einem »Schimmel« in die Stube, den zwei Burschen unter einem Leintuch bildeten, trug eine bunte Schärpe und einen aufgeputzten Hut. Mit einer der jungen Frauen, welche die Brechelbrautmutter spielte, entwickelte sich ein schlagfertiger Wortstreit nach dem Motto: »Je derber die Späße, umso größer die allgemeine Heiterkeit.« Der Streit handelte um die Brechelbraut, einen Korb mit Reindling, Krapfen, Äpfeln und Blumensträußchen. Als Höhepunkt des Spiels stieg die Brautmutter mit dem Korb auf dem Kopf auf den Tisch. Der Ritter sprang von seinem Gaul, nahm den Korb und forderte die Musikanten auf, einen Ländler zu spielen. Dann eröffnete er mit der Brautmutter den allgemeinen Tanz.

BRIZZINGWASSER Die Pfarrkirche von Heiligenblut am Großglockner bewahrt eine Reliquie, die das Blut Christi enthalten soll. Nach der Legende kam der dänische Prinz Briccius durch eine Lawine ums Leben. Als Pilger soll er ein Fläschchen mit dem Blut

→ Brechelritter
Von den vielen Arbeitsvorgängen zur Gewinnung von Flachsfäden ist das Spinnen der letzte. Fotografie. 1948

Jesu Christi mit sich getragen haben, das er aus Konstantinopel mitgebracht hatte. Es heißt, dass Bauern im Jahre 914 beim Heuziehen auf 1629 Meter Höhe mitten im Schnee drei grüne Ähren und an der von ihnen bezeichneten Stelle den toten Briccius mit seiner Reliquie entdeckten.

Im 13. Jahrhundert, als die Transsubstantiationslehre – die Wesensverwandlung von Brot und Wein in den Leib und das Blut Jesu Christi in der Heiligen Messe – formuliert wurde, baute man dort die erste Kapelle. Sie befindet sich bei einer Quelle, deren Wasser (besonders bei Augenkrankheiten) heilsam sein soll. Außerdem sprach man dem Brizzingwasser Schutzwirkung für Bäume, Felder und Wiesen zu: »Brizzingwasser schirmt vor Vras das Traid, die Beim und das Graß«. Der Pfarrer segnete es am 13. November, ebenso das Bricciusbrot (Migai). Es hatte die Form von Wecken mit Einschnitten, damit man es leichter an die Armen verteilen konnte. Späne, die man aus der Statue des hl. Briccius' schnitt, sollten gegen Blitz schützen.

PFLANZEN UND BRÄUCHE

Pflanzen zählen – als weltweit bekanntes Symbol des sich immer wieder erneuernden Lebens in der Natur – zu den wichtigsten Brauchelementen. In der agrarisch dominierten Gesellschaft früherer Zeiten ging es darum, das Wachstum von Lebensmitteln zu fördern und Schaden von ihnen fernzuhalten. Kirchlicher Segen wie bei den → Palmbuschen, die man auf die Felder steckte, sollte dabei helfen. Im → Frauendreißiger sammelte man Kräuter und ließ sie zu Mariä Himmelfahrt weihen. Magische Vorstellungen waren dabei von den religiösen kaum zu trennen. So dienten beispielsweise Barbarazweige oder Luzienweizen als → Orakel für die Ernte.

Darüber hinaus sollten viele Pflanzen dem Menschen helfen, indem sie Krankheiten heilen oder vor ihnen schützen könnten. Auch herrschte der Glaube, dass man Erkrankungen auf einen Baum übertragen (verpflocken) könne, um sich davon zu befreien.

ALRÄUNCHEN
Mandragora offizinarum L., ein seit der Antike bekanntes Nachtschattengewächs mit grüngelber Blüte und kugeligen Beeren, gilt als Alraunpflanze. Ihre Wurzel, in der man menschliche Gestalten zu erkennen glaubte, und die in ihr enthaltenen Giftstoffe (Alkaloide) waren der Grund für den magischen Gebrauch der Pflanze. Alraunen fanden v. a. im Liebeszauber Verwendung. Der römische Geschichtsschreiber Josephus Flavius (37–100) berichtete von ihrer komplizierten Gewinnung mit Hilfe eines schwarzen Hundes, ihren Gefahren und ihrer Zauberkraft. Ähnliches glaubte ein Jahrtausend später Hildegard von Bingen (1098–1179), die Alraunen, nach entsprechenden Vorsichtsmaßnahmen, als Heilmittel empfahl.

Da Mandragora nur im Mittelmeerraum vorkommt, behalf man

sich in nördlicheren Regionen mit Wurzeln einheimischer Gewächse wie Rübe, Enzian oder Iris. Kaiser Rudolf II. (1552–1612) besaß ein in Samt gekleidetes Alraunen-»Männchen« bzw. -»Weibchen«. Sie trugen die Namen Thridacias und Marion. Auch eine Alraune in Form eines Kruzifixes zählte zu seiner Kunst- und Wundersammlung, der größten jener Zeit.

Im 1846 erschienenen *Curiositäten- und Memorabilien-Lexikon* heißt es: »Der mit den Alräunchen (Galgenmännchen oder Erd-Männchen) getriebene Unsinn fand auch in Wien einst leichtgläubige Seelen. (...) [Man] kleidete sie sauber und verwahrte sie an einem geheimen Platze, wo man sie herausnahm, wenn man sich mit ihnen beraten wollte. (...) Auch die Zukunft durchschaute dieses Erd-Männchen. (...) Wer ein solches Wesen bei sich trug, dem wurde ein jeder Richter gewogen (...) Auch brachte es dem Besitzer Glück und ließ ihn nie verarmen (...) Dass Solches und Ähnliches vom Alraun nicht erfüllt wurde, versteht sich von selbst, indessen wurde der Aberglaube von Betrügern vielfach benutzt, um den Verblendeten ihr Geld abzunehmen.«

BÄUME

Bäume können jahrhundertealt werden und beflügeln die Fantasie der Menschen wie kaum eine andere Pflanze. Die Grazer Volkskundlerin Edith Hörandner (1939–2008) schreibt über das Verhältnis der Menschen zu Bäumen: »Wir finden hier verschiedenste Vorstellungen, die vom mythischen Bund zwischen einem bestimmten Menschen und einem bestimmten Baum bis zum Weltenbaum, der den gesamten Kosmos repräsentiert, reichen. Das erklärt auch das mannigfache Baumbrauchtum, zum Beispiel das Pflanzen eines Baumes bei der Geburt eines Kindes ...«

Am Matthiastag (24. Februar) schüttelten die Bauern ihre Obstbäume, damit sie reiche Frucht tragen sollten. Gleiches war am → Gründonnerstag Brauch. Die Südtiroler schlugen am Mittwoch der Karwoche ihre Obstbäume mit einem Knüppel, um eine gute Ernte zu erlangen. Wenn oberösterreichische Bäuerinnen am

Tag des hl. → Thomas ihr → Kletzenbrot buken, umarmten sie die Obstbäume mit den teigigen Händen.

Karl Zinnburg beschreibt den »Geist im Baum« als abgekommenen Brauch: Hatte ein Kind in Rauris im Salzburger Land Rachitis, war es üblich, einen jungen Fichtenbaum der Länge nach zu spalten und die beiden Teile mit Keilen auseinanderzutreiben. Dreimal wurde das Kind durch den Zwischenraum gezogen, ehe man den Stamm wieder zusammenfügte. Vernarbte die Baumwunde, galt das Kind als geheilt.

In Tirol und in der Steiermark war das Baumbeten üblich, um Schäden durch Gewitter abzuwehren. Beim »Grünwasengang« am Gründonnerstag begaben sich die Bauern barfuß auf den Dorfanger, knieten sich unter einen Baum und beteten mit ausgebreiteten Armen.

BUCHS

Der Buchs (*Buxus sempervivens*), ein immergrüner, giftiger Strauch mit kleinen, ovalen Blättern, kommt im südlichen Mitteleuropa wild vor und wird hierzulande als Nutz- und Zierholz gern in Gärten und auf Friedhöfen gepflanzt. Das schwere Holz der langsam wachsenden Pflanze wurde in der Drechslerei geschätzt, Platten aus Buchsbaum dienten als Druckstöcke für Holzschnitt und Holzstich.

In der Gartenkultur war das immergrüne Gehölz schon in der Antike bekannt. Griechen und Römer umgaben Beete mit niedrigen Buchshecken. In den Renaissancegärten wurden diese und in Formen geschnittene Bäumchen zum typischen Element und blieben auch in den barocken Schlossparks in Mode. Nach deren Vorbild kam die Pflanze in Bauerngärten.

Im magischen Glauben vertrieben Buchszweige den Teufel, schützten vor Blitz und brachten Glück. Man band Buchs in den → Palmbuschen und verwendete ihn als Weihnachtsgrün. Junge Soldaten steckten ihn im Rekrutensträußchen an den Hut. Die Blätter fanden für → Orakel und in der Sympathiemedizin Verwendung. Man gab 72 Stück in ein »Fieberpackerl«, das der Kranke um den Hals tragen musste. Anschließend zählte man rückwärts, nahm dabei die Blätter weg und vernichtete sie, in der Hoffnung, dass auch die »72 Fieber« vergingen.

MYRTE

Der immergrüne Strauch *Myrtus communis* gedeiht in der Mittelmeerregion, er trägt aromatisch duftende Blätter und zahlreiche kleine weiße Blüten. Die Myrte war in Rom der Göttin Venus geweiht, im Nahen Osten galt sie als Symbol des Friedens. So wurde sie zum Brautschmuck und ersetzte auch hierzulande den zuvor üblichen Kranz aus Rosmarin. Eine Tochter des Kaufmanns und Bankiers Jakob Fugger soll 1583 als Erste einen (importierten) Myrtenkranz getragen haben. In der Folge galt Myrte als besonders vornehm und war der »ehrlichen« Braut vorbehalten, die ihn nach der Hochzeit als Glück bringend aufbewahrte. Der Bräutigam trug ein Myrtensträußchen zum Anstecken.

ROSMARIN

Der am Mittelmeer wild wachsende, duftende *Rosmarinus officinalis* kam im 15. Jahrhundert in den deutschsprachigen Raum. Traditionell fand sich Rosmarin, wie später die Myrte, im Kranz der Braut und im Sträußchen des Bräutigams sowie im Rekrutensträußchen. Die stark aromatische Pflanze symbolisierte Glück und Liebe und wurde bei der Geburt eines Mädchens gesetzt. Als immergrüner Strauch galt Rosmarin auch als Totenpflanze, wurde in den Sarg gelegt und von den Bestattern in der Hand getragen.

SALBEI

Der Name Salbei leitet sich vom lateinischen *salvare* für heilen ab und verweist darauf, dass dieser stark duftende Lippenblütler in den Mittelmeerländern schon in der Antike als Gewürz- und Heilpflanze gezogen wurde. Salbei verdankt seine Verbreitung in Bauerngärten den Klöstern und der Mönchsmedizin.

Damit der Salvenstock gedeihe, sollte man ihn am → Karfreitag

Buchs   Myrte

zurückschneiden. Man nahm Salbeiblätter in die Kirche mit, um beim Gottesdienst nicht einzuschlafen. Mit Sprüchen beschriftet, fanden sie auch im Heil- und Liebeszauber Verwendung. Wiesensalbei (*Salvia pratensis*) sollte man am Tag des hl. → Ulrich pflücken, um damit Mäuse zu vertreiben.

SCHNEEROSE

Die Schneerose (*Helleborus niger*) galt als Orakelblume. Zwölf Knospen wurden vor → Weihnachten eingewässert, jede bezeichnete einen Monat. Öffnete sich die entsprechende Blüte, galt dies als Vorzeichen für gutes Wetter.

Rosmarin

Salbei

STECHPALME

Schon 20 der roten Beeren der Stechpalme (*Ilex Aquifolium*) können tödlich sein. Traditionell wurde diese Pflanze als Gartenbegrenzung und auf Friedhöfen gepflanzt. Ihr dichtes, schweres Holz wurde zu Intarsien oder Druckstöcken für Holzschnitte verarbeitet. In der Feintischlerei diente es als Ebenholzersatz, da es sich gut polieren und lackieren lässt.

Ilex bildet undurchdringliche Zäune. Die mundartliche Bezeichnung »Schradl« weist auf den Glauben hin, dass die Stechpalme, wie alles Stachelige, Schreckgestalten (Schratt) und Hexen abwehre.

WEIDE

Salweiden (*Salix caprea*) waren ein populäres Heilmittel, zahlreiche Bräuche ranken sich um diesen Baum. Der Wirkstoff, dem er seine Beliebtheit verdankte, ist unter dem Namen Aspirin bekannt geworden: Acetylsalicylsäure. Früher wurde diese aus dem aus Weidenrinde gewonnenen Salicin erzeugt.

Geweihte Palmkätzchen zu schlucken sollte gegen Halsschmerzen helfen – einige wären an dieser Kur erstickt, heißt es in der Kritik der Aufklärer. Traditionell galt die Weide als Helferin gegen die gefürchteten 72 Fieber, Gicht und Rheumatismus. Krankes Vieh wurde angeblich gesund, wenn man es dreimal mit einer Weidenrute berührte. Auch sollte man mit Palmkätzchen über die Haut streichen, damit sie ebenso weich werde wie diese. Im Frühjahr fertigten Kinder aus Zweigen der Salweide → Maipfeifen an.

Die jungen Zweige der Silberweide (*Salix alba*, *Felber*) sind gelb. Daher meinte man Gelbsucht loszuwerden, wenn man sie sich um den Arm band. Aus neun felbernen Ruten band man »Hexenbesen«. Eine beim Anbauen des Leins ins Feld gesteckte Weidengerte sollte dem Flachs ein Beispiel geben, damit er lang und bastig werde. Setzte man bei der Geburt eines Haustieres einen Weidenbaum und pflegte diesen gut, würde das Tier gesund bleiben.

Ein Zauberbuch aus dem 15. Jahrhundert beschrieb, wie man unter bestimmten Ritualen einen Wurzelschössling pflanzen sollte, um sich vor Feinden zu schützen. Machte man alles richtig, würden so rasch wie der Baum 1000 geharnischte Helfer erwachsen.

BLUMENSPRACHE

Die Redensart »durch die Blume sagen« bezieht sich darauf, dass viele Blumen und andere Pflanzen lange Zeit als Symbole galten und als Kommunikationsmittel verwendet wurden. Das Gegenteil – »unverblümt sprechen« – zeigt ebenfalls die große Bedeutung der Sprache der Blumen. Floskeln bezeichnete man im Altertum als »Redeblumen« oder »Wortblumen« (lat. *flosculus* – Blümchen).

Welche Vielfalt die Symbolik der Blumensprache einst aufwies, zeigt der 1750 in Quedlinburg erschienene Band *Ein Buch der Liebe und Freundschaft*, in dem C. F. Bürger 563 Bedeutungen in poetischer und 311 in prosaischer Formulierung sammelte. Einige Beispiele: Dahlie (Ich bin schon vergeben), Enzian (Deine Schönheit ist überwältigend), Rose (Ich liebe dich über alles), Salbei (Ich denke an dich). Bei der Brautwerbung war es weithin üblich, im Fall der Ablehnung eine Blume zu überreichen, z. B. Jungfer im Grünen (*Nigella damascena*), Kornblumen oder Klatschmohn.

C

Die Menschengeschichte ist die Sekunde zwischen zwei Schritten eines Wanderers.

Franz Kafka

C+M+B Diese Initialen, die man am → Dreikönigstag mit (geweihter) Kreide zusammen mit der Zahl des neu begonnenen Jahres an die Haustür schreibt, werden als *Christus Mansionem Benedicat* (Christus segne das Haus) oder als Initialen der Heiligen Drei Könige (Caspar, Melchior, Balthasar) gedeutet. Ein volkstümlicher Scherz interpretiert sie als »Kathl, mach's Bett!«.

CHRISTI HIMMELFAHRT Das bewegliche Fest Christi Himmelfahrt fällt zwischen 30. April und 3. Juni. Die hohe Wertschätzung für die Zahl 40 führte im 4. Jahrhundert zu einem Fest am 40. Tag nach → Ostern. Man berief sich dabei auf den Beginn der Apostelgeschichte »40 Tage hindurch ist er ihnen erschienen und hat vom Reich Gottes gesprochen« sowie auf den Bericht der Himmelfahrt Christi (Apg 1, 3, 9-11).

Die älteste Beschreibung eines Auffahrtsspiels zu Christi Himmelfahrt ist aus dem 11. Jahrhundert aus Bayern überliefert. In der Mitte der Kirche stand eine Christusstatue mit ausgebreiteten Armen, die möglichst unauffällig mit Stricken an der Decke befestigt

→ C+M+B
Der mit geweihter Kreide an die Tür geschriebene Dreikönigssegen soll Haus und Hof schützen. Fotografie. 1963

war. In feierlicher Prozession versammelten sich dort die Priester und das Volk, das die Jünger symbolisierte. Die Gemeinde stimmte das Lied »Christ fuhr gen Himmel« an, und die Figur schwebte im Weihrauchnebel aufwärts. Zwei weiß gekleidete Männer verkündeten den Versammelten, dass der Auferstandene wiederkehren werde. Währenddessen entstand im Gewölbe ein Getöse, um den Kampf Christi mit dem Teufel darzustellen. In Gestalt einer bunt bemalten, mit Pech und Schwefel bestrichenen Puppe fiel dieser unter dem Jubel der Anwesenden in die Kirche hinab.

Um 1900 war in Tirol der Andrang zu den Auffahrtsspielen so groß, dass manche Bauern bezahlte Beterinnen engagierten, um Sitzplätze zu reservieren. Unter einer Öffnung im Gewölbe standen auf einem weiß gedeckten Tisch eine Christusstatue und Engelsfiguren. Der Priester segnete die Figur des Auferstandenen, hob sie empor und unter Orgelspiel und Glockenklang wurde sie, samt den begleitenden Engeln, mit einem Strick hinaufgezogen. Gespannt beobachteten die Erwachsenen, in welche Richtung der Heiland blickte, denn aus dieser erwarteten sie die Unwetter des beginnenden Sommers. Die Kinder bemühten sich, die herabfallenden Äpfel, Blumen, Bilder und Oblaten zu erhaschen, die als wunderkräftig galten. Eine Beschreibung aus Meran (Südtirol) berichtete 1559, dass Feuer und Wasser aus der Öffnung kamen und die Engel auf und ab tanzten.

Die Bewohner von Hall in Tirol verdankten dem Auffahrtsspiel den Spottnamen »Haller Kübel«: Als in der Pfarrkirche die Jesusstatue in die Höhe gezogen wurde, riss das Seil und die Figur zerschellte. Einige traditionsbewusste Haller sammelten die Bruchstücke ein und gaben sie in einen Kübel. Das mit den Scherben gefüllte Gefäß wurde mit den Worten »aber auffi muass er« (aber hinauf muss er) an Stelle der Statue hinaufgezogen.

CHRISTBLOCK In weiten Teilen Europas legte man zu → Weihnachten einen großen, geweihten Holzblock in das Herdfeuer. Der Christblock (Christklotz, Christbrand, Mettenstock) sollte zumindest bis Neujahr brennen und Haus und Hof Segen bringen, die auf die Felder gestreuten Reste galten als Unwetter abwehrend. In Lettland wurde der Weihnachtsabend nach ihm benannt (*bluku vakars*).

Auch in Deutschland, Frankreich, Schweiz, Belgien, England, Albanien, Serbien, Bulgarien und Griechenland gibt es Zeugnisse für diesen Brauch. Das älteste stammt aus dem 6. Jahrhundert: Bischof Martin von Bracara (um 580) verbot, auf dem Herd über einem Holzblock Feldfrüchte und Wein zu opfern. Im 12. Jahrhundert stand hingegen in Westfalen dem Pfarrer ein Christblock als Weihnachtsgeschenk zu. Aus dem 17. Jahrhundert sind Berichte von verschiedenen Ritualen rund um den Christblock erhalten wie feierliches Einholen, Segnen, Gebete etc.

D

Zu viel des Guten hat derjenige, der nichts Schlechtes hat.

Quintus Ennius

DAUMEN Im populären Glauben galt der Daumen als Glücksfinger. Das Daumenhalten als Geste, mit der man jemandem Glück oder Gelingen eines bestimmten Vorhabens wünscht, erwähnte schon Plinius (23–79). Es sollte gegen böse Mächte, bissige Hunde und den Bösen Blick ebenso wie vor Alpträumen schützen.

Die Feige (*fica*) ist eine Gebärde, bei der man den Daumen zwischen Zeige- und Mittelfinger der Faust steckt. Als Amulett (Neid- oder Verschreifeige) war sie ein → Apotropäon. Die Fica ist seit der Antike bekannt, in Deutschland finden sich Erwähnungen im 12. Jahrhundert. Obwohl es sich um eine obszöne und verspottende Geste handelte, konnte man entsprechend geformte Amulette aus Silber oder Elfenbein in Wallfahrtsorten kaufen und hängte sie an den Rosenkranz.

DEIELENDAMES Diese Verballhornung von *Te deum laudamus* (Dich, Gott, loben wir) wurde im Rheinland zur Bezeichnung von eintönigem Singsang oder nervtötendem Geschwätz.

DO-UT-DES-PRINZIP Die Rechtsformel *do ut des* (ich gebe, damit du gibst) liegt Verträgen zu Grunde und spielt auch im ge-

→ Daumen
Um 1800 aus Speckstein geschnittene »Neidfaust«, die als magisches Abwehrmittel dienen sollte.

genseitigen Umgang von Personen (z. B. bei Geschenken und → Heischebräuchen) sowie bei der Heiligenverehrung eine Rolle. Schon die alten Römer opferten ihren Göttern, um deren Zuwendung zu erlangen. Im germanischen Recht musste jede Gabe durch eine Gegengabe erwidert werden, um einem Vertrag Gültigkeit zu verschaffen.

DREIKÖNIGSTAG In der Ostkirche war das Hochfest der Erscheinung des Herrn das ursprüngliche Geburtsfest Christi. Die ältesten Spuren eines Festes der Gotteserscheinung (Epiphanie) am 6. Januar führen nach Alexandria in Ägypten, wo die gnostische Gemeinschaft der Basilidianer im 2. Jahrhundert das Gedächtnis der Taufe Jesu – nach ihrem Verständnis der Geburtstag – beging.

Wohl als Reaktion darauf entstand das kirchliche Epiphaniefest am 6. Januar.

Im Mittelalter trat zu diesem Datum die Erinnerung an die Heiligen Drei Könige in den Vordergrund. Nach dem biblischen Bericht (Mt 2, 1-12) huldigten gelehrte Heiden als Erste dem neugeborenen Jesus mit herrschaftlichen Geschenken. Demnach waren sie weder drei noch Könige und schon gar nicht Heilige. Das griechische Wort *magoi* bezeichnete Astronomen und Astrologen, wie sie seit dem 3. vorchristlichen Jahrtausend in Mesopotamien wirkten. Die Gelehrten, die dem Stern über Jerusalem bis Bethlehem folgten, zählten wohl zu den letzten Vertretern dieser Tradition.

Ihr Besuch beim Jesuskind fand schon um die erste Jahrtausendwende Nachahmung in liturgischen Spielen. Der Brauch sah den Einzug mit Gesang und Stern (in Form eines Leuchters) als Requisit vor. Im steirischen Lambach hat sich ein Dreikönigsspiel aus dem 12. Jahrhundert erhalten. Ein Text des späten 14. Jahrhunderts aus Oberkärnten berichtet vom *Ludus trium magorum* und einem Dreikönigsritt. Bei Dreikönigsspielen außerhalb der Kirche verwendeten die Sternsänger Teile alter Weihnachtsspiele und gestalteten sie um. Als Quellen dienten die Klosterneuburger Handschrift (»Sym, got so wellen wir loben und ern – die heyligen drey künyg mit jrem stern«) und Strophen aus dem Lied »Der Tag, der ist so frewdenreich«.

Außerdem waren Sternsinger bei → Heischebräuchen unterwegs, um die Mitte des 16. Jahrhunderts Schüler und Lehrer. Ein Innsbrucker Ratsprotokoll gebot 1552: »Das Sternsingen soll man nicht gestatten, dieweil es ein Schmarotzerey.« Um 1600 war der Brauch im Rheinland bekannt, seit dem frühen 17. Jahrhundert auch in den Niederlanden. Noch im 19. Jahrhundert waren solche Umzüge weit verbreitet. Wohlhabende Gegenden kannten das Sternsingen nicht. In der nordöstlichen Steiermark gingen die Dreikönigssängerinnen heischen. Sie waren weiß bzw. rot oder schwarz gekleidet, gaben sich als die Heiligen Drei Könige aus dem Morgen-, Mittel- und Abendland aus und sangen ein Dreikönigslied.

Zwischen dem Dreikönigstag und dem → Lichtmesstag zogen Sternsingergruppen von zehn bis zwölf Männern durch die Orte in Oberösterreich. An einer Stange trugen sie einen transparenten, plastischen Stern, den sie mit einer Schnur drehten. Auf der einen Seite zeigte er Maria mit dem Jesuskind, auf der anderen die Drei Könige. In Privathäusern und Gaststätten brachten die erwachsenen Sternsinger Lieder geistlichen Inhalts im Dialekt zum Vortrag. Trafen sich zufällig zwei Gruppen in einem Haus, kam es zu einem Wettstreit in Form eines Frage- und Antwortspiels. Wer schließlich keine Antwort mehr wusste, musste sein Requisit abgeben und die andere Gruppe zog mit zwei Sternen weiter.

Die mit geweihter Kreide an das Tor geschriebenen Buchstaben → C+M+B mit der Jahreszahl als Haussegen waren ein → Apotropäon. Den gleichen Zweck sollten amulettartige Dreikönigszettel erfüllen, in denen die Heiligen Drei mit Jesus, Maria und Josef oder mit der Dreifaltigkeit auf eine Stufe gestellt wurden.

Wie das Ankreiden war am Dreikönigs-Vorabend das »Rauchen und Sprengen« Brauch. Man ging mit Weihrauch und Weihwasser durch Haus und Hof, wünschte »Glück herein – Unglück hinaus« und trug glühende Kohlen mit einigen Weihrauchkörnern. Häufig zählten gesegnete Pflanzen zum Räucherwerk wie die Kätzchen vom Palmbuschen oder die Kräuter von der Weihe zu Mariä Himmelfahrt. Als Gefäß konnte eine Schaufel ebenso dienen wie ein Holzkohlen-Bügeleisen, spezielle Metallkessel oder ein Doppelkrug, der auf der einen Seite die Kohlen, auf der anderen das Weihwasser aufnahm.

→ Ansingelieder, Aufräummontag, Baumaussingen, Perchten, Raunächte, Samper

DRESCHEN Bis in die Zwischenkriegszeit verwendeten die Bauern Dreschflegel (Drischel), die aus zwei beweglich verbundenen Stangen bestanden. Mit dem kürzeren oberen Teil schlug man das Korn von den Halmen. Aus der Steiermark wird berichtet, dass zwei Reihen mit je ca. 20 Garben mit den Ähren zueinander in der

Tenne ausgebreitet fünfmal – in einem bestimmten Takt – gedroschen wurden. Eine Drescherpartie bestand aus mehreren Arbeitern, die gut aufeinander eingespielt sein mussten. Der Tennenmeister markierte durch den Vor-Schlag den Takt. Aus Tirol, Oberösterreich, Salzburg und der Steiermark sind dazu Sprüche überliefert, z. B. bei drei Dreschern: »Stich Hund ab, stich Katz ab, häng d' Haut auf«, bei vier: »Steigen d' Hund in Dach«, bei fünf: »Sein Hund im Sumpa« (Korb), bei sechs: »A Schüssel voll Krapfen, i mag's net dertappen«.

Das mehrmals nötige Umlegen der Garben mussten Frauen besorgen. War das → Stroh mit hölzernen Gabeln ausgebeutet, blieb das Getreide mit einem hohen Anteil an Spreu auf der Tenne liegen. Für das Trennen dienten seit dem ausgehenden 17. Jahrhundert hölzerne Putzmühlen, in denen mit Hilfe einer Kurbel ein Luftzug entstand. Daher wurden sie auch Handwindmühle genannt. Spreu und Strohreste wurden an der Rückseite des Gerätes hinausgeblasen, während das Korn über mehrere Siebe und Bretter in ein Gefäß fiel.

Wie bei der Ernte kam der letzten Garbe besondere Bedeutung zu. Wenn der Tennenmeister den Dreschflegel hob, bedeutete dies die Vollendung der Arbeit. Wer dann noch einen Streich machte, hatte »den Hund erschlagen«. Zum Spott schwärzte man ihm das Gesicht mit Ruß, setzte ihm die Narrenhaube aus Stroh auf und führte ihn durch das Dorf. Mit Dreschermahl und Kehraustanz feierten die Landarbeiter den Abschluss der schweren und staubigen Arbeit. Nur der bedauernswerte Letzte, der verspottete Drischelkönig, erhielt nichts zu essen.

Das Gegenteil war in Tirol der Fall, wo man das Ende des Dreschens von → Flachs feierlich beging. Man verflocht zwei Strohkränze (Haarer), hängte sie in der Tenne auf und befestigte kleine Geschenke daran. Wer den letzten Schlag tat, wurde als König gerühmt und erhielt den Haarer.

E

Das Schlimmste steht dem Besten oft am nächsten.

Franz Grillparzer

EISBOSSELN In Schleswig-Holstein pflegte man zu → Neujahr das Eisbosseln. Dabei warfen die Männer zweier Dörfer faustgroße, mit Blei gefüllte Holzkugeln. Der nächste Wurf erfolgte jeweils dort, wo der erste geendet hatte. »Das bis zu einer abgesteckten Linie zurückgedrängte Dorf muss dem anderen das Neujahrsbier, d. h. das nachfolgende Zechgelage bezahlen«, hieß es 1917. In Friesland fand um 1900 am Morgen des 1. Januar ein Wettlauf auf dem Eis statt. Ein Trompeter gab das Startzeichen. Männer und Frauen nahmen »in malerischer Tracht und mit Schlittschuhen angetan« teil.

EISHEILIGE Unter den Wetterherren und Wetterfrauen waren die Eismänner am meisten gefürchtet. Die »drei Azi«, Pankratius, Servatius und Bonifatius, deren Tage von 12. bis 14. Mai im Kalender standen, galten als »heimtückische Nachhut des verjagten Winters«. Der Frost schädigt Wein- und Obstbaumblüten, daher gab es Signale durch Schüsse oder Glockenläuten, um die Bauern zu Gegenmaßnahmen zu veranlassen. In der Steiermark, Südtirol und Salzburg entzündeten sie beim Reifbrennen oder Reifheizen vorbereitete Abfälle und ließen diese langsam schwelen. Der dichte Rauch sollte den Frost von den Blüten abhalten. Unbeliebt war auch die »nasse Sophie« am 15. Mai, denn regnete es an ihrem Tag, sollte es 40 Tage Niederschlag geben.

EMMAUS GEHEN Im Weinviertel machten die Winzer mit ihren Arbeitern und Dienstboten, mit Verwandten, Bekannten und Nachbarn am arbeitsfreien Ostermontag einen Ausflug zu den in Kellergassen angelegten Weinkellern. Beim »Greangehen« (ins Grüne gehen) kredenzten sie ihnen roten Wein, weißes Brot und schwarzes Fleisch (Geselchtes/Geräuchertes). Damit verband sich der Spruch »So mancher geht eben aus [em aus] und kommt schief heim«. Der Name Emmausgang erinnert an die Bibelstelle mit den Emmausjüngern (Lk 24,13-35), die den Auferstandenen nach → Ostern trafen, aber nicht erkannten.

ERNTEDANK Mit der Ernte erreichte das landwirtschaftliche Jahr seinen Höhepunkt. Von ihrem Erfolg hing das Überleben in den kommenden Monaten ab. Als Ausdruck der Freude über das Erreichte und des Dankes gab es zum Abschluss der Ernte Feste. Auf den niederösterreichischen Meierhöfen des 18. und 19. Jahrhunderts waren Lohnschnitter tätig. Als Wanderarbeiter kamen sie aus der Bucklign Welt in das Wiener Becken, aus der Slowakei, dem damaligen Oberungarn, auf die großen Gutshöfe des Marchfelds. Sie wurden zu Peter und Paul (29. Juni) aufgenommen und bearbeiteten pro Gruppe (Partie) täglich ein Joch (5.755 m^2). Der Tageslohn dafür war ein Laib Brot, sechs Liter Wein und 100 Kilo Korn. Beim Weizenschnitt, der als schwerer galt, gab es zwei Brotlaibe, acht Liter Wein und 120 Kilogramm Korn. Den Abschluss der Arbeit feierten sie im Burgenland mit einem → Hallamasch (ungarisch: *áldomás*), zu dem Tanz und gutes Essen gehörte. Zuvor überreichten die Arbeiter dem Gutsherrn einen geschmückten Erntekranz.

Als feierliche Überhöhung entstanden daraus (kirchliche) Ern-

Feierlichkeiten anlässlich des Erntedankfestes im sächsischen Ort Zschopau im Jahr 1952. Fotografie. 1952

tedankfeste mit dem Kranz- bzw. Kronensymbol. Sie wurden durch die Vermittlung geistlicher Volksbildner wie Leopold Teufelsbauer (1886–1946) populär. Als Direktor des bäuerlichen Fortbildungswerkes in Hubertendorf bei Blindenmarkt in Niederösterreich zählten seine 115 Volksbildungskurse 1929–1935 fast 5.000 Teilnehmer. Teufelsbauer widmete 1933 dem Erntedankfest eine Kleinschrift des von Pius Parsch (1884–1954) geleiteten Volksliturgischen Apostolats in Klosterneuburg. Darin schrieb er: »Wo kein Erntefest sich findet, sollte es in bäuerlichen Gegenden eine Ehrenaufgabe der Seelsorger, wie auch des standesbewussten Bauerntums sein, dieses schöne Fest einzuführen.« Als Termin schlug er den Sonntag im → Quatember, Mitte September, in Weinbaugemeinden einen Sonntag im Oktober vor. Die Ge-Brauchs-Anweisung gab ein Modell bis ins Detail, von der Einladung über Lieder und Texte, Herstellung der Erntekrone und Anregungen für das anschließende Dorffest.

ESELSFEST Dieses Narrenfest gehört zur Verkehrten Welt des → Faschings. Das Mittelalter brachte es mit der Flucht nach Ägypten (Maria auf einem Esel reitend) in Zusammenhang und feierte es am 14. Januar oder am Sonntag *Estomihi* (Faschingssonntag, bis zur Liturgiereform 1968 dritter Sonntag der Vorfastenzeit). Hinweise auf eine Eselsmesse (*La Fête des Fous, Asinaria festa*) gibt es in Frankreich. Die Messparodie war ein Narrenfest des niederen Klerus. Die Teilnehmer trugen Tierkostüme und antworteten dem »Segen« des für diesen Tag ernannten Narrenbischofs mit Tierlauten und zweideutigem »Messgesang«.

In Hernals im heutigen 17. Wiener Gemeindebezirk wurde bis ins 18. Jahrhundert ein Eselsritt veranstaltet. Die Ordnung des ihm zu Grunde liegenden religiösen Umgangs war um 1770 in der Sakristei der Kalvarienbergkirche zu sehen. Die ursprünglich ernste Prozession, die von Bruderschaften veranstaltet wurde, wandelte sich im Lauf der Jahre zu einem feucht-fröhlichen → Heischebrauch. Die Figuren veränderten ihre Bedeutung. Die hl. Maria der

Flucht nach Ägypten war zur Prinzessin geworden, König Herodes zur Karikatur eines Sultans. Das Gefolge bestand nicht mehr aus biblischen Gestalten, sondern aus Janitscharen und christlichen Sklaven. 1783 fand der Brauch zum letzten Mal statt.

*Wer fertig ist, dem ist nichts recht zu machen;
ein Werdender wird immer dankbar sein.*

Johann Wolfgang von Goethe

FASCHING, FASTNACHT Fasching ist in Österreich und Süddeutschland das Synonym für Fastnacht (mittelhochdeutsch *vas(t)naht* – Vorabend der → Fastenzeit, Tag vor Aschermittwoch). *Vaschanc* oder *Vastschang* bezeichnete im 13. Jahrhundert das Ausschenken des Fastentrunks. Das verweist auf Bräuche in den Zünften und damit auf städtische Rituale. Erst im 17. Jahrhundert hat man die Silbe -ang durch -ing ersetzt.

Ethnologen (Dietz-Rüdiger Moser) haben Zusammenhänge zwischen Fasching und Kirchenjahr herausgearbeitet. So durften in der → Geschlossenen Zeit vor → Ostern keine Tanzveranstaltungen stattfinden. Den Seelenhirten war bewusst, dass dies nur durchzuhalten war, wenn sie ihren Schäfchen einige Wochen vorher umso mehr Freiheiten einräumten. Das erklärten sie mit der Zwei-Welten-Lehre des heiligen Augustinus (354–430), der den Gegensatz der Welt des Teufels zum Reich Gottes betonte. Lärm, Narrheit und andere weltliche Dinge standen auf der einen Seite, Ruhe, Frieden und Gottesliebe auf der anderen. Darstellungen aus dem Mittelalter zeigen Narren als Gottesleugner mit Schelle und Pauke

→ Fasching
Tanz der Marktfrauen in München. Fotografie. 1939

– Requisiten, die im Fasching ihren festen Platz haben. Im Fasching als Zeit der Verkehrten Welt ist alles erlaubt, was sonst verboten ist, wie Geschlechterwechsel, Freizügigkeit, Protest und Parodie, Umkehrung der Herrschaftsverhältnisse, derbe Scherze. Gar nicht lustig war für die Betroffenen eine Reihe von → Rügebräuchen im Fasching, z. B. das → Blochziehen.

Seit dem Mittelalter feierten die Bewohner der europäischen Städte an den »fetten Tagen« (Faschingssonntag, -montag und -dienstag) auf der Straße. In Wien fanden vom 15. bis zum 18. Jahrhundert Maskenumzüge statt, an denen die Obrigkeit Anstoß nahm. Niemand sollte in Bauernkleidern oder sonst vermummt durch die Stadt gehen, hieß es schon 1465. In der Zeit Maria Theresias wiederholten sich die Verbote alljährlich, schließlich zog sich das Faschingstreiben in die Ballsäle der Hauptstadt zurück.

Ganz anders in den ländlichen Gemeinden, wo etwa in Tirol manche Faschingsbräuche Eingang in die UNESCO-Liste des Immateriellen Kulturerbes fanden. Manches ist jedoch auch hier verschwunden, wie das »Grätziehen« im Vintschgau. Bei diesem Spott auf unverheiratete Frauen verkleideten sich einige Burschen als »alte Mädlen«, die in einem Karren (Grät) durch den Ort gezogen wurden. Ihnen folgten eine Schar von Maskenträgern und das Krautweibele, ein Bursche, dessen Gesicht mit einem schwarzen Tuch verhüllt und dessen Schuhe mit Lumpen umwickelt waren. Er schlich durch die Reihen der Zuschauer, um sie mit faulem Kraut zu bewerfen.

Nicht närrisch, sondern nobel wirken die – männlichen und weiblichen – Flinserlkostüme in Bad Aussee. Sie sind seit 1768 überliefert und kamen wohl im Zusammenhang mit dem Salzhandel aus Venedig ins steirische Salzkammergut. Die Leinenkostüme sind dicht mit applizierten Ornamenten, Pailletten und Borten verziert. Zu Hose bzw. Rock und Jacke gehören eine weiße Halskrause, die über den Kopf gezogene Maske und ein hoher, spitzer Hut mit bunten Bändern. In ihren weißen Säcken haben die Flinserl Nüsse, die sie an Kinder verteilen, die Faschingssprüche aufsagen.

Im Mühlviertel in Oberösterreich ging an den letzten Faschingstagen eine Gruppe in den Masken von Braut, Bräutigam und Kranzeljungfrau von Haus zu Haus, um die Hochzeitssteuer zu sammeln. Am Nachmittag des Faschingsdienstags besuchte das »Ehepaar« die Gasthäuser, wo es einen Ehrentanz erhielt und von den Gästen bewirtet wurde. In ihrem Gefolge befanden sich Maskengestalten mit Dreschflegeln. In einem Sack hatten sie ausgedroschene Ähren und Kapseln vom → Flachs. Diese leerten sie mit Spottversen in den Häusern kinderloser Ehepaare aus. Die Bewohner des oberösterreichischen Salzkammergutes verbanden die Faschingshochzeit mit dem Brautgüterführen, bei dem das Heiratsgut aus Gerümpel bestand.

Um 1900 veranstalteten deutsche Karnevalsgesellschaften im Rheinland verschiedenste Umzüge. Bei den »Kappenfahrten« fuhren die Teilnehmer in offenen Kutschen, wobei die Verkleidung in der Vereinsmütze (Kappe) bestand. Am Korso durch Köln, Mainz und Düsseldorf nahmen maskierte und verkleidete Personen zu Fuß, auf Pferden oder in Kutschen teil. In Düsseldorf fuhren bereits 1907 zehn mit Blumen geschmückte Autos mit. Schon in den 1820er Jahren organisierten Vereinsmitglieder zur Ehren ihres Präsidenten am Samstagabend Umzüge mit gelb-grün leuchtenden Fackeln. Weil die Ausführenden weiß gekleidet und geschminkt waren, nannten die Düsseldorfer diese Veranstaltungen »Geisterzüge«. Zusätzlich wurden mit »Teufeln« besetzte Höllenwagen mitgeführt.

Sogar bei Angehörigen gehobener gesellschaftlicher Kreise waren in Wien die Tanzveranstaltungen bestimmter Berufsgruppen beliebt, wie die Wäschermädelbälle (und ihre Nachahmer) oder die Fiakerbälle. Da die Lohnkutscher im Fasching Hochsaison hatten, feierten sie bis 1913 am Aschermittwoch.

In Grünau im Almtal in Oberösterreich veranstalteten die Holz- und Floßknechte am Faschingsdienstag den Flötzerball. Traditionell hatten die einzelnen Berufsgruppen im Gasthaus ihren Stammtisch, den ein von der Decke hängendes Zunftzeichen markierte. In diesem Fall war es ein Miniatur-Holzfloß mit Holzfiguren, welche die verschiedenen Tätigkeiten darstellten. Vor dem Fasching ließen es die Flößer vom Tischler reparieren und mit Seidenbändern umwinden. Danach führten sie es auf einem von Ochsen gezogenen Schlitten durch den Ort. Das Gefährt war mit Fichtenbäumchen und bunten Bändern geschmückt. Daneben gingen die Flötzer und führten lautstark Parodien ihrer Arbeit aus. Einer wühlte mit einem Knüppel den Schnee auf, als würde er rudern, ein anderer ahmte das Messen der Wassertiefe nach, auch das Auffahren auf eine Sandbank wurde dargestellt. Dabei zerbrach das präparierte Fahrzeug zur Erheiterung der Zuschauer. Hatte der Umzug das Gasthaus erreicht, hängte man das Wahrzeichen an seinen gewohnten Platz und feierte mit Mahl und Tanz.

→ Blochziehen, Eselsfest, Kehraus, Krapfen, Perchten, Richtersetzen, Schimmelbeschlagen, Schwerttänze, Weiberfastnacht

FASTENZEIT Die Fastenzeit (Quadragesima, österliche Bußzeit) beginnt am Aschermittwoch und endet seit dem Zweiten Vatikanischen Konzil mit der Abendmahlsmesse am → Gründonnerstag. Während der Fastenzeit entfallen in der katholischen Liturgie Gloria und Halleluja, Musik und Blumenschmuck werden eingeschränkt. Die Priester tragen violette Gewänder. Bis zur Liturgiereform 1968 hießen in der römisch-katholischen Kirche die drei Sonntage vor dem Aschermittwoch Vorfastenzeit.

Die 40 Tage der Fastenzeit vor → Ostern sind mehr symbolisch als mathematisch zu verstehen. Einschließlich der Sonntage (die keine Fasttage waren) dauert sie 46 Tage. Sie hat einen mehrfachen biblischen Hintergrund. Im 2. Jahrhundert nahmen die Christen am → Karfreitag und Karsamstag gar keine Speisen und Getränke zu sich. Nach dem Konzil von Nicäa (325) aßen sie während der Quadragesima nur am Abend und genossen weder Wein noch Fleisch. Teilweise waren auch Eier, die man für flüssiges Fleisch hielt, und Milchprodukte verboten.

Als klassische Fastenspeisen galten Fische und Brezel, wie das berühmte Gemälde *Kampf zwischen Karneval und Fasten* von Pieter Bruegel d. Ä. (um 1525/30–1569) im Wiener Kunsthistorischen Museum zeigt. Vor der Entwicklung der Kühltransporte waren Kabeljau (als Stockfisch getrocknet) und Hering die einzigen Meeresfische, die in Binnenländer exportiert werden konnten. Man salzte die Heringe ein und verfrachtete sie in Fässern. Süßwasserfische blieben den oberen Ständen vorbehalten, denn Jagd und Fischerei waren Herrenrechte. Klöster hatten ihre eigenen Fischteiche.

Fastenbrezen, salzige Laugenbrezeln, waren lange haltbar. Ihre Form soll an verschränkte Arme als Gebetshaltung erinnern. Die Kinder, die an den Kartagen mit → Ratschen gingen, erhielten solche Brezeln als Lohn. In Salzburg vertrieb ein Wanderhändler die Fastenbrezeln, bei der »Fastendult«, dem vorösterlichen Jahrmarkt, konnte man sie an vielen Ständen kaufen. Man erwarb sie nach der Osterbeichte und brachte sie mit heim. Zu Hause gebacken wurden sie zwischen Aschermittwoch und dem Samstag vor Palmsonntag. Sie dienten auch als Einlage in die Fastensuppe (Brezensuppe) und als Behang von → Palmbuschen. Im Land Salzburg war der Kunigundentag (3. März) der Tag der Brezenspende.

Schnecken zählten ebenfalls zu den Fastenspeisen. In Schwaben und im Allgäu aß man sie gemeinsam beim »Schneggenball« am Aschermittwoch. Im Schneckensammelgebiet von Pottendorf in Niederösterreich zogen am fünften Fastensonntag die Ortsburschen in weißer Fleischhauerkleidung eine große Schneckenfigur durch den Ort, hängten sie an einen Baum und zerschlugen sie mit einem Fleischerbeil.

Fiel → Josefi in die Fastenzeit, so begann man im Oberinntal den Tiroler Landesfeiertag auf ganz besondere Weise: Familie und Gesinde versammelten sich frühmorgens im Sonntagsstaat um den Tisch. Die dampfende Suppenschüssel wurde aufgetragen, man sprach das Tischgebet. Doch in dem Moment, in dem das Essen beginnen sollte, nahm die Bäuerin die Schüssel wieder weg. Erst abends kam sie wieder auf den Tisch, denn bis zum Sonnenuntergang musste gefastet werden.

→ Fasching, Gründonnerstag, Karfreitag, Laetare, Schmachtfetzen

→ Fensterln
Aufs Gassl gehen, zur Stubete gehen oder Heimgarten nannte man den nächtlichen Besuch der Burschen bei jungen Frauen auf dem Land (hier in Gößl am Grundlsee). Fotografie. Um 1920

FENSTERLN Beim »Gasslgehen« machten die Burschen ledigen jungen Frauen nächtliche Besuche. Der seit 300 Jahren nachweisbare Brauch hatte zunächst eine gesellige Form. Drei bis acht junge Männer trugen lange Gasslreime vor, »hervorragende Beispiele lebendiger Volksdichtung von vorwiegend erotisch-satirischem Gehalt«. Sie boten Sprüche in festen Formen mit verstellter Stimme dar. Erst bei ernsten Bekanntschaften kam die »einzelgängerische Form« zum Tragen.

Die Tänzerin Ilka Peter (1903–1999) hat sich eingehend mit dem Gasslbrauch beschäftigt und dessen ungeschriebene Gesetze genannt: bestimmtes Alter (nach der Militärzeit), bestimmte Tage (Donnerstag), Organisation durch die Burschenschaft, Schweigepflicht, gutes Verhältnis zu den Eltern oder Dienstherren der Besuchten. Eine Parallele ergibt sich zum adeligen und bürgerlichen Nachtlied bzw. zur Serenade, die unter dem Fenster der verehrten Dame dargeboten wurden.

FEUERJUCKEN Der Brauch des Feuerspringens wurde in der Gegend von Ulm Feuerjucken genannt. Dazu suchten sich die Junggesellen am Sonntag → Laetare Partnerinnen, mit denen sie zu → Ostern über das Feuer sprangen. Die Paare besuchten ein Jahr lang alle Feste gemeinsam. Man sprach auch von der Sommerbraut oder Sommerheirat. Sollte diese länger andauern, erhielt der Bursche den Funkenring, ein Schmalzgebäck.

FEUERSCHUTZ Mangelnde Löschmöglichkeiten und Holzbauweise konnten zu katastrophalen Großbränden führen. In den Städten warnte der Nachtwächter: »Hört ihr Herrn und lasst euch sagen: Unsre Glock' hat zehn geschlagen; bewahrt das Feuer und das Licht, dass eurem Haus kein Schad' g'schicht!«. Rauchfangkehrer galten als Glücksbringer, weil sie durch Wartung der Kamine Bränden vorbeugen konnten.

Das Giebelkreuz war ein → Apotropäon. Der Wimperg schützte das Strohdach am Begegnungspunkt der Dachschrägen gegen

Rauchfangkehrer gelten als Glücksbringer – ihre Arbeit konnte die Menschen und ihr Hab und Gut vor Bränden bewahren. Auf dem Foto aus den 1920er Jahren begrüßen Rauchfangkehrer das neue Jahr.

den Angriff des Windes, analog sollte er das Haus vor Feuer und allem Bösen bewahren. Die Enden der am Firstende gekreuzten Bretter trugen häufig stilisierte Pferdeköpfe (Rossgoschen). Diese waren neben Deutschland und Österreich auch in vielen anderen Ländern Europas verbreitet. Schon in dem vor der ersten Jahrtausendwende entstandenen *Egbert-Codex* finden sich überkreuzte Giebelzeichen.

→ Tiere und Bräuche

FISCHSEELE Fisch war eine klassische Fastenspeise. An den 24. Dezember als Fasttag erinnert noch der Brauch, am → Heiligen Abend Karpfen zu essen. Das möglichst unbeschädigte Gräten-Skelett diente in einigen Alpengegenden als → Orakel: Man warf die »Fischseele« an die Holzdecke. Fiel sie nicht herunter, sollte der Weihnachtsfisch in 100 Jahren als »Goldenes Rössel« zu → Weihnachten mit Geschenken wiederkommen.

FLACHS Flachs, auch »Haar« genannt, wird aus der Leinpflanze (*Linum usitatissimum*) gewonnen, um daraus Leinen zu weben. 100 Tage nach der Saat zeigen sich blaue Blüten, die nach zwei Wochen zu Samenhülsen werden. Dann war es Zeit für das bündelweise Ausrupfen der Pflanzen. Nach einer Trockenphase zog man die Stängel durch Riffelkämme, um die Hülsen von den Stängeln zu trennen, in denen sich nur 20 Prozent brauchbare Fasern befinden. Rösten oder Dörren machte die Holzanteile mürb, danach entfernte man sie in mehreren Arbeitsvorgängen mit verschiedenen Brechelgeräten. »Locken« oder »Werg« wurden durch Eisenkämme gehechelt und dann versponnen. Das Spinnen der Flachsfasern war eine typische Winterbeschäftigung – zwischen Kathrein und dem Tag der → hl. Gertrud – der Frauen auf dem Lande. Bei der gemeinsamen Arbeit (→ Roasgehen) soll es in den Spinnstuben lustig zugegangen sein. Es gab eigene Lieder, Bräuche und obrigkeitliche Verbote. Mit Hilfe von Spindeln oder Spinnrädern verwandelten die Frauen die Faserbündel in einen zusammenhängenden Faden. Anschließend banden sie diesen zu Zöpfen, die sie in Lauge kochten, um den Flachs für das Weben geschmeidig zu machen.

In der älteren volkskundlichen Literatur findet man viele Hinweise auf magische Handlungen rund um diese einstmals sehr wichtige Pflanze. So wurde die Aussaat an bestimmten Tagen durchgeführt, und der Zauberspruch »Flachs wachs!« erinnert daran, welch große Bedeutung dem Flachs zukam. Auch das Besprengen mit Weihwasser ist überliefert. In ethnographischen Museen finden sich verzierte Flachsschwingen (zum Ausschlagen der Holzteile) als Liebesgabe.

→ Brechelritter, Fasching

FLEISCHTAGE Das Jahr der mittelalterlichen Menschen hatte 160 Fast- und Abstinenztage, an denen die Gläubigen, auch Kinder, keine Fleischspeisen essen durften. Doch auch sonst war Fleisch im bäuerlichen Speisenplan selten, es gab v. a. Brei, Suppe und wenig Gemüse. Dienstag, Donnerstag und Sonntag waren Fleischtage. Daran erinnert das im Innviertel in Oberösterreich aufgezeichnete Kettenlied: »Was is' heut für Tag? Heut ist Montag, heut ist Knödeltag (…). Wann alle Tag Montag Knödeltag, Dienstag Nudeltag, Mittwoch Strudeltag, Donnerstag Fleischtag, Freitag Fasttag, Samstag Zahltag, Sonntag Lump'ntag wäre, wär' ma lustige Leut'.«

FRAUENDREISSIGER Als Frauendreißiger bezeichnete man die Zeit zwischen dem Großen und dem Kleinen Frauentag, dem Hochfest Mariä Himmelfahrt am 15. August und dem Fest Mariä Geburt am 8. September mit seiner liturgischen Festwoche (Oktav). Diese Wochen galten »als eine dem Menschen besonders freundliche, gesegnete Zeit. Alle Gifte in Pflanzen und Tieren verlieren da ihre Schärfe, wogegen alle Heilkräfte dreifach gesegnet und gesteigert werden. Deshalb werden in dieser Zeit alle Heilkräuter gesammelt und als ›Weihbuschen‹ in die Kirche gebracht und dort eingesegnet, deswegen werden die in diesen Tagen gelegten

Hühnereier bis in den Winter im Sande aufbewahrt«, schrieb Viktor Geramb (1884–1958). Der steirische Volkskundler nannte diese Wochen »die Zeit der ›Wurzengraber und Kräuterweiblein‹«. Der bekannteste Brauch ist die Kräuterweihe zu Mariä Himmelfahrt. Man bringt Sträuße aus bestimmten Pflanzen zur Segnung in die Kirche, verwahrt und verwendet sie ähnlich wie den → Palmbuschen.

FRAUTRAGEN Frautragen oder Herbergsuchen nennt sich der Brauch, an den neun Abenden vor Weihnachten ein Marienbild oder eine -statue zu einer Familie zu bringen und gemeinsam vor ihr zu beten. Der in der Barockzeit von den Orden, besonders den Jesuiten, geförderte Brauch wird noch in einigen Pfarren gepflegt (z. B. in Oberndorf, Salzburg). Im Unterschied dazu ist das → Josefstragen nicht mehr üblich.

FRONLEICHNAMSPROZESSION Seit mehr als 750 Jahren, seit dem Jahr 1264, feiern Katholiken Fronleichnam. Das bewegliche Fest am 60. Tag nach → Ostern fällt zwischen 21. Mai und 24. Juni. Das fromme »Volk« sah dieses Hochfest als wichtigstes im Kirchenjahr an. Die Prozession der Dompfarre St. Stephan in Wien beging 2013 ihr 650-Jahr-Jubiläum. Nach der mittelalterlichen Stiftungsurkunde sollten 40 bis 50 Priester teilnehmen. Herzog Rudolph IV., genannt der Stifter (1339–1365), ordnete 1363 an, Fronleichnam in gleicher Weise wie den Weihnachtstag zu begehen. Alle Reliquien, Fahnen, Traghimmel, 30 → Kerzen und 10 Windlichter sollten in der Stadt umgetragen werden, sämtliche Pfarrer, Angehörige der Orden und Ritterorden der Stadt und der Vorstädte sollten das Allerheiligste »mit all ihrer schönsten Gezierd« begleiten.

Der Stadtumgang war ein repräsentativer Schaubrauch, und die Teilnahme für die Zunftangehörigen verpflichtend. Wegen der Prozessionsordnung, die eine Prestigefrage war, kam es immer wieder zu Streitigkeiten unter den Handwerkern. Zitate von Autoren aus dem 17. und 18. Jahrhundert lassen den Wandel der Wertschätzung der Fronleichnamsprozession in sich ändernden Zeiten erkennen:

→ Fronleichnamsprozession
Das Fronleichnamsfest bewegt sich zwischen Prunk und Protest: Von der katholischen Kirche feierlich begangen, wurde es von der evangelischen energisch abgelehnt, weil ihm die biblische Basis fehlt. Seeprozession in Hallstatt. Handkoloriertes Glasdiapositiv. Um 1900

Um 1650 sah der Augsburger Benediktinerpater Reginald Möhner Vertreter von 50 Zünften, »darunter die Zimmerleute mit einer schweren Stangen, 18 Klafter [das wären fast 35 Meter] hoch, welche ganz mit gesponnenem Wachs umwunden und aufrecht wegen der Schwere von ungefähr 20 Männern ist getragen worden«. Als der Protestant Johann Christoph Edelmann 1752 Wien bereiste, schrieb er satirisch, dass man ihm von einer Schneiderprozession mit einem Ziegenbock zu Fronleichnam erzählt habe. 1781 beobachtete ein Schriftsteller den Umgang der Zunftmitglieder »mit Seiltänzermusik oder Soldatenmärschen, (...) riesenmäßigen Fahnen und mit Puppen besetzten Maschinen, mit Stangen und Laternen, mit Federbüschen und hohen Bünden, Kasketten und Schurzfellen und Vortüchern, mit langen an schwersilbernen Ketten hängenden Bestecken, so wunderbar als seltsam gekleidet«. 1784 verfasste Joseph Richter (1749–1813), ein wichtiger Schriftsteller der josephinischen Aufklärung, unter dem Pseudonym Obermayr die *Bildergalerie katholischer Missbräuche*. Darin spottete er über die Metzger: »Sie waren in feines rotes Tuch, mit Silber besetzt, gekleidet, trugen rotseidene Strümpfe, Schürzchen vom feinsten Nesseltuch mit Spitzen besetzt, grüne Mützchen mit Federn geschmückt, hatten silberne Messer in der Schürze stecken und die Haare in runden Locken gewickelt. Kurz, ihre Maske hätte für eine Redoute allerliebst ausgesehen, aber bei einer Fronleichnamsprozession???«

In Tirol erforderte »der heilige Bluts- oder Antlasstag« wochenlange Vorbereitungen. Die jungen Frauen sorgten sich um ihre Garderobe. Mitglieder der Schützenkompanien und Musikkapellen nützten ihre Freizeit zum Üben. Die eigentlichen Vorbereitungen begannen am Vortag zu Mittag, die Burschen holten Birkenbäumchen aus dem Wald und pflanzten sie als Spalier zu beiden Seiten des Prozessionsweges auf. Nach dem Hochamt am Feiertag setzte sich die Prozession in Bewegung. Darüber schrieb Ludwig Hörmann anno 1909: »Die ersten Paare derselben sind kleine Schulmädchen, ganz weiß gekleidet, Lilienstengel oder Schäferstäbe in der Hand. (...) Vier aus der anmutigen Schar tragen das Bildnis der unbefleckten Gottesmutter. Dasselbe ist meistens aus Holz geschnitzt und mit steifen, gold- und silberbestickten Gewändern angetan. Das Amt einer Trägerin gilt als große Ehre und Auszeichnung, denn nur die sittsamsten Jungfrauen werden dazu auserwählt. (...) Nicht minder glücklich dünkt sich jenes Mädchen, welches die heilige Notburga, eine der Hauptschutzpatrone des Landes, vorstellen darf.«

Ein besonders prächtiges Element der Fronleichnamsprozession sind die mit Blumen oder bunter Wolle umwickelten, mehrere

Meter hohen Prangstangen. Im Salzburger Pongau wurden sie schon im 16. Jahrhundert beschrieben. Weitere Verbreitungsgebiete sind Rohr im Gebirge in Niederösterreich und der Lungau, wo die Stangen zu anderen Terminen ausrücken. Später werden die Blüten abgenommen, wie der → Palmbuschen daheim verwahrt und zum Räuchern am → Dreikönigstag verwendet.

FUNKEN Der erste Fastensonntag heißt in Westösterreich Funkensonntag. An diesem Tag waren in zahlreichen Regionen Feuerbräuche üblich: Schweiz, Schwaben, Vorarlberg, oberes Inntal, Obervintschgau sowie in verschiedenen Orten von der Poebene über das Rheinland bis nach Nordostfrankreich und an der Nordsee. Neben dem Abbrennen des Scheiterhaufens (Funken) gab es das → Scheibenschlagen. Seit 2010 stehen die heute noch gepflegten Bräuche des Vorarlberger Funkensonntags auf der UNESCO-Liste des Immateriellen Kulturerbes.

G

*Das Schicksal nimmt manchmal, um uns nicht zu erschrecken,
die Miene des Zufalls an.*

Johann Nestroy

GAUTSCHEN Die Bezeichnung der → Initiation der Buchdrucker und Schriftsetzer leitet sich von einem Arbeitsvorgang der traditionellen Papiererzeugung ab, dem Entwässern des frisch geschöpften Papieres. Beim Gautschen musste der »Cornute« genannte Lehrling einen Hut mit Hörnern tragen. Diesen wurde er erst los, nachdem er nach überstandenem »Depositionsspiel« geschworen hatte, niemandem die schlechte Behandlung zu vergelten, die ihm widerfahren war. Danach wurde er mit Rosmarin bekränzt und vom Lehrherrn feierlich freigesprochen.

1771 ließ Kaiserin Maria Theresia die »albernen Gebräuche« abschaffen. Doch die Buchdrucker erfanden einen neuen, die »Taufe« des Ausgelernten, zu der folgender sehr anschaulicher Spruch gehört: »Packt an, Gesellen, lasst seynen Corpus Posteriorum fallen / auf diessen nassen Schwamm, bis trieffen beyde Ballen / der durst'gen Seele gebt ein Sturtzbad obendrauff / das ist dem Jünger Gutenbergs seyn'n beste Tauff'.« Nach der feierlichen Übergabe des Gautschbriefes und einem von ihm zu bezahlenden Festmahl zählte der Bursche zu den Gesellen. Danach konnte er auf die → Walz gehen.

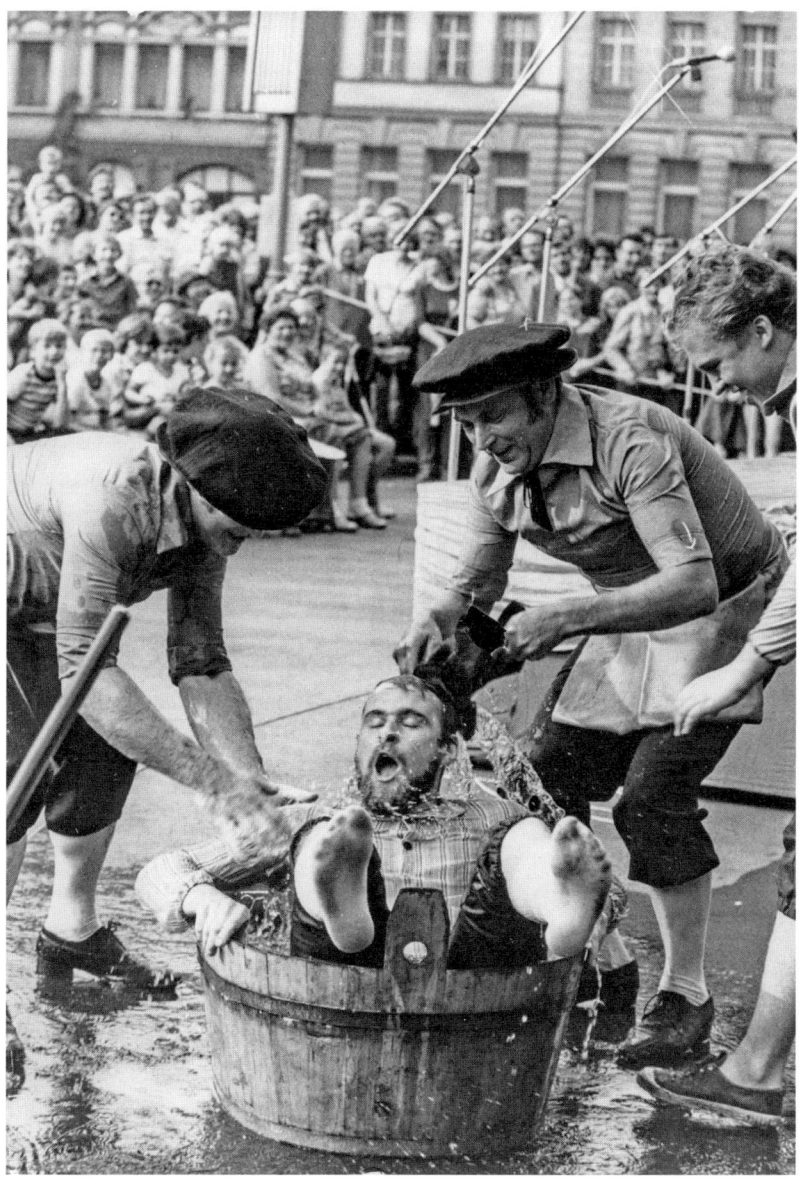

→ Gautschen
Die jahrhundertealten Berufe der Buchdrucker und Schriftsetzer gibt es nicht mehr.
Ihre Gautschfeiern sind ein publikumswirksames Spektakel geblieben.

An einigen Orten hat sich der Brauch des Gautschens bis heute erhalten, so v. a. in Mainz, der Heimatstadt des Erfinders des Buchdrucks, Johannes Gutenberg (ca. 1400–1468).

HL. GERTRUD Der Tag der hl. Gertrud (17. März) war mit magischen Vorstellungen und Wetterregeln verbunden, weil er als Frühlingsbeginn galt. Das *Gertrudenbüchlein* erreichte im 17. und 18. Jahrhundert hohe Auflagen als Andachtsbuch. Da die Heilige auf dessen Titelbild ein Kleid mit Zauberzeichen trug, fand es auch Verwendung beim Schatzsuchen (→ Beschwörung).

Der Legende nach vertrieb Gertruds Gebet Mäuse und Ratten. Gertrudiswasser und Gertrudiszettel sollten Schädlinge von den Feldern fernhalten. »Zu Gertrud beißt die Maus den Spinnfaden ab«, sagte man, um zu betonen, dass die Zeit der Winterarbeit im Haus vorbei war und die Feldarbeit begann. Oder auch: »Gertraud führt die Kuh zum Kraut, das Ross zum Zug, die Bienen zum Flug.« An diesem Tag gesegneten Wein, die Gertrudenminne, trank man beim Abschiednehmen oder zur Versöhnung.

Gertrud (626–655) war die Tochter Pippins des Älteren (580–640), des Stammvaters der Karolinger, sowie Idubergas (Ida, Itta, 652), einer französischen Herzogstocher. Gertrud wurde 652 Äbtissin des Klosters von Nivelles (Belgien), einer Gründung und Witwensitz ihrer Mutter. Selbst hochgebildet, bemühte sich Gertrud um die Mädchenbildung, ließ liturgische Bücher aus Rom kommen und berief irische Mönche als Theologen.

GESCHLOSSENE ZEIT Als geschlossene (*Tempus clausum*), gebundene oder verbotene Zeit galten → Fastenzeit und → Advent, zu denen keine feierlichen → Hochzeiten und öffentlichen Vergnügungen stattfinden durften. Daher hieß es: »Kathrein stellt den Tanz ein« (25. November). Der → Martinitag war das letzte große Fest vor dem Advent, der bis 1917 als Fastenzeit zu halten war.

Im 1929 gedruckten, 1894 von den österreichischen Bischöfen

approbierten *Großen Katechismus der katholischen Religion* heißt es über das damalige Kirchengebot: »Im fünften Kirchengebote wird verboten, in der geschlossenen Zeit, das ist vom ersten Adventsonntage bis einschließlich zum Feste der Erscheinung des Herrn und vom Aschermittwoch bis einschließlich zum ersten Sonntage nach Ostern, feierliche Hochzeit zu halten (…), weil sie gewöhnlich mit Lustbarkeiten verbunden sind, welche der Heiligkeit und dem Ernste dieser Zeit widersprechen.« Eine Fußnote vermerkte, dass in fast allen Diözesen während dieser Zeit auch einfache Trauungen verboten waren.

GLOCKEN Kirchenglocken rufen zu Gebet und Gottesdienst, früher noch viel öfter als gegenwärtig. »Im Mittelalter wurde viel geläutet, bald mit allen Glocken, bald mit einer oder zwei, bei Tag und – in den Städten mit Kloster- und Stiftskirchen – auch bei Nacht«, schrieb der Kirchenhistoriker Ludwig Andreas Veit. Mythologisch standen Glocken für die Kommunikation mit übersinnlichen Wesen wie den Armen Seelen, ihr Klang sollte Dämonen und Hexen abwehren. Sagen zeichneten das Bild der Kirchenglocke als beseeltes Wesen, das den Klang verweigern oder von selbst läuten konnte. Literarisch verewigt hat sie Friedrich Schiller in seinem 32-strophigen »Lied von der Glocke« (1799), das zahlreiche als geflügelte Worte in den deutschen Sprachschatz eingegangene Sentenzen enthält.

Um die Mitte des 9. Jahrhunderts dürfte der Gebrauch von Glocken in Klöstern allgemein üblich geworden sein. Man unterschied gegossene und gehämmerte Glocken in verschiedenen Größen. Die Benediktinermönche betrieben berühmte Gießereien in St. Gallen, Reichenau, Fulda, Tegernsee, Corvey und Salzburg.

Profane Läutedienste signalisierten Anlässe wie die Eröffnung eines Marktes, Hinrichtungen oder die Sperrstunde. Von 1457 bis 1772 gab die Bierglocke auf dem nördlichen Heidenturm des Wiener Stephansdoms die Sperrstunde der Bier- und Weinhäuser an. Man nannte sie Gurgelabschneiderin und ihr Geläute »nassen Zapfen-

→ Glocken
Glockengießerei, vermutlich in Tirol. Glasdiapositiv. Um 1910

streich«. Danach durfte niemand mehr ohne Licht auf die Straße gehen.

Öffentliche Gebäude, beispielsweise Rathäuser, trugen nicht nur Uhren und Glocken, sondern auch Glockenspiele, die Melodien wiedergaben oder mit bewegten Figuren bestückt waren. Prominente heute noch existierende Beispiele sind die Astronomische Uhr (1472) mit dem Glockenspiel von 1642 in St. Marien in Rostock, das Glockenspiel der Astronomischen Uhr am Zytglogge-Turm in Bern aus dem 15. und 16. Jahrhundert oder das relativ junge Münchener Glockenspiel von 1899. In der Keramikstadt Gmunden in Oberösterreich trägt das Rathaus seit dem 18. Jahrhundert ein Glockenspiel. 1961 erhielt es 24 Glocken im Design der grün-weiß geflammten Gmundner Keramik, jedoch aus Meissner Porzellan.

Schellen und Glöckchen dienten als Amulett, Schmuck und Schutz, besonders für kleine Kinder. Auch eine → Wiege für das Jesuskind, die Mitte des 15. Jahrhunderts in Brabant gefertigt wurde, zierte eine Reihe von Glöckchen. Im Mittelalter trug man Schellen an Kleidern, Schuhen und Kopfbedeckungen. Renn- und Schlittenpferde waren mit Glocken geschmückt. Bei manchen Bräuchen (Glöckler, Krampusperchten) waren an den Kostümen (Kuh-)Glocken befestigt, die beim Laufen lärmten. In Tirol läutete der Mesner vor der Mette zu → Weihnachten eine Stunde lang. Zuvor hatte er seinen Lohn für das »Schröckläuten« bei den Bewohnern eingesammelt.

GMARISCHAUEN Das gemeinsame Abgehen der Gemeindegrenzen und ihre Markierung mit Erdhügeln (→ Lewergehen) oder reparierten Grenzsteinen war ein Frühlingsbrauch, der häufig zu Georgi (24. April) stattfand. Die Männer des Ortes nahmen die Knaben mit, sie sollten sich den Grenzverlauf gut einprägen. Dabei kam ein mittelalterlicher Rechtsbrauch zur Anwendung. Man zog die Buben an den → Ohren. Dadurch sollten sie sich den Grenzverlauf gut merken und später bezeugen können. Das wurde nicht als Strafe verstanden, sondern als Mittel zur Verbesserung der Erinnerungsleistung, das man auch bei Gerichtszeugen anwandte.

GOASSELFAHREN »Goaßel« nannte man Schlitten, deren Kufenenden in Form von Ziegenköpfen geschnitzt waren. Im Innviertel in Oberösterreich, »dem Lande der flinken Rosse«, entwickelten sich Wettrennen zu Volksfesten, im Winter als Goaßelfahren oder Schlittenrennen, im Sommer als Trab- oder Springreiten. Drei Böllerschüsse kündigten den Festzug an. Ihn eröffneten auf mit Reisig geschmückten Wagen oder Schlitten die Musikkapelle, das Renngericht und die Honoratioren. Durch Auslosen wurde die Reihenfolge der Teilnehmer bestimmt, auf die man Wetten abschließen konnte.

Als Parodie auf die sommerlichen Reiter-Wettkämpfe veranstalteten die Innviertler Bauern das Ochsenreiten mit geschmückten Tieren. Nur selten erreichte einer das Ziel, denn die Rinder waren langsames Gehen bei der Feldarbeit gewohnt, aber keine Reiter, die sie antrieben.

GODL, GÖD Bezeichnungen für Taufpaten und -patinnen wie Götti, Göd, Gut und Gotta im alemannischen, österreichischen und siebenbürgischen Gebiet werden vom althochdeutschen *Goto* und *Gota* (von ahd. *Gotfater* und *Gotmuoter*) abgeleitet. Sie bedeuten Vater bzw. Mutter »in Gott«, die für das Kind in religiöser Hinsicht zu sorgen haben. Patenschaft wurde kirchlicherseits als geistliche Verwandtschaft definiert, die sogar die Blutsverwandtschaft übertraf. Bis ins 20. Jahrhundert bestand daher ein Eheverbot zwischen Patenkindern und Paten.

Ärmere Familien suchten oft reiche Godenleute, um ihre Kinder, sollten sie Waisen werden, versorgt zu wissen. Wohltätige Adelige oder Bürger/innen übernahmen das Patenamt von sich aus. Ein Wiener Beispiel war um 1800 die Besitzerin des Hauses »Zum goldenen Adler« in der Josefstadt im heutigen 8. Wiener Bezirk, Lerchenfelder Straße 48. Da Viktoria Perwein (1755–1835) für zahlreiche Kinder der Umgebung als Taufpatin fungierte, nannte man ihr Haus nur noch »Zur Frau Godl«. Dort fand damals auch ein populäres Krippen-Puppenspiel statt.

Mehrmals jährlich kamen Eltern und Kinder zu den Paten auf Besuch. Die Kinder erhielten zu → Ostern Eier, zu Allerheiligen Striezel, zu → Neujahr Wecken und Lebzelten. Mit sechs Jahren bekamen sie Kleidung. Mit zwölf Jahren erfolgte die Abfertigung, wieder mit dem Geschenk von Kleidung, darunter das Totenhemd.

→ Ahnlsonntag, Angebinde, Geburt und Taufe

GREGORI Vom frühen Mittelalter bis ins 19. Jahrhundert gab es in vielen Dörfern Europas die Allmende als Gemeinschaftseigentum der Gemeinde. Alle oder bestimmte Bauern konnten dort ihr

Vieh weiden lassen, das der Gemeindehirt beaufsichtigte. Er ging zu Gregori (12. März) im Dorf umher und gab ein Signal mit dem Horn oder der Peitsche (Ausblasen, Aperschnalzen), um anzukündigen, dass zwölf Tage später der Austrieb stattfinden werde. Aus Biedermannsdorf in Niederösterreich ist beispielsweise überliefert, dass der Halter mit einigen Musikanten unterwegs war, ein Stück mit der Trompete spielte und mit der Peitsche schnalzte.

Der Tag galt als Winterende und Beginn der Frühjahrsarbeit (»Gregor zeigt dem Bauern an, dass im Feld er säen kann«). In Tirol führte man deshalb Sommer- und Winterspiele auf. Dort meinte man auch, dass zwischen Gregori und Georgi (24. April) ein besonderer Wind wehe, der den Pflanzenwuchs fördere. »In früherer Zeit stieg man sogar auf die Bäume, um das ersehnte Eintreffen dieses Windes zu erhorchen«, hieß es 1909.

An das Schülerpatronat des hl. Gregor knüpft der Brauch des Knabenbischofs an. Wie am Nikolaustag oder am Tag der → Unschuldigen Kinder wurde ein Schüler mit seinem Gefolge als Herrscher für einen Tag gewählt. Seine Insignien waren Schlüssel und Rute (Schwert). In Niederösterreich zählten Umzugs- und Singbräuche (→ Laetare- oder Gregorisingen) zu den Einnahmequellen der Schulmeister, wie 1589 für Wiener Neustadt belegt ist.

Papst Gregor I. der Große (540–604) förderte die Klöster, die Liturgie, die Reliquien- und Heiligenverehrung sowie den Choralgesang und verfasste 14 Bücher. Er entwickelte jene Fegefeuer-Theologie, nach der man durch Seelenmessen den Verstorbenen im Purgatorium helfen kann. Daraus entstand der Brauch, Gregorianische Messen lesen zu lassen, d. h. 30 Messen an aufeinanderfolgenden Tagen. Sein Gedenktag war der 12. März (Tag der Bestattung), seit der Kalenderreform 1969 ist es der Tag der Papstwahl (3. September).

→ Hirtenbräuche

GRÜNDONNERSTAG Der Donnerstag in der Karwoche (Hoher Donnerstag) beendet die 40-tägige → Fastenzeit. Die Bezeichnung kommt wohl nicht von den grünen Speisen, die an diesem Tag genossen werden, sondern vom Klagen und Weinen (greinen, mhd. *grinen* – den Mund verziehen).

Mit dem kirchlichen Termin verband sich viel → Superstition. So sollte grünes Gemüse verzehrt werden, um gesund und kräftig zu bleiben. Ebenso sollten Honig, Gründonnerstagsbrot oder -butter Gutes bewirken. Von besonderer Bedeutung waren die an diesem Tag gelegten → Antlasseier, um Haus und Hof und die Bewohner zu schützen. Blumen, Gemüse oder Bäume, die man am Gründonnerstag pflanzte, sollten gut gedeihen, Kräuter galten als besonders heilkräftig. Man hängte Kleider an die Luft, um sie vor Ungeziefer zu schützen und kehrte das Haus mit einem neuen Besen, um Glück zu haben. Sogar verborgene Schätze ließen sich angeblich am Gründonnerstag finden.

Nach dem Johannesevangelium (Joh 13,1-11) übte Jesus beim Letzten Abendmahl eine orientalische Geste der Gastfreundschaft, die Fußwaschung (Mandatum), aus. In liturgischer Form wurde dies in der Messe am Gründonnerstag wiederholt. Dabei stellte ein hoher geistlicher Würdenträger wie Bischof, Abt oder Dechant Christus dar und vollzog das Ritual an zwölf Männern.

Seit der Zeit Kaiser Karl V. (1500–1558) bis zum Ende der Monarchie pflegten die Habsburger diesen Brauch – wie auch andere Herrscher in Spanien, Frankreich und Bayern. Im Hofbrauch wusch der Kaiser zwölf Greisen die Füße, die Kaiserin zwölf Greisinnen. Ein Prälat und ein Priester assistierten ihnen. Beamte wählten dafür unbescholtene, gesunde alte Personen aus und erstellten Listen mit Namen, Herkunft und Alter. Die Addition des Alters ergab oft 800 bis 900 Jahre. Die Geehrten besuchten den Gottesdienst in schwarzer Sonntagskleidung, die sie zu diesem Anlass erhalten hatten. Als Erinnerung bekamen sie einen weißen Lederbeutel mit 30 Silbermünzen, ein viergängiges Menü in einem mit dem kaiserlichen Doppeladler bemalten Holzschaff sowie Weinkrüge aus grünem Steingut mit Doppeladler und Jahreszahl, Zinnbecher und Damasthandtücher. Eine Hofkutsche brachte sie nach der Zeremonie nach Hause.

→ Mendelbrot, Pflanzen und Bräuche

GÜLDENSONNTAG In Deutschland nannte man den Sonntag nach → Pfingsten (Dreifaltigkeitssonntag) den Goldenen Sonntag. Johann Heinrich Albers schrieb zu Beginn des 20. Jahrhunderts über den Güldensonntag: »Er gilt besonders als Glückstag, und wer an ihm geboren ist, ist ein rechtes Glückskind, wird reich und weise und soll Geister sehen können. Alles, was man an diesem Tag beginnt, muss gelingen, wenn man dreimal in die Kirche geht und jedes Mal an sein Vorhaben denkt. Alle Jahre am Güldensonntag um Mitternacht blüht der Farnsamen, dem man die Macht zuschreibt, unsichtbar zu machen. Auch soll er Glück im Spiel bringen und seinen Besitzer zum Freischützen machen. Ähnlich ist ihm hierin die Wunderblume, die sich an diesem Tage öffnet und verwünschte Jungfrauen und versenkte Schätze frei macht. ... In einigen Gegenden feiert man den Tag auch durch Umzüge und Festlichkeiten.«

In Deutschland benannte man auch die Adventssonntage – in steigendem Wert – nach Metallen: So hieß der erste Adventssonntag Eiserner, der zweite Kupferner, der dritte Silberner und der vierte Goldener Sonntag. In Wien war es bis ins 20. Jahrhundert üblich, dass große Geschäfte an den beiden Sonntagen vor → Weihnachten, dem Silbernen und dem Goldenen Sonntag, geöffnet hatten.

Es tut wohl, von denen geachtet zu sein, die man selber hochachtet.

Franz Grillparzer

HAARRIEDEL Dieses striezelartige Gebäck, eine Linzer Spezialität, die an eine geflochtene Haarsträhne erinnerte, hatte in der Öse ein Ei eingebacken und war bis in die 1920er Jahre üblich. Es wurde von Osterlämmern und Osterpinzen abgelöst.

HABERGEISS Die Habergeiß galt im bayrisch-österreichischen Alpengebiet als gespenstischer Vogel mit drei Beinen und Ziegenkopf, der in der Nacht meckert. In der ländlichen Vorstellung war sie ein Quälgeist der Schläfer, wie der Alb, der schlechte Träume verursacht. Die erstmals 1482 in Nürnberg belegte Bezeichnung wurde mit Hafer oder dem lateinischen Wort für Bock (*caper*) in Verbindung gebracht, bleibt aber letztlich ungeklärt.

Im niederösterreichischen Wechselgebiet trat die Habergeiß bei weihnachtlichen Brauchspielen sowie im St. Pöltener Krippenspiel auf. Bei Hochzeiten führten die Burschen Attrappentiere mit beweglichem Maul vor (Semmering, Tullnerfeld).

Aus Salzburg berichtete Karl Zinnburg, dass man die Gestalt noch Mitte des 20. Jahrhunderts im Flachland und im angrenzenden Bayern sehen konnte: »Häufig war sie bei verschiedenen

Brauchtumsumzügen, bei der Drischleg (Abschluss der Drescharbeit mit dem Flegel), beim Brecheltanz, zu Weihnachten und beim Aperschnalzen zugegen.« Früher habe sie die Teilnehmerinnen der Spinnstubenabende erschreckt, beim → Dreschen hätten sich Spielszenen rund um das Vieh entwickelt, auch als Kinderschreck musste die vermeintliche Spukgestalt herhalten.

→ Sommer- und Winter-Spiel

HAFERNETZEN Hafernetzen oder Distelvertreiben war am Aschermittwoch im Waldviertel Brauch. Die Burschen schütteten den Bauern im Wirtshaus heimlich Hafer in die Weingläser. Nach dem Motto »Je mehr Hafer, umso besser die Ernte« sollte dies bewirken, dass das Getreide im kommenden Sommer gut gedieh und wenig Disteln auf den Feldern wuchsen.

Das »Schwellen« von Hafersaat in Wein »zur Vervielfältigung« sowie die baldige Aussaat in der Fastenzeit empfahl schon Wolf Helmhardt von Hohberg (1612–1688) in seinen *Georgica curiosa*, einem enzyklopädischen Werk der Haus- und Landwirtschaft.

HALLAMASCH Das Festessen zum Abschluss der Ernte bezeichnete man auf großen burgenländischen Gutshöfen mit dem ungarischen Wort *áldomás* (»Adrimasch«). Beim »Hallamasch« durfte auch der Tanz nicht fehlen.

→ Erntedank

HAUSSEGEN Haussegen empfehlen das Haus und seine Bewohner, Vieh und Ernte dem Schutz Gottes. Sie finden sich z. B. als Inschriften an der Schauseite oder im Giebeldreieck von Bauernhäusern. Dazu zählen der mit Kreide angeschriebene Dreikönigssegen (→ C+M+B) an der Tür, im Stall angebrachte Agathenzettel usw. Meist sind es jedoch Bilder mit frommen Sprüchen oder Gebetsformeln und religiösen Symbolen.

Haussegen konnte man bei der → Wallfahrt, auf → Jahrmärkten oder bei Wanderhändlern kaufen. Nach der Reformation, Anfang des 16. Jahrhunderts, entstanden speziell evangelische Haussegen. An die Stelle der Anrufung Marias und der Heiligen traten Bibelsprüche. Im 19. Jahrhundert stellte man katholische und evangelische Haussegen massenhaft als (Chromo-)Lithographien und in anderen neuen Drucktechniken, auch aus Blech, Glas oder Holz her. Dazu kamen selbst angefertigte Stickbilder.

Haussegenssprüche lauten z. B. »Vertrau auf Gott in jeder Noth«, »Gottes Ruh und Frieden sei deinem Haus beschieden«, »Grüß Gott, tritt ein, bring Glück herein«.

→ Aitenkerzen

HEBEKULT Nach landläufiger Meinung konnten bestimmte Heiligenfiguren nur von sündenfreien Personen – von Priestern nahm man an, dass sie dies seien – gehoben werden. Ein Beispiel war die Statue des hl. Adelwinus (Alwinus), der im an der Donau gelegenen St. Johann im Mauerthale (Gemeinde Rossatz-Arnsdorf, Niederösterreich) große Popularität genoss. Vor allem Schiffer besuchten die Kirche, in der sich bis 1862 sein Hochgrab befand. Aus dessen Öffnung konnte man Erde entnehmen, die gegen Halsschmerzen und Fraisen helfen sollte. Von den Schiffsknechten ist bekannt, dass sie hier nach überstandenen Gefahren Hufeisen der Pferde von Schiffszügen opferten. Doch trieben sie auch Scherze mit der Adelwinus-Statue. Als sie diese nach St. Nikola an der Donau in Oberösterreich entführten, kam sie wunderbarerweise von allein wieder zurück.

Am Sebaldiberg bei Gaflenz in Oberösterreich verehrte man den dänischen König Sebaldus. Seine steinerne Statue sollte als Gewissensprobe gehoben werden, während Junggesellinnen eine Holzstatue hoben, um einen Mann zu erbitten. Ein ähnlicher Kult bestand im bayerischen Wallfahrtsort Aigen am Inn (Gemeinde Bad Füssing). Dort musste man ein schweres eisernes Kolomännl (Koloman) stemmen. Eisenklötze, wahrscheinlich alte Votivgaben, wurden St. Leonhard zu Ehren als Gewissensprobe und in Heiratsanliegen von Männern »geschützt«. Diesen Brauch gab es in St.

Leonhard bei Villach, St. Leonhard bei Sarleinsbach in Oberösterreich sowie in Grödig im Salzburger Land.

HEILIGE MADL Diese populäre Bezeichnung bezieht sich auf frühchristliche Märtyrerinnen (*Virgines capitales*): »Margareta mit dem Wurm, Barbara mit dem Turm, Katharina mit dem Radl, das sind die drei heiligen Madl.« Die heiligen Jungfrauen sind die Schutzpatroninnen des Nähr- (Margareta von Antiochien), Lehr- (Katharina von Alexandria) und Wehrstandes (Barbara). Sie gehörten im ausgehenden Mittelalter zu den beliebtesten Heiligen, seit dem 15. Jahrhundert zur Gruppe der 14 Nothelfer. Früher zählte auch Dorothea zu den *Virgines capitales*.

Außer einer Reihe von Patronaten waren ihre Gedenktage von besonderer Bedeutung. Wenn die am Barbaratag (4. Dezember) geschnittenen und im Haus aufgestellten Obstbaumzweige bis → Weihnachten erblühten, sollte das Glück und Segen bringen. »Kathrein sperrt die Geigen ein«, hieß es, um zu betonen, dass der Kathreintanz am 25. November das letzte gesellige Fest vor dem → Advent war. Der Gedenktag der hl. Margareta (20. Juli) galt als Los- und Zinstag. Der *Sachsenspiegel*, das um 1220 entstandene bedeutendste Rechtsbuch des deutschen Mittelalters, bestimmte: Wenn der Bauer bis zum Margaretentag den Acker bestellt hatte, stand ihm der Ertrag zu. Margareta galt als Wetterfrau, ihr Attribut, der Drache, als Verursacher von Gewittern. »Margaretenregen bringt keinen Segen«, weil er angeblich 14 Tage dauert.

HEILIGER ABEND, HEILIGE NACHT Nach antiker Tradition beginnen Feste bereits am Vorabend. Da man am 25. Dezember → Weihnachten begeht, findet die familiäre Feier am Heiligen Abend, dem 24. Dezember, statt. Religiöser Höhepunkt der Heiligen Nacht ist die Mitternachtsmesse (Weihnachtsmette).

HEIRATSVERMITTLER, HIMMLISCHE Aufgrund der niedrigen durchschnittlichen Lebenserwartung von rund 30

Jahren galten im Mittelalter Mädchen mit bereits 12 und Knaben mit 14 Jahren als heiratsfähig. Ledige Töchter über 20 Jahre waren selten in Haushalten anzutreffen, mit 28 galten sie als unvermittelbar. Erst in diesem Alter durften sie sich ohne Begleitung in der Öffentlichkeit (auch zum Kirchenbesuch) zeigen.

Um möglichst rasch unter die Haube zu kommen, nahmen viele Zuflucht bei himmlischen Vermittlern wie dem Nährvater Josef (→ Josefi), dem Apostel Andreas – wobei die → Andreasnacht ein beliebter Termin für Heiratsorakel war –, dem mit dem Jesuskind abgebildeten hl. Antonius, dem hl. Koloman (»Heiliger Koloman, schick mir einen braven Mann!«) oder dem hl. Ivo, den man in Oberösterreich auch »Schickanus« (»schick an Mann uns«) nannte. In Rohrbach bissen die Mädchen seine Statue in die Zehen, um ihn zu schneller Erhörung zu bewegen.

Ludwig Andreas Veit zitierte eine Reihe sehr konkreter Heiratswünsche aus Frankreich, die je nach gewünschtem Beruf des Zukünftigen an unterschiedliche Heilige zu richten waren: »*Sainte Marie, faites, que je me marie*«, »*Saint Aubin (…) un medicin*«, »*Saint Macaire … un notaire*«, »*Saint Nicholas … un advocat*«. Eine Christophstatue in Laval (Westfrankreich) wurde zum → bestraften Heiligen in Sachen himmlischer Heiratsvermittlung: Ehewillige steckten eine Nadel in die Fußsohle der Statue und entfernten sie erst, wenn ihr Wunsch in Erfüllung ging.

HEISCHEBRÄUCHE Der Duden setzt »heischen« mit »verlangen« im gehobenen Sprachgebrauch gleich. Das Mittelhochdeutsche kannte den Begriff *eischen* für fordern. Das *Wörterbuch der deutschen Volkskunde* erklärt das Heischerecht als überliefertes Brauchrecht von Kindern und Jugendlichen, seltener Erwachsenen, für gewisse Leistungen Geld oder Lebensmittel zu sammeln. Dies traf zu auf → Hirtenbräuche, → Weinhüter oder Kinder mit → Ratschen, die am Karsamstag die Häuser »abklapperten«.

Heischebräuchen liegt das Prinzip des → *Do ut des* zu Grunde. Der Lehrbuch-Klassiker *Deutsches Privatrecht* betont, dass das ger-

→ Heischebräuche
Zu Petri Stuhlfeier (22. Februar) sollte man das Korn »aufwecken«. Für diese Kinder im sauerländischen Fredeburg war das Fest ein willkommener Anlass für einen Heischegang. Fotografie. 1930er Jahre

manische Recht die Schenkung (Gabe, Gift) als Schuldvertrag behandelte. Jede Gabe musste durch eine Gegengabe gelohnt werden, um den Vertrag bindend zu machen. Heischebräuchen mussten keine sichtbaren Arbeitsleistungen zu Grunde liegen. Es reichte die Verheißung von Segen und die Darbietung von Sprüchen, → Ansingeliedern oder Glückwünschen. Wenn sie wenig oder nichts bekamen, gaben die Bittenden auch ihrem Unmut Ausdruck.

Heischebräuche waren durch soziale Ungleichheit gekennzeichnet. Um ihre Unterlegenheit zu kaschieren, machten die Umherziehenden von Masken, Verkleidungen (z. B. → Perchten) und verstellter Stimme Gebrauch. Die ältere Volkskunde wollte darin das Weiterleben germanischer Toten- oder Vegetationsbräuche sehen. Solche Deutungen sind zwar längst widerlegt, aber noch immer populär. Viel eher ging es um Almosen in einem christlichen Sinn.

Die Hoffnung, sich oder anderen durch gute Werke Eingang in ein besseres Jenseits zu verschaffen, war eine starke Motivation. Sie spielte besonders im Zusammenhang mit dem mittelalterlichen Fegefeuerglauben eine Rolle: Man meinte, den Armen Seelen etwas Gutes tun zu müssen. An ihrer statt erhielten z. B. Kinder Striezel zu Allerheiligen. Im Mittelalter gab es viele Waisen, die sich selbst durchbringen mussten. Etwas besser ging es den Brotknaben, die als Chorknaben in Klöstern Unterricht erhielten, doch auch sie mussten oft betteln gehen. Da sich ihr Auftreten an überlieferte Termine hielt, blieben die Beziehungen in der Balance. Die reicheren Hausbesitzer, die aufgesucht wurden, wussten, was sie ihrem Status schuldig waren. Die Ärmeren brauchten sich, vom Brauch geschützt, ihres Tuns nicht zu schämen.

Johann Wolfgang von Goethe (1749–1832) widmete 1826 ein Kapitel seiner *Schriften zu Literatur und Theater* den Volks- und Kinderliedern. Dort zitierte er Heischesprüche zum Sonnwendfeuer, am → Dreikönigstag und im → Fasching aus Frankfurt am Main. Kinder gingen paarweise mit einem Korb um, in den die aufgesuchten Frauen mit Butter bestrichene Wecken gaben. Je nachdem, ob die Kinder damit zufrieden waren oder nicht, lautete ihr Spruch »Glück schlag ins Haus, komm nimmermehr heraus.« oder »Blitz schlag ins Haus, komm nimmermehr heraus.« Goethe betonte: »Auf alle Fälle bettelten sie nicht, sie heischten nur. Geld erwarteten sie nicht.«

→ Advent, Allerseelen, Blasiusjagen, Klöpfelsnächte, Krapfen, Lesgans, Luzientag, Martinitag, Neujahr, Nikolo, Pankokenkapelle, Pfingsten, Raunler, Rechtsbräuche, Salzachschiffer, Scheibenschlagen, Schifferlsetzen, Schimmelbeschlagen, Schnabelperchten, Sendschwert, Sommer- und Winterspiel, Stroh, Weiberfastnacht

HERINGSCHNAPPEN
Am linken Niederrhein war das Heringschnappen am Aschermittwoch ein beliebter Abschluss der Fastnacht. Am Abend des Faschingsdienstags stellte der Wirt ein Fass mit ungeputzten Heringen in die Stube. Wer ein Bier trank, hatte das Recht, einen mit einer Schnur an die Decke gehängten Fisch mit den Zähnen zu schnappen. Gelang ihm dies, war er Heringskönig und erhielt ein Dutzend Heringe als Preis. Ähnliches fand in Viersen-Bockert in Nordrhein-Westfalen bis zum Ersten Weltkrieg auf der Straße statt: Ein Bursche schob einen Schubkarren, auf dem ein zweiter kniete. Dieser versuchte, mit dem Mund einen Fisch von einer Schnur zu reißen, die quer über die Straße gespannt war.

HERRGOTTBUSSEN
Bei der liturgischen Feier am → Karfreitag war es Brauch, als Ausdruck der Verehrung ein Kruzifix zu küssen. In Tirol lag es auf den Stufen des Altars, auf dem das prächtige Heilige Grab aufgebaut war. Dazu schrieb Ludwig Hörmann 1909: »Die Andächtigen werfen sich davor auf die Knie und küssen die ›heiligen fünf Wunden‹, die oft vom vielen Berühren braun aussehen. Damit aber auch das ›liebe Vieh‹ vom Segen der heiligen fünf Wunden einigen Gewinn habe, bringen Hausväter und Hausmütter einen Ring aus Holz mit und streichen mit demselben über die Marter. Durch diesen Ring trieb man das junge Vieh und das Geflügel,

damit ihm weder Hexen noch Fuchs und Geier schaden können.«
Im Inntal streute man Getreide auf das Kruzifix und nahm wieder etwas davon mit, um es in den Getreidekasten zu schütten, der auf diese Weise gesegnet werden sollte. Ein Teil blieb als Almosen in der Kirche.

HIRTENBRÄUCHE Der Berufsstand der Viehhüter entwickelte eine eigene Hirtenkunst (z. B. Schnitzereien) und Hirtenkultur. Dazu zählten → Heischebräuche zu → Neujahr, im → Fasching oder zum Beginn der Weidesaison. Die Gemeindehirten sammelten zu → Gregori ihren Lohn ein. Es gab spezielle Patrone wie Jakobus, Wendelin, Wolfgang, Georg, Leonhard und Martin (→ Martinitag). Da sich die Schäfer (für Kleinvieh) und Hirten oder Halter (für Großvieh) oft außerhalb des Dorfes aufhielten, sagte man ihnen zauberische Fähigkeiten nach, was wohl mit ihrer Kräuterkenntnis und Erfahrung zu tun hatte.

Um seine Herde beisammenzuhalten, zog der Hirte einen magischen Kreis. So weit der Klang seines Hüterhornes zu hören war, sollten die Tiere geschützt sein. Gegen Wölfe, Bären und Diebe sprach er vor Sonnenaufgang abwehrende Gebete (was von mehreren Synoden verboten wurde), auch das Johannesevangelium war als Hirtensegen Brauch. Beim Austrieb erhielt der Hüter von den Bauern Lebensmittel oder Geld als Lohn und übergab ihnen einen mit bunten Bändern geschmückten Zweig, der über der Stalltür seinen Platz fand.

→ Pfingsten

HOFGRÖSSING Auf steirischen Bauernhöfen mit Viehhaltung holte der Landwirt zu → Weihnachten ein Fichtenbäumchen aus dem Wald und steckte es auf den Zaunpfosten oder Brunnentrog. Die Tiere sollten sich daran reiben, um gesund zu bleiben. Manche Bauern stellten drei Hofgrössinge bei den Eingängen auf, »damit nichts herein kann, was ungut ist«. Manchmal schmückten sie diese mit grünen und weißen Bändern. Die Bäumchen blieben bis zum → Lichtmesstag, Blasiustag (3. Februar) oder → Karfreitag stehen.

HOLZFAHRT In Köln fanden die Feierlichkeiten zu → Pfingsten mit der Holzfahrt am folgenden Donnerstag ihren Abschluss. Die Stadt beging ihr ältestes Volksfest von 1374 bis zum Ende des 16. Jahrhunderts. An diesem Festmahl nahmen die höchsten städtischen Würdenträger teil. In Siegberg in Deutschland gab es vom 17. bis ins 19. Jahrhundert einen ähnlichen Brauch, über den der deutsche Volkskundler Alois Döring schreibt: »Bürgermeister und Rat, alle Beamten und die Bürger der Stadt zogen mit Musik und Trommelschlag in den Wald, wo getanzt und gesungen, gegessen und getrunken wurde. ›Geschmückt mit grünem Laubwerke‹ kehrten alle abends in die Stadt zurück. Ein mit Eiern, Nüssen und Backwerk geschmückter Maibaum wurde aufgestellt, und im Verlauf des Abends wählte man das Maikönigspaar.«

HOLZKNECHTBRÄUCHE Der Beruf des Holzknechts entwickelte sich mit der Eisenindustrie im 16. Jahrhundert. Ab dem 17. Jahrhundert entstanden in Niederösterreich Holzhauersiedlungen. Die Berufsangehörigen blieben unter sich, Söhne von Holzknechten ergriffen den Beruf ihrer Väter. Ihre spezielle Lebensweise führte zu eigenen Bräuchen bei der Arbeit und zu Festtagen. Beim Aufforsten gab es als Arbeitsschlussfest die »Bamerljause«. Der Forstbesitzer lud seine Arbeiter zu Speise, Trank und Tanz in das Gasthaus ein. War die Schlägerung abgeschlossen, fand im Ötscher- und Raxgebiet in Niederösterreich das »Gleichenessen« statt, das sich die Holzknechte selbst bezahlten. Für den »Abmaßtrank«, der ebenfalls mit Speis und Tanz begangen wurde, kam hingegen der Käufer des gemessenen Holzes auf.

Das Holz wurde über sogenannte Riesen (rutschbahnähnliche Rinnen) oder schwimmend mittels Trift auf dem Wasserweg transportiert, im Winter mit Schlitten. Um für die gefährliche Arbeit gewappnet zu sein, warf man dem Wind ein Stück vom Jausenbrot des Schlittenführers als »Opfer« zu – das sogenannte Schieberbrotfüttern. Waren alle Fuhren gut zu Tal gebracht, schmückte man die letzte (im Waldviertel Braut genannt) mit einem mit bunten Bändern verzierten Bäumchen und stellte dieses dann im Wirts- oder Forsthaus auf. Die Abschlussfeiern entsprachen dem Erntedankfest der Bauern und viele Ortsbewohner nahmen daran teil. Katholische Holzknechte hatten spezielle Schutzpatrone, deren Feste sie als arbeitsfreie Tage begingen, manche davon mit strengen Arbeitsverboten: → Sebastian, → Vinzenz, Blasius (3. Februar), Joseph (→ Josefi), Florian (4. Mai), Koloman (13. Oktober), Simon (28. Oktober), → Wolfgang, Klemens (23. November) und Nikolaus (→ Nikolo).

Viele evangelische Holzknechte mussten im konfessionellen Zeitalter (Gegenreformation, etwa 1540 bis 1648) ihre angestammte Heimat verlassen. Um 1740 siedelten sie im Gebiet Mitterbach, Ulreichsberg, St. Aegyd, Lahnsattel und Naßwald in Niederösterreich. Sie wurden wegen ihrer Kompetenz von den katholischen Großgrundbesitzern (Stifte, Adelige) ins Land geholt und bildeten nach 1781 das Zentrum der evangelischen Bevölkerung in Niederösterreich. Besonders bekannt ist der »Raxkönig« Georg Hubmer (1755–1833) in Naßwald, der Holz aus dem Raxgebiet bis nach Wien schwemmte und den ersten alpenländischen Tunnel baute.

HUBERTUSSCHLÜSSEL Hubertusschlüssel nannte man ein Brenneisen an langem Stiel mit einem Holzgriff. Die Stempelplatte hatte die Form eines Jagdhorns. Sie wurde kranken Tieren eingebrannt, deren Besitzer mussten eine mehrtägige Andacht halten. Vorbeugend gaben sie am Tag des hl. Hubert (3. November) gesegnetes Brot, Salz und Wasser in das Viehfutter.

Die Menschen versprachen sich davon Hilfe bei Tollwut, Schlangenbiss und Wahnsinn. »Dem Hilfe suchenden Wallfahrer brachte der Geistliche auf der Stirn eine kleine Schnittwunde bei und legte einen Fadenpartikel von der Stola des Heiligen in die Wunde. In den neun Tagen, die diese verbunden blieb, musste der Eingeschnittene genauen Anweisungen nachkommen«, schreibt Alois Döring.

Er erwähnt auch den Gebrauch von geweihten Medaillen, → Ringen und → Rosenkränzen als Amulett gegen Tollwut. Bei den Kerzenverkäuferinnen am Kölner Dom konnte man Hubertusriemchen kaufen, 20 bis 30 cm lange, zentimeterbreite, rot und blau gesprenkelte Schafslederstreifen. In das Knopfloch gebunden, sollten sie vor Hundebiss schützen.

Der Adelige Hubert (um 655–727) ist durch die Legende bekannt, nach der er – verbotenerweise – am Karfreitag jagen wollte. Zur Mahnung erschien ihm ein mächtiger Hirsch mit einem Kreuz im Geweih, worauf sich der Pfalzgraf bekehrte. Später wurde Hubert Bischof von Tongern-Maastricht und Lüttich.

HÜTELHEBEN Bei diesem Orakel in der alten Thomasnacht (→ hl. Thomas) legte man in Oberösterreich neun Hüte auf den Tisch und versteckte unter acht von ihnen Gegenstände mit ominösem Charakter: → Ring (Heirat), Geldbeutel (Reichtum), Schlüssel (großes Anwesen), Puppe (Kind), Kamm (Ungeziefer), Tuch (Trauer), Bündel (Wandern) und → Rosenkranz (Frömmigkeit). Wer seine Zukunft erkunden wollte, musste draußen warten, dann wurde er hereingeführt und lüftete einen Hut. Befand sich nichts darunter, sollte das den Tod bedeuten.

HUTTANZ Dieses Spiel der jungen Leute war regional zum → Erntedank, am → Martinitag oder bei anderen Festen eine beliebte Unterhaltung. Der Tänzer eines Paares trug einen Hut, den er während der Musik einem anderen Tänzer aufsetzte. Unterbrach die Musik ihr Spiel, musste das Paar mit Hut ausscheiden. Wer bis zuletzt auf der Tanzfläche blieb, gewann das Spiel und wurde zum Hutkönig ernannt.

HOCHZEIT

»Einer der wohl bewegendsten und dadurch festlich markierten Übergänge im Leben eines Menschen war der Hochzeitstag … Der Übergang vom Stadium der Kindheit zum Erwachsenenalter vollzog sich um 1800 erst durch die Eheschließung und dem daraus hervorgehenden eigenen Hausstand«, schreibt die deutsche Kulturhistorikerin Susan Baumert.

Sie zeigt den Wandel der Hochzeitsrituale im bürgerlichen Zeitalter. Damals entschieden noch die Eltern darüber, wer wen heiraten durfte, weil jede Eheschließung auch eine finanzielle Transaktion darstellte. Trotz aufkommender Säkularisierungstendenzen behielt die Kirche moralischen Einfluss beim Eingehen einer Ehe. Für eine kleine Gruppe von Intellektuellen war um 1800 die romantische Liebe zu einem der Hauptthemen der Zeit geworden. Damals wurde die Volljährigkeit (und damit Zulassung zur Ehe) mit 24 Jahren erreicht.

EHESCHLIESSUNG

Bis zum Konzil von Trient (1545–1563) war die katholische Eheschließung nicht an eine bestimmte Form gebunden, sondern erfolgte im Familienkreis. Danach gaben sich die Brautleute vor der Kirche oder an der Kirchentür unter Zeugenschaft ihrer Familien und Freunde in die Hand des Priesters das Jawort. Größere Kirchen hatten ein eigenes Brauttor, erkennbar als Vorhalle und entsprechenden Skulpturen. Kleinere Kirchen hielten für die Zeremonie Baldachine bereit. Eine mittelalterliche Trauung ohne brennende Kerze war ebenso undenkbar wie eine Messe mit nicht mindestens zwei (sehr großen) → Kerzen. Die mächtige Brautkerze überragte die vor der Kirchentür versammelte Gemeinde. Das im 14. Jahrhundert entstandene Bischofstor des Wiener Stephansdoms hieß auch Brautpforte.

Die Braut aus dem Sauerland, die sich mit ihrem Mann im Fotografenatelier eingefunden hat, ist schwarz gekleidet. Schwarz war traditionell die Farbe des schönsten Kleides, das Bäuerinnen am Sonntag trugen. Das weiße Brautkleid, eine spätere Entwicklung, setzte sich auf dem Land nur langsam durch. Fotografie. Um 1890

Die aus dem Mittelalter überlieferte Trauung *ante fores ecclesia* (vor den Türen der Kirche) bestand bis in das ausgehende 17. Jahrhundert. Brautmesse und Brautsegen, die seither im Mittelpunkt des kirchlichen Eheschließungsritus stehen, hatten damals nicht diese Bedeutung. Das Paar nahm als Ehepaar am Gottesdienst teil, in dem nur die Braut gesegnet wurde. Nach dem Paternoster bedeckte der Priester den Kopf der Frau und die Schultern des Mannes mit einem Schleier (Velum). Empfingen die Eheleute die Kommunion, so teilte der Priester eine Hostie für beide. Während oder nach der Messe erhielten sie Brot und Wein. Die → Johannesminne sollte besonders der Braut zum Segen gereichen.

Für evangelische Brautpaare gab Martin Luther (1483–1546) in seinem *Traubüchlein* anno 1529 Empfehlungen für die Form kirchlicher Eheschließungen. Die Zusammensprechung sollte vor dem Kirchenportal, die Segnung des Ehepaares in der Kirche stattfinden. Frankreich führte 1792 die – vor dem Standesbeamten geschlossene – Zivilehe ein. Deutschland (1875) und im 20. Jahrhundert Österreich folgten deutlich später.

HOCHZEITSLADER

Bei Heiraten in ländlichen Gebieten fungierten die Hochzeitslader als Zeremonienmeister. Bei »Brauchtumshochzeiten« im Salzburger Pinzgau und Pongau sind heute noch 45 Männer aktiv, die jährlich 250 Hochzeiten organisieren. Ihr Attribut ist ein → Stab, den sie bei jedem Einsatz mit einem zusätzlichen Band schmücken. Sie führen den Zug an, sorgen mit Musik und originellen Sprüchen für gute Stimmung, kümmern sich um den Saal für das Mahl und das »Brautstehlen«. Bei diesem Brauch wird die junge Frau mit einem Teil der Gäste in ein anderes Lokal entführt und der Bräutigam muss dort für die Zeche aufkommen.

NACHHOCHZEIT

Für den Tag nach der Hochzeit hatten die jungen Oberösterreicher einen speziellen Brauch: Sie gingen vom Haus des Ehepaares,

das als Vorletztes geheiratet hatte, zu den Neuvermählten. Der Zug bestand aus zwei Trommlern, einigen jungen Männern mit Spritzbüchsen, als Frauen verkleideten Burschen mit Buckelkörben, einem Hauptmann mit Schwert hoch zu Ross und einem aus Weizenmehl- und Lebkuchenteig geformten »Kind«. Die zwei Männer, die zuletzt Väter geworden waren, trugen die Wiege. Beim Haus der Jungvermählten angekommen, befahl der Hauptmann, das Gebäude mit den Büchsen oder mit Schneebällen zu beschießen. Die Bewohner wehrten sich mit Wassergüssen – was ihnen jedoch nichts nützte. Denn jetzt kamen auch noch die Träger der Buckelkörbe und bewarfen mit den darin befindlichen Scherben die Haustür. Schließlich half die → Habergeiß mit wilden Sprüngen, das Haus zu erobern. Nun wurde das Kind in der Wiege, der »König«, in die Stube getragen. Bewirtung, Gesang und Tanz bildeten den Ausklang.
→ Ringe, Stroh

PRIMISS

Als besonders wichtiges Fest im Lebenslauf war die Hochzeit mit zahlreichen Bräuchen im Familien- und Freundeskreis verbunden. So war in Oberösterreich beispielsweise am Vortag das Primissführen Brauch. Das Hochzeitsgut bestand aus Möbeln (Kasten, Kästchen, Bett mit Bettzeug, Wiege, Spinnrad), Flachs, Leinen und Kleidung, Hausrat und Geschirr. Wenn jemand in ein anderes Haus einheiratete, wurde das Hochzeitsgut daheim ausgestellt und allgemein bewundert, wobei die Gäste Geschenke brachten. Je mehr Wagen für die Primiss nötig waren, umso nobler. Da auch Kühe zum Hochzeitsgut gehörten, gingen sie geschmückt hinter den Wagen. Den Abschluss des Zuges, den Peitschenknall, Böller oder Musik begleiteten, bildeten die Braut bzw. der Bräutigam, die übersiedelten. Dabei gab es viele Zuschauer, von denen einige scherzhaft den Weg absperrten und für die Freigabe eine kleine Gabe erwarteten. Im Mühlviertel fingen die Teilnehmer am Hochzeitszug Hennen ein und steckten ihre Beute in einen großen Sack. War man beim Hochzeitshaus angekommen, war dieses zunächst versperrt. Erst

→ Primiss
Wie in Oberösterreich bei der Primiss, war es auch in Schwaben üblich, die Aussteuer sichtbar durch das Dorf zu führen. Fotografie. 1930er Jahre

nach einer formellen Anmeldung durften die Ankömmlinge herein. Die Feier mit Mahl und Tanz dauerte bis in die Nacht.

WUDIL

Zu den Hochzeitsbräuchen im Weinviertel zählte um 1900 der Besuch maskierter Burschen bei der Tafel. Gegen Mitternacht überreichten sie der Braut ein gut verschnürtes Päckchen mit dem »Wudil«, einer aus Stoffresten angefertigten Figur, die als Ehestandsorakel galt. Nahm die Braut das unerbetene Geschenk nicht an, galt sie als herrisch und der Bräutigam wurde mit einem geschnitzten »Dattermann« verspottet. Wudil und Dattermann galten als abfällige Bezeichnungen für einfältige Männer.

I & J

Von allen Tugenden die schwerste und seltenste ist die Gerechtigkeit.

Franz Grillparzer

INITIATION Die Bräuche des Anfangs bzw. Übergangs von einem Status in einen anderen zählen zu den *Rites de passage* (Schwellenbräuche). Sie betreffen die Aufnahme in eine Gemeinschaft und mussten erduldet werden, um als vollwertiges Mitglied zu gelten. Beispiele waren → Berufsbräuche wie das → Gautschen oder das Einkaufen in ländliche Burschenschaften. Ähnlich wie bei Initiationsritualen junger Männer, die aus der Völkerkunde bekannt sind, ging es um Belehrung, Prüfung, Zufügung von Schmerzen bzw. Spott.

Wichtige Schwellen im traditionellen Frauenleben waren → Hochzeit und die → Geburt des ersten Kindes, nach der die junge Ehefrau zum Stand der Mütter zählte. »Mittels der als Initiationsrituale bekannten vielfältigen symbolischen Handlungen wird die Transformation vom sozialen Status der Kindheit zur Adoleszenz vollzogen, entwickelten sich die Anwärter zu vollgültigen Mitgliedern eines Kollektivs«, referiert die deutsche Ethnologin Susan Baumert.

Die katholische Kirche betont die Knotenpunkte des Lebens mit Sakramenten, wie → Taufe, Firmung, Eucharistie (Erstkommunion als Initiation), Weihesakrament und Ehe.

JAHRMÄRKTE In einer bis ins Kleinste reglementierten Sozial- und Wirtschaftsordnung boten die mittelalterlichen Jahrmärkte wenige Wochen im Jahr besondere Rechte und Freiheiten. Die Marktbesucher (damit waren die Händler, nicht die Käufer gemeint) und ihre Waren standen während dieser Zeit unter dem persönlichen Schutz des Landesherrn, der das sichere Geleit einschloss – soweit die Kaufleute dafür bezahlten und gemeinsam auf bestimmten Handelsstraßen reisten. Warentransporte waren riskant, viele Verkehrswege in schlechtem Zustand, Überfälle und Betrug häufig. Das nach der Warenmenge bemessene Geleitgeld bildete eine gute Einnahmequelle der Landesfürsten.

Für die Marktdauer waren verschiedene Mauten und Zölle aufgehoben. Während des Jahrmarkts sollte völlige Freiheit des Handels herrschen. Fremde Kaufleute (»Gäste«) durften ungehindert miteinander in Geschäftsbeziehungen treten und en detail verkaufen. Die meisten deutschen Kaufleute reisten damals auf der Donau nach Wien. Sie brachten Textilien wie teures Tuch aus Flandern und feines Leinen, Nürnberger Metallwaren sowie Lebensmittel. Als Rückfracht nahmen sie Wiener Wein mit. Die Stadt vermietete die Marktstände, sie sorgte gegen Gebühr für die Aufstellung, den Abbau und die Straßenreinigung.

Bis ins 19. Jahrhundert signalisierte Glockenläuten Beginn und Ende der Marktzeit. Auch Fahnen oder das → Sendschwert zeigten die Dauer an. Jahrmarktsprivilegien und -termine für Wien fanden sich schon im Freiheitsbrief König Rudolf I. (1218–1291) vom 24. Juni 1278. Vom 26. September 1872 datiert der Wiener Gemeinderatsbeschluss »betreffend die Aufhebung der genannten Jahrmärkte«. Bis zum 800-Jahr-Jubiläum hätten damals nur noch sechs Jahre gefehlt.

→ Schuhe

JAKOBSWEG Der Wiener Historiker Michael Mitterauer hat neue Thesen über die → Wallfahrt nach Santiago de Compostela (Spanien) vorgelegt. Der Jakobsweg bzw. deren mehrere mit dem Ziel des legendären Grabes des Apostels Jakobus d. Ä. entstanden

Anfang des 9. Jahrhunderts. Die an der Atlantikküste weit verbreitete Jakobsmuschel (*Pecten jacobaeus*) kennzeichnete, an die Kleidung geheftet, die Zugehörigkeit zum Stand der Pilger, die seit dem 11. Jahrhundert Privilegien genossen. Als Grabbeigabe galt sie geradezu als »Eintrittsbillett in den Himmel«. Wer den Jakobsweg nicht bei Lebzeiten ging, musste ihn als Seele antreten, der Heilige würde diese dann ins Jenseits geleiten.

Die Vorstellung vom Weg der Seelen entlang der Milchstraße war schon in der vorchristlichen Antike bekannt. Überschichtungen christlicher und älterer Ideen wie der Astralreligion hielten sich in Galicien im Nordwesten Spaniens besonders lang. Schließlich spielte der 1274 von der katholischen Kirche verbindlich definierte Fegefeuerglaube eine wesentliche Rolle für die Seelenreise auf dem Jakobsweg. Um sich deren Strapazen zu ersparen, nahmen viele lieber zu Lebzeiten die beschwerliche Pilgerschaft in Kauf. Ein weiteres Motiv war jenes der Bußwallfahrt, die auch von der weltlichen Gerichtsbarkeit auferlegt wurde.

JODELN »Jodeln« oder »Jolen« ist die lautmalende Bezeichnung vom Singen ohne Worte »mit Registerwechsel von der Brust- in die Kopfstimme«. In der Schriftsprache ist sie seit der Zeit der Brüder Grimm bekannt, in verschiedenen Dialekten schon früher, wobei es zahlreiche andere Bezeichnungen gibt, etwa »Almdudler«, »Wullazer« (Steiermark) oder »Rugguser« (Schweiz). Am meisten verbreitet ist Jodeln in der Steiermark und in Tirol. Wahrscheinlich entstand es aus der Notwendigkeit, mit Rufen weite Distanzen – z. B. von Alm zu Alm – zu überbrücken. Bekannt sind der weihnachtliche Andachtsjodler sowie der Erzherzog-Johann-Jodler. Beide entstanden um 1830. Oft beendet ein Jodler eine Liedstrophe.

Im *Wörterbuch der deutschen Volkskunde* lernt man dazu: »Weite der Tonsprünge und Überschlagen kennzeichnen gutes Jodeln. Zum genauen Stimmeinsatz beginnt jeder Jodler mit einem Konsonanten, meist h oder d. Der Vokal i gibt die hohen Töne, o und a die tiefen. (…) Für gefälliger und repräsentativ gehaltene Formen des

→ Jodeln
Jodler zählten zum Repertoire der »Alpensänger«, die um 1830 in Trachten auftraten. Damals entstanden auch die »Schwammerlhüte«, wie sie diese Jodlerinnen bei einem Trachtenfest in Bad Aussee trugen. Fotografie. 1952

Jodlers sind zum Teil eine Frucht des Folklorismus.« Den Gesang als bravouröses Kunststück pflegten die österreichischen »Alpensänger« oder »Natursänger« schon in den 1830er Jahren. Sie gingen damit bis in die USA auf Tournee. Auch Johann Wolfgang von Goethe hörte 1828 den Darbietungen der »Tyroler« zu, obwohl er »das beliebte Jodeln nur im Freyen oder in großen Räumen erträglich« fand.

JOHANNESFEUER Nach der biblischen Überlieferung (Lk 1) war Jesus ein halbes Jahr jünger als Johannes der Täufer (Johannes Baptist). Die Kirche legte deren Geburtstage auf die Termine der Winter- bzw. Sommersonnenwende fest. Man beging den Johannestag (24. Juni) als Sommer-Weihnachten mit Mitternachtsmesse und Johanneswein. Der Jahreszeit entsprechend bestand dieser aus Wein mit Gewürzen und Sauerkirschensirup.

In Wien waren seit dem 15. Jahrhundert Johannesfeuer öffentliche Veranstaltungen, an denen auch der kaiserliche Hof teilnahm. 1481 wurde berichtet, dass der Bürgermeister und die Ratsherren um das Feuer ritten, worauf dann die »gemainen Frawen«, welche mit dem Volk um das Feuer tanzten, Bier tranken, während sich die Ratsherren im städtischen Bierhaus auf dem Hohen Markt oder im Haus des Bürgermeisters erfrischten. Das Holz für das Feuer wurde von Haus zu Haus gesammelt, vermutlich brannte es am Hof. Um 1500 gibt es keine Nachrichten mehr, »dafür hatte sich aber der Mißbrauch des Raketenschießens und Abbrennens von Feuerwerken am Johannesabend eingeschlichen«. (J.E. Schlager). 1661 wurde ausgerufen, »dass man am heiligen Johannes Abend khein Rageth schiessen oder anderes verbottenes Feuerwerch halten soll«. Im Todesjahr Kaiser Leopold I., 1705, sowie 1724 wurde das Holzsammeln für Sonnwendfeuer verboten, weil es bei diesen zu »Excessen« gekommen war.

In ländlichen Gemeinden wurde das Feuer aus neunerlei Holzarten gemeinschaftlich vorbereitet und feierlich entzündet. Junge Leute sprangen paarweise darüber, geschickte Sprünge sollten das → Vorzeichen für eine gute Ehe sein. Zum Johannestag band man segenbringende Sonnwendbuschen aus sieben oder neun Pflanzen, die ins Feuer geworfen oder daheim aufgehängt wurden. Asche und Kohle des Johannesfeuers sah man als heil- und zauberkräftig an.

Im Land Salzburg galt hingegen die Nacht vom 23. auf den 24. Juni als unheilvoll. Daher läuteten in dieser Nacht ständig die → Glocken. In der Stadt Salzburg wechselten sich die Kirchen stündlich dabei ab.

Johannes der Täufer war der Sohn des jüdischen Priesters

Zachäus und seiner Frau Elisabeth. Die Evangelien berichten von seinem Leben und Tod (Mt 3; 14,1-21; Mk 1; Lk 1,39-80; 3,1-20; 7,18-35; Joh 1,19-34). Als Vorläufer Jesu wurde Johannes der Täufer zum ersten überregional verehrten Heiligen der christlichen Kirche in Ost und West.

→ Sonne

JOHANNESMINNE Minnetrinken war ein alter und weit verbreiteter Brauch. An den Tagen der Minneheiligen wie Johannes Evangelist (27. Dezember) wurde Wein (Minne) gesegnet und zu Ehren der Heiligen getrunken. Man erhoffte sich davon Hilfe in schwierigen Lebenssituationen und einen guten Tod. Die Minne sollte vor Zauberei, Vergiftung, Ertrinken und Blitzschlag schützen, Männer stark und Frauen schön machen. Sie war Medizin, Abschiedstrunk, Brautsegen, Schutzmittel für den Wein und die Landwirtschaft.

Die Johannesminne ist seit dem 10. Jahrhundert belegt. Sie galt Sterbenden als Wegzehrung, wie es u. a. von der Mutter des Künstlers Albrecht Dürer (1471–1528) bekannt ist. Nach der Segnung des Johannesweins reichte der Priester bei der Agape den Wein mit den Worten »Trinket die Liebe des heiligen Johannes«. Eine Ballade aus dem 14. Jahrhundert erzählt, → Gertrud – selbst eine Minneheilige – habe einen Ritter, der seine Seele dem Teufel verschrieben hatte, gerettet, indem sie ihm Johannesminne reichte.

Johannes zählte zu den Lieblingsjüngern Jesu, er saß beim Letzten Abendmahl neben ihm und stand als einziger Apostel unter dem Kreuz (Joh 13,23; 19,26). Nach altkirchlicher Tradition gilt Johannes als Verfasser des vierten Evangeliums, dreier Briefe und der Geheimen Offenbarung; der neueren Bibelforschung kann diese Sichtweise nicht standhalten. Nach der *Legenda Aurea* aus dem 13. Jahrhundert setzte ein Priester des Artemis-Tempels in Ephesos dem Apostel vergifteten Wein vor. Johannes schlug ein Kreuz über das Gefäß, worauf das Gift in Form einer Schlange entwich. Manche Darstellungen zeigen Johannes mit Kelch und Schlange.

JOSEFI Die Verehrung des Nährvaters Jesu begann im 15. Jahrhundert, 1621 wurde der 19. März zum gebotenen Feiertag. In der Barockzeit war Josef ein häufiger → Vorname. Sprüche zum Lostag Josefi stehen mit dem Frühlingstermin in Zusammenhang, beispielsweise »Josefi klar gibt ein gutes Bienenjahr«. Aus Josefslilien gewonnenes Öl sollte Hautkrankheiten heilen. Josefsringe galten als Talisman, Josef als himmlischer → Heiratsvermittler, Mädchen und Burschen beschenkten sich an seinem Tag, junge Paare heirateten gerne zu diesem Termin. Mehrere österreichische Gemeinden feierten ein Josefifest zum Frühlingsbeginn oder ein Seppentreffen der Namensträger. Mittwoch war der Josefstag.

JOSEFTRAGEN In der Zwischenkriegszeit berichtete der steirische Volkskundler Hanns Koren (1906–1985) vom Brauch des Joseftragens, ein von Buben durchgeführtes Pendant zum → Frautragen, das die Mädchen besorgten: »Neun Tage vor dem Heiligen Abend holt ein Knabe vor dem Betläuten aus einem bestimmten Haus eine St.-Josef-Statue und geht damit zu einem benachbarten Knaben. Dort stellt er sie auf, gleich wie es mit der Frauentafel geschieht, und beide Buben knien sich davor und beten. (…) Und so wiederholt sich der Vorgang bis zum Heiligen Abend, an dem dann alle neun Buben, festlich gekleidet und von Mädchen und neun Frauen geleitet, mit dem hl. Josef durch den Ort ziehen. Alle tragen Lichter in den Händen und singen fromme Lieder.« Dreimal umschritten sie den Ort und kehrten dann bei jener Familie ein, bei der die Statue bis zum nächsten Jahr vor → Weihnachten blieb.

K

*Gewisse Dinge lernt man auf keine Weise
leichter als durch Gegensatz.*

Petrarca

KARFREITAG Der Karfreitag erinnert an den Tod Jesu: Er wurde gefangen genommen, vor dem Hohen Rat verhört, dem römischen Statthalter Pilatus überstellt, verspottet und zum Tod verurteilt. Um die neunte Stunde starb er in Golgotha am Kreuz (Mt 26, 1-27,61; Mk 14,1-15,47; Lk 22,1-23,56; 18,1-19,42).

Die Feier vom Leiden und Sterben Christi findet meist um 15 Uhr statt. Der Gottesdienst besteht aus drei Schriftlesungen, den Großen Fürbitten, der Kreuzverehrung (→ Herrgottbussen) und der Kommunionfeier. Weil es keine Wandlung gibt, sprachen die Gläubigen von einer zerstörten Messe.

Im Gegensatz zur Trauer des Tages stehen die prächtigen Heiligen Gräber mit ihrem Blumenschmuck und den charakteristischen bunten Kugeln. Die »Gräber« waren seit dem Mittelalter weit verbreitet, erlebten Ende des 20. Jahrhunderts eine Renaissance und werden heute mancherorts wieder aufgestellt. Meist handelt es sich um aufwändige Aufbauten, in denen eine geschnitzte Statue den toten Jesus symbolisiert. An Stelle der → Glocken riefen am Karfreitag Kinder mit → Ratschen zum Gebet.

→ Ostern, Passionsspiele

KARSAMSTAGKOHLE Die Feuerweihe der kirchlichen Osternachtsfeier war in der alten römischen Liturgie unbekannt. Vermutlich fränkischen Ursprungs, dürfte es sich um die christliche Antwort bzw. Inanspruchnahme früherer Frühlingsbräuche handeln. Ludwig Hörmann berichtete 1909 aus Tirol, dass der Priester im violetten Ornat am Karsamstag früh auf dem Friedhof das Feuer weihte, worauf sofort das Holzrauben einsetzte: Jeder wollte das schönste brennende Scheit heimbringen. Die Bäuerin entzündete damit im häuslichen Herd das Feuer, das ein Jahr lang nicht erlöschen sollte. Der Bauer vergrub verkohlte Stücke im Stall und auf dem Acker. Andere Teile der Karsamstagkohle wurden für spätere Notfälle wie Unwetter aufgehoben und dann ins Feuer geworfen.
→ Ostern

KATZENMUSIK Als Katzenmusik oder »Charivari« (französisch für Durcheinander, Krawall) bezeichnete man einen Spott- und → Rügebrauch, bei dem verschiedenste Gegenstände als Lärminstrumente zum Einsatz kamen. Mit Topfdeckeln, Ratschen, Glocken, Trommeln und anderen Geräten drückte dabei eine Gruppe ihr Missfallen gegenüber einer anderen oder auch gegenüber Einzelpersonen aus. Das konnte auch politische Dimensionen annehmen: In Wien diente Katzenmusik bei der Revolution 1848 als Unmutskundgebung. Die Pfeifkonzerte heutiger Demonstranten haben also historische Vorläufer.

KAUFRUFE In früheren Jahrhunderten waren in vielen Städten Europas Wanderhändler und Händlerinnen unterwegs. Literarische Belege finden sich in Paris gegen Ende des 13. Jahrhunderts, in London im 14. Jahrhundert. Bildliche Darstellungen gab es Ende des 15. Jahrhunderts in Italien und Frankreich. Beigefügt waren die Kaufrufe, charakteristische, gesungene Anpreisungen bestimmter Waren, die über die Generationen nahezu unverändert blieben.

Die in der Stadt exotisch wirkende, auffallende Tracht der Wan-

→ Kaufrufe
Lavendelverkäuferinnen in Wien. Die duftende Pflanze Lavandula, die ätherische Öle enthält, diente getrocknet als Mottenschutz. Fotografie. Um 1920

derhändler diente als Herkunfts- und Gütezeichen und auch dem Selbstbewusstsein der Träger. In Wien wurden Kaufruf-Darstellungen im Rokoko modern, als die Bürger begannen, die Natur und das »gemeine Volk« zu entdecken. Die Wiener Porzellanmanufaktur erkor die oft bettelarmen Hausierer ebenso zum Motiv ihrer Luxusgüter wie Maler, Kupferstecher und Fotografen bis ins ausgehende 19. Jahrhundert. Am längsten waren in Wien die Lavendelweiber unterwegs. Sie riefen: »An Lavendel hab ma da, kauft's ma an a; an Kreuzer das Büscherl Lavendel!«

KEHRAUS In der Nacht von Faschingsdienstag auf Aschermittwoch, dem Beginn der → Fastenzeit, wurden die letzten Paare mit einem Besen aus dem Tanzsaal gekehrt. Am Mittwoch fanden sich die Bauern vormittags zum → Hafernetzen im Gasthaus ein. In den Städten markierte der gemeinsame Heringsschmaus der Bürger als Schwellenbrauch den Übergang von der feiernden zur büßenden Gemeinschaft.
→ Fasching

KERBHOLZ Älter als schriftliche Aufzeichnungen und international verbreitet war das Vermerken von Lieferungen bzw. Schulden auf einem geteilten Holzstab, so dass die Kerben auf beiden Teilen sichtbar waren. Der Lieferant erhielt den einen, der Käufer den anderen Teil. Bei der Abrechnung mussten die Teile zusammenpassen. Zwischen Bauern und Handwerkern war diese Art der Verrechnung bis ins 20. Jahrhundert üblich.

Auf demselben Prinzip beruhte der »Rowisch« (slawisch *rovus* – Kerbholz) der Kirtagsburschen im Weinviertel in Niederösterreich, im Burgenland, Kärnten oder Mähren, auf dem der Wirt die Konsumation von Wein und Bier vermerkte. Von den Mädchen mit Schleifen und Goldborten geziert, war der Rowisch zugleich Zepter und Ehrenzeichen des Anführers einer ländlichen Burschenschaft.

Neben dem doppelten gab es das einfache Kerbholz, auf dem jede Leistung eingeritzt, geschnitten bzw. gefeilt wurde. Als Klausenholz dienten solche Zählstabe in Tirol und Vorarlberg zur Kontrolle der Gebetsleistung der Kinder vor der Bescherung durch den → Nikolo.

KERZE Im ersten nachchristlichen Jahrtausend widmeten sich die Klöster der Imkerei und Wachsverarbeitung. Das bürgerliche Kerzenmachergewerbe besteht seit dem 11. Jahrhundert. Um 1400 zählte die Wiener Zunft der Wachskerzenhersteller 16 Mitglieder. Um 1600 kostete Bienenwachs zehnmal so viel wie Fleisch. Um zu sparen, fertigte man selbst Unschlittkerzen aus Talg an und füllte Lampen mit Rüböl. In waldreichen Gegenden diente der Kienspan als Beleuchtungsmittel. Erst die Erfindung von Stearin (1818) und Paraffin (1839) und die fabrikmäßige Erzeugung machten Kerzen für die Allgemeinheit erschwinglich.

Die Verwendung von Wachskerzen in der christlichen Liturgie ist erstmals im Jahr 258 bei einer Lichtdanksagung belegt: Es sei eine alte Sitte, dass ein Messdiener den Leuchter mit dem Wachs entgegennehme. Der Lesung des Evangeliums ging eine Lichterprozession voraus. Jahrhundertelang spielten Wachsvotive und Kerzenspenden in der Kirche eine große Rolle. Pilgerprozessionen brachten Riesenkerzen als Opfergaben in Wallfahrtskirchen, wo sie beim Hochamt brannten. Kaiser Joseph II. (1741–1790) wollte dem übermäßigen Wachsverbrauch ein Ende setzen. Vom 12. Dezember 1787 datiert das Verbot der Beleuchtung von Seitenaltären, der großen eisernen Kerzenständer sowie des Verkaufs von Kerzen und Rauchwerk vor den Kirchen.

Im Alltagsglauben kam den am → Lichtmesstag geweihten Kerzen und den schwarzen oder roten Wetterkerzen große Bedeutung zu. Kerzenlicht begleitete die Menschen von der Taufe bis zur Aufbahrung. Den Toten leuchtete es in den Lichtsäulen der Friedhöfe.

→ Aitenkerzen, Ansingelieder, Bartholomäustag, Baumaussingen, bestrafte Heilige, Fasching, Fronleichnam, Geburt und Taufe, Hochzeit, Lichterschwemmen, Luzientag, Martinitag, Ostern, Passionsspiele, Prozessionen, Pumpermette, Rorate, Schifferlsetzen, Schipfeln und Scheiteln, Schlenkeltage, Schuhe, hl. Sebastian, Sommer und Winter-Spiel, Tiere und Bräuche, Tod, Vorzeichen, Votive, Wetter und Bräuche

KIRTAG Am Weihetag einer Kirche oder am Tag ihres Patrons gesellte sich zur heiligen die profane Messe, der Kirchweihmarkt. Weil man eine Kirche möglichst am Tag ihres Patrons weihte, verteilten sich die Termine und die damit verbundenen Märkte auf das ganze Jahr. Weithin sichtbare Wahrzeichen waren der Kirtagbaum (ähnlich dem → Maibaum) oder das ausgesteckte → Sendschwert. Die Besucher kamen zu den oft mehrtägigen Festen von weit her. Üppiges Essen und Trinken, Musik, Tanz, Geselligkeit und Brautschau waren für die ländlichen Kirtage charakteristisch, die meist von den örtlichen Burschenschaften organisiert wurden. Dabei taten sich in Niederösterreich die jungen Männer aus dem Weinviertel hervor, wo sich eine eigene Kirtagskultur entwickelte. Professionelle Kirtagsbäckerinnen sorgten für Kekse und andere Köstlichkeiten.

Der Aufklärer Joseph Richter, bekannt als Eipeldauer, notierte: »Kirchweih ist der Fasching der Bauern. Die Zeremonie wird mit einer Predigt und einem Hochamte angefangen und mit Tanzen und einem derben Rausch geschlossen. Die Stadtleute, die sich das ganze Jahr weder um den Bauern noch um seine Kirche kümmern, lassen sich an diesem Tag zu ihm herab – und verderben ihm öfters seinen Spaß.«

In Tirol nannte Ludwig Hörmann den Kirchtag den »eigentlichen Nationalfeiertag der Alpenbewohner«. Er schilderte die umfangreichen Vorbereitungen wie das Reinigen von Haus und Stall, Wäsche und Geschirr sowie das Schlachten. Am Vorabend läuteten die Kirchenglocken den Festtag ein, die Kirchtagsfahne (rot mit weißem Kreuz) wehte vom Turm. Man aß frische Schmalzkrapfen, und die Mädchen banden Blumensträuße für ihre Verehrer, die zum → Fensterln kamen. Es galt als Schande für einen Burschen,

→ Kirtag
Kirchgeher mit dem Modell der Elisabeth-Kirche beim historischen Festzug zur Sandkirchweih in Bamberg. Die »Sandkerwa« (ursprünglich zu Ehren der St.-Elisabeth-Kirche im Sand) ist das traditionelle Bamberger Volksfest und eines der größten Bayerns. Fotografie. 1954

keinen solchen Kirtagsbuschen auf dem Hut zu haben, weshalb Diebstähle nicht selten waren. Die, in seinen Augen überflüssige, oftmalige Unterbrechung der Arbeit störte den rationalistisch denkenden Kaiser Joseph II., der deshalb 1786 den »Kaiserkirtag« verfügte: Alle sollten nur noch einmal im Jahr feiern, nachdem die Ernte eingebracht war. »Seine Majestät haben den allerhöchsten Befehl zu geben geruhet, daß die Kirchweihfeste in den gesammten deutschen Erblanden auf den dritten Sonntag im Monat Oktober versetzet werden sollen.« Man hörte aber, dass die Untertanen nun zu mehreren Terminen Kirtag hielten, zum verordneten und zu den althergebrachten.

Zwischen 1775 und 1848 war der Brigittakirtag in Wien »die« große Volksbelustigung. Zehntausende Menschen kamen zu dem Fest, das in Malerei, Musik und Literatur seinen Niederschlag fand. So beginnt Franz Grillparzers Novelle *Der arme Spielmann* mit den Worten: »In Wien ist der Sonntag nach dem Vollmonde im Monat Juli jedes Jahres samt dem darauffolgenden Tage ein eigentliches Volksfest, wenn je ein Fest diesen Namen verdient hat. (…) An diesem Tage feiert die mit dem Augarten, der Leopoldstadt, dem Prater in ununterbrochener Lustreihe zusammenhängende Brigittenau ihre Kirchweihe. Von Brigittenkirchtag zu Brigittenkirchtag zählt seine guten Tage das arbeitende Volk.«

KLETZENBROT Kletzenbrot ist ein saftiges dunkelbraunes, würzig-süßes Brot in Wecken-, Laib- oder Kastenform mit unterschiedlichen Größen. Im Teig waren Trockenfrüchte wie Kletzen (getrocknete Birnen) oder Dörrzwetschgen (Backpflaumen) und Gewürze eingeknetet. Die Rezepte hingen davon ab, für wen das Brot bestimmt war – Bauern oder Gesinde. Das bessere Kletzenbrot enthielt mehr Nüsse oder getrocknete Apfelspalten. Oft wurde eine bestimmte Anzahl von Zutaten verwendet, in Oberösterreich waren es neun: Kletzen, Zwetschgen, Rosinen, Nüsse, Feigen, Zitronenschale, Gewürz, Mehl und Schnaps.

Kletzenbrot war ein typisches Gebäck zu → Weihnachten.

Noch im 20. Jahrhundert galt es als Zugabe zur Entlohnung der Dienstboten. Man buk es am Tag des hl. Andreas (→ Andreasnacht) oder alten Tag des → hl. Thomas und schnitt es am → Heiligen Abend oder am → Stephanitag an. Dies besorgte der Hausvater, der es an Kinder, Knechte und Mägde verteilte.

Bei Besuchen am Stephanitag brachte man Kletzenbrot mit, bekam es aufgewartet und erhielt ein Stück zum Mitnehmen für die Daheimgebliebenen. Wenn junge Frauen in einem Haus waren, baten die Burschen sie um Kletzenbrot. Das Verschenken des Endstückes (Scherzel) galt als Zeichen der Zuneigung. Kletzenbrot sollte stark machen. Die Wirkung vervielfachte sich angeblich, wenn es einem Burschen gelang, sieben, neun oder zwölf verschiedene Scherzel zu erlangen.

KLÖPFELSNÄCHTE So hießen in Tirol die drei letzten (oder auch nur der letzte) Donnerstagabende im Advent. Ludwig Hörmann berichtete darüber: »Man schreibt diesen Tagen besonders wundertätige Kraft zu und manche abergläubige Gebräuche und Ansichten knüpfen sich daran (…) Tirol ist in dieser Hinsicht reich gesegnet und gewiss nirgends werden die Klöpfelsnächte feierlicher begangen. Sie gelten als förmliche Belustigungstage, bestimmt, um die stille Adventzeit etwas zu würzen.« Im Unterinntal gab es komische Stubenspiele mit dem »Anklöpfelesel« und seinem wilden Gefolge. Daran schlossen sich ein → Rügebrauch, Bewirtung und Umtrunk an. In Südtirol veranstalteten mit → Stroh maskierte Burschen einen lärmenden → Heischebrauch. In manchen Dörfern sangen die Bauersleute im Haus und die Besucher davor abwechselnd Spottlieder. »Trotz der bei dieser Gelegenheit allgemein anerkannten Zungenfreiheit entstehen doch häufig infolgedessen Feindschaft und Schlägereien, weshalb auch das Klöckeln immer mehr abkommt«, hieß es 1909.

KNIEN Erniedrigung durch Knien oder Fußfall war ein weit verbreiteter weltlicher und religiöser Brauch. Bei einem öffentlichen Unterwerfungsakt im Mittelalter hatte sich der Besiegte barfuß und im Büßerkleid vor seinem Gegner niederzuwerfen. Ein bekanntes historisches Beispiel ist der Canossa-Gang Kaiser Heinrich IV. zu Papst Gregor VII. anno 1077. Um einen Konflikt zu beenden, mussten Fußfall und Selbstbeschuldigung in einem streng geregelten Ritual der Gewährung von Gnade und Vergebung vorausgehen.

Die Kniebeuge ist eine mildere Form des Sich-Niederwerfens im Altarraum (Prostratio), wie es die katholische Kirche bei Bischofs-, Priester- oder Diakonenweihe durchführt. Am Beginn der Liturgie am → Karfreitag knien die Gottesdienstbesucher, während sich die Geistlichen vor dem Altar niederwerfen. In den fünfzig Tagen nach → Ostern (→ Pentekoste) war Knien beim Beten verboten, um den Gläubigen ihre Erlösung durch die Auferstehung bewusst zu machen. Vor der Einführung der Handkommunion kniete man auf der Kommunionbank. Wer am Tabernakel vorüberging, musste eine Kniebeuge machen. Legenden erzählen, dass auch Tiere vor Hostien auf die Knie fielen.

In der populären Religiosität galt Knien als besonderes Zeichen der Frömmigkeit. Bei manchen Wallfahrtskirchen war es Brauch, sie auf den Knien rutschend zu umrunden oder zu betreten. Pilger erklommen die Heilige Stiege in Rom oder ihre Nachbildungen bei der → Römerfahrt auf Knien. Ungewöhnliche Löcher in Felsen erklärte man als Kniespuren von Heiligen.

KORNAUFWECKEN In Tirol sollten vielfältige Frühlingsbräuche den Ertrag der Felder gewährleisten. Im Vintschgau wurde beispielsweise das »Langaswecken« (Lenzwecken) praktiziert: Am Fest Petri Stuhlfeier (22. Februar) liefen Buben mit Kuhglocken umher und schrien »Peter Langas!«. In der Gegend von Bozen war der erste Fastensonntag der Termin für das Kornaufwecken. Vom Sonnenuntergang bis Mitternacht brannten in den Tälern und auf den Höhen Feuer, bei denen die Burschen mit Büchsen und Glocken lärmten. Ebenfalls unter großem Lärm ging in Südtirol der Brauch der Märzenfeuer vor sich, wie man die auf hohen Stangen befestigten brennenden Reisigbüschel nannte.

KRAPFEN Der Begriff »Krapfen« bezeichnet verschiedene in Fett gebackene Mehlspeisen aus Hefeteig. Das Herausbacken war auf dem lange Zeit üblichen offenen Herd die einfachste und schnellste Zubereitungsart. In Niederösterreich buk man Krapfen zu → Taufe, → Hochzeit, Namens- und Geburtstag, → am Dreikönigstag, im → Fasching, zu → Ostern, → Pfingsten, zur Sommersonnenwende, → Kirtag, → Weihnachten, als Schnitter- und Drescherkrapfen. Bei den Bauernkrapfen (Glöcklerkrapfen) kam ein Esslöffel Schnaps in den Teig. Sie waren groß, flach, mit hohem Wulst und »Haube« in der Mitte und wurden mit Aprikosenmarmelade und Zucker serviert. Leopold Schmidt nannte Krapfen »die Hauptmasse alten bäuerlichen Festgebäcks«. Bei der Ernte oder beim → Dreschen »mussten ganze Berge von Krapfen herausgebacken werden«. Bei Hochzeiten warf die Brautmutter auf dem Weg zur Kirche Krapfen in die Menge.

Bei vielen → Heischebräuchen erhielten die Umherziehenden Krapfen und Schnaps. In Ost- und Südtirol waren zu Allerheiligen die »Krapfenschnapper« unterwegs. Auf einer Holzstange befand sich ein geschnitzter Tierkopf mit beweglichem Unterkiefer, der klapperte. Die Burschen, die damit umgingen, bedankten sich im Namen der Armen Seelen.

Eine besondere Rolle spielten die Faschingskrapfen. 1540 reimte der Meistersinger Hans Sachs in Nürnberg: »Ich hab zu Fastnacht euch hierher geladen, dass ihr euch Krapfen holt und Fladen.« Faschingskrapfen gab es nur zwischen Silvester und Aschermittwoch. An diesem Tag durften in Niederösterreich die Lehrlinge zum ersten Mal allein Krapfen herstellen und der Belegschaft und den Familienangehörigen anbieten. In Wien war es Brauch, auf einen Faschingskrapfen einzuladen. Sein zeremonielles Teilen konnte einer Verlobung gleichkommen. Zur Zeit Kaiser Karl VI. (1685–1740) veranstaltete der Hof Krapfenschießen. In der Josephinischen Zeit hatte die *Wiener Zeitung* eine eigene Anzeigenrubrik für Krapfenbäckerinnen. Es gab ungefüllte und gefüllte Krapfen zum Preis von einem bis drei Kreuzer. Studenten maßen sich im Wettessen, und sie sollen es auf je 30 Stück gebracht haben. Wirte lockten mit Gratiskrapfen, umso mehr, als in einzelne Exemplare Geldstücke eingebacken waren. Legendär ist Cäcilia Krapf, die anno 1615 in Wien die Cilli-Kugeln erfunden haben soll.

KREISSTEHEN Dieses → Orakel soll in Oberösterreich noch Ende des 19. Jahrhunderts geübt worden sein, allerdings wollte es niemand zugeben. Dazu begab man sich während der Christmette einsam zu einer Wegkreuzung und zog dort mit geweihter Kreide oder einem Haselstock einen magischen Kreis. Dieser sollte vor den Spukgestalten schützen, die nun erschienen, um die Zukunft zu prophezeien. Wer dieses Orakel befragen wollte, durfte drei Tage davor nicht beten, kein Brot bei sich haben und musste ein strenges Schweigegebot beachten, sonst hätte ihn der Teufel geholt.

Für das Losstehen suchte man bei Tagesanbruch eine Stelle auf, wo dreier Herren Gründe aneinandergrenzten. Auch hier sollte sich der Blick in die Zukunft öffnen, wobei in diesem Fall Beten erlaubt war.

KREUZWEG Kreuzwegandachten fanden (und finden) an den Freitagen der → Fastenzeit statt. In Jerusalem zogen die Christen am → Karfreitag betend und Kreuze tragend über die Via Dolorosa, wo sie die Orte der Passion mit Gedenksteinen (*Stationes*) markiert hatten. In Rom versammelten sich die Gläubigen in einer Kirche und gingen in → Prozession mit dem Papst in eine andere Kirche zur Eucharistiefeier. Aus dem mittelalterlichen Wien (1258) sind Büßer- und Geißlerprozessionen von einer Kirche zur anderen bekannt. Im 16. und 17. Jahrhundert nahmen besonders die Orden der Franziskaner und Kartäuser mit Kreuzwegandachten Einfluss auf die Katholiken.

Auch Wegkreuzungen wurden als Kreuzweg bezeichnet. Es

herrschte die Meinung, dass dort das Übernatürliche am mächtigsten wirke, daher wurden solche Orte für schützenden und bösen Zauber sowie → Orakel wie das → Kreisstehen bevorzugt. Dort geäußerte Wünsche sollten in Erfüllung gehen.

KRIPPEN Das Lukasevangelium erzählt über die Geburt des Jesuskindes, Maria »wickelte ihn in Windeln und legte ihn in eine Krippe« (Lk 2,7). Kirchenkrippen zu → Weihnachten zählten zu den bewährten volksmissionarischen Mitteln der Jesuiten. Auf ihre Initiative wurden 1560 in Coimbra in Portugal, 1563 in Prag und 1579 in Graz Krippen aufgestellt. Höhepunkte der Krippenkunst sind die barocken Krippen in der Steiermark (Kalwang, 1751; Stift Admont, 1755; St. Lambrecht, 1782) und Oberösterreich (Schwanthaler-Werkstatt z. B. in Pram, Altmünster, Heimathaus Ried).

Einer Welle barocker Begeisterung für kunstvolle Krippen folgte die Ernüchterung. Nachdem schon Maria Theresia 1752 mit »Reformen in Religionssachen« begonnen hatte, fielen den Josephinischen Reformen viele Kirchenkrippen zum Opfer. Dass sie 1782 bis 1804 überhaupt verboten waren, führte zu einer neuen, privaten Krippenkultur. Stellten anfangs Adelige und wohlhabende Bürger daheim ihre eigenen Krippen auf, so ermöglichten verbesserte Reproduktionstechniken im 19. Jahrhundert die massenhafte Herstellung der Figuren. Charakteristisch für die 2. Hälfte des 19. Jahrhunderts waren »orientalische Krippen«, mit denen (Süd-)Tiroler Schnitzer ein – ihrem Verständnis nach – getreues Abbild des Heiligen Landes geben wollten.

Neben Krippen mit plastischen Figuren waren Ende des 18. Jahrhunderts – besonders in Bayern und Tirol – Bretterkrippen beliebt. Es handelt sich um große, auf Holztafeln gemalte Figuren und Figurengruppen mit ausgeschnittenen Konturen. Diese Flachkrippen konnten als heiliges Theater kulissenartig erweitert werden, ohne viel Platz zu beanspruchen. Durch künstlerische Beherrschung der Perspektive erzielte die barocke Illusionskunst dreidimensionale Effekte.

1973 entdeckte der Leiter des damaligen Pfarrmuseums, Alfred Wolf, die aus dem Jahr 1745 datierende Weihnachts-Bretterkrippe in der Pfarrkirche Lichtental im 9. Wiener Bezirk. Sie besteht aus den drei Figurengruppen Anbetung der Hirten, Beschneidung und Anbetung der Könige. In Mariabrunn im heutigen 14. Wiener Bezirk gab es eine Wechselkrippe, von der die barocken Darstellungen der Fastenzeit – Abendmahl, Judaskuss, Jesus am Ölberg – erhalten geblieben sind. In Anlehnung an Darstellungen aus der 2. Hälfte des 18. Jahrhunderts ließ die Pfarre 1997 die Weihnachtsszenen rekonstruieren.

Fastenkrippen mit Passionsszenen bilden das österliche Pendant zu den Weihnachtskrippen.

KRUMMER MITTWOCH In Südtirol bestanden am Mittwoch in der Karwoche Arbeitsverbote. Man erzählte, dass sich an diesem Tag Judas an einem Weinstock erhängt habe, darum sollte man Weinreben zu diesem Termin nicht schneiden. Man sollte auch in der Karwoche Erdarbeiten unterlassen, weil der Herr ins Grab gelegt wurde. Hammer und Nägel durften am → Karfreitag – wegen der Kreuzigung – nicht verwendet werden.

KÜHTREIBEN In Werfen und Goldegg im Salzburger Land war im 18. Jahrhundert zur Zeit der Sommersonnenwende das Kühtreiben üblich. An die 50 Burschen zogen bei diesem → Rügebrauch durch den Ort. Manche hatten beleuchtete Masken in Form von Kuhköpfen, einer ritt auf einer Pferdeattrappe, einer auf einem echten Pferd. Manche trugen Hüterpeitschen, andere Kuhglocken, etliche waren mit Pistolen bewaffnet. Trommler und Pfeifer begleiteten sie. Bei manchen Häusern machten sie Halt und bildeten um zwei Mitspieler einen Kreis. Diese brachten »alles das, was in diesem Hause Unschickliches vorgegangen ist, mit einem plumpen Witz zur Sprache«.

Ganz ähnlich war es beim »Alpererfahren«, das im Salzburger Pinzgau in der Nacht vor dem → Martinitag stattfand. Burschen

zogen mit Kuhglocken und langen Stöcken unter ohrenbetäubendem Lärm durch die Dörfer, schlugen an die Häuser und zogen mit Gespött über die Bewohner her. Die lange Nacht fand bei Musik und Tanz im Gasthaus ihr Ende.
→ Sonne

TIERE UND BRÄUCHE

Wie Pflanzen bildeten Tiere eine wesentliche Grundlage der traditionellen Landwirtschaft.

Es gab zahlreiche Bräuche, die das Vieh gesund erhalten sollten, wie → Maulgabe oder Stallsegen. Viehhüter (→ Hirtenbräuche) und Senner/innen (→ Almfeste) hatten ihre eigene Kultur. Man empfahl das Vieh verschiedenen Patronen, deren bekanntester der → hl. Leonhard geblieben ist. Bienenwachs und Honig boten einen wichtigen Zuverdienst für Bauern und die Lebensgrundlage der Imker.

BIENEN

Bienen galten als prophetisch, fleißig, heilig und ihre Produkte als heilend. Aus dem 10. Jahrhundert ist ein Gebet in altdeutscher Sprache zum Schutz der Bienen, der Lorscher Bienensegen, bekannt. Den »Beinvögeln« sagte man ein besonderes Verhältnis zum Bienenvater nach. So musste ihnen dessen → Tod mitgeteilt werden, auch → Neujahr und den → Lichtmesstag sagte man den Bienen an.

Ihr Arbeitsjahr begannen die Imker am Fest Kathedra Petri (22. Februar), das als Frühlingsanfang galt, mit einem Hochamt, bei dem sie → Kerzen und Honig opferten. Danach klopften sie in Niederösterreich an die Bienenstöcke und »weckten« die Bienen mit dem Spruch: »Stehts auf, Beanln, es ist schon Zeit.« Das Saisonende, der Bienensilvester, war Ende September. Bei der Waldbienenzucht, der ältesten Methode, gaben hohle Bäume den Bienenstock ab, der häufig beschnitzt wurde.

HÜHNER

Gar nicht selten war der Brauch, Hühner und Hähne zu spenden. Manche Kirchen hatten hinter dem Altar dafür eigene Käfige, wie die Pfarrkirche Ober St. Veit (heute 13. Wiener Gemeindebe-

Imker bei der Arbeit in Niederösterreich. Handkoloriertes Glasdiapositiv. Um 1910

zirk). Das veranlasste den Aufklärer Johann David Hanner (1754–1794) zu der Satire »Der redende Hahn und die redende Henne zu St. Veit bey Wien«: Der Hahn belehrt die junge Henne, es sei wieder an der Zeit, für den Pfarrer und den Lehrer Geld zu verdienen. Schließlich spottet diese: »Wenn ich keine Henne wäre, so müßte ich lachen!« 1790 vermerkte ein Schriftsteller, dass die Gläubigen früher ihr bestes Federvieh brachten, im Lauf der Zeit jedoch immer schlechteres. So beschloss der Pfarrherr, einige Tage vor dem Fest selbst Geflügel zu kaufen und sich die frühere Naturalabgabe ablösen zu lassen.

Hühner waren seit dem Mittelalter ein Zins, der dem weltlichen oder geistlichen Grundherrn gebührte. Auch Müller, Hauptleute und Handwerker hatten Anspruch auf ein Huhn bzw. dessen Ablöse. Der Historiker Ludolf Kuchenbuch fand dafür 22 Termine im Jahr.

SCHWEINE

Neben dem Hund gilt das Schwein als frühestes Haustier. Anfangs hielt man Schweineherden in Wäldern, wo sie sich von Eicheln ernährten, oder auf eingezäunten Weiden in Siedlungsnähe. Der Herbst war die Hauptphase der Schweinemast. Meist war es üblich, zu → Michaeli damit zu beginnen und vor dem → Advent zu schlachten. Daran knüpfte sich der Brauch des → Sauschädelstehlens.

Bis heute beliebt sind »Glücksschweinchen« zu Neujahr. Ihre symbolische Bedeutung ist im Sinn eines guten Omens zu verstehen: Wenn man am Anfang des Jahres genug zu essen hat, wird es so bleiben. Das Wühlen der Tiere nach Genießbarem verleitete auch zu dem Schluss, dass Schweine Schätze fänden.

Als Schweinepatrone gelten St. Valentin und der Einsiedler Antonius (»Fakentoni«). Der Orden der Antoniter hatte das Privileg, mit einem Schwein, das ein Glöckchen trug, betteln zu gehen. Das Tier durfte im Dorf frei herumlaufen und wurde von den Bewohnern gefüttert.

PFERDE

Das *Handwörterbuch des deutschen Aberglaubens* widmet dem Pferd und mit ihm in Zusammenhang stehenden Stichworten 85 Spalten. Es verweist u. a. auf Mythologisches, Weissagung, Zauberpferde, Symbolik, Magie und Medizin.

Pferde als Reittiere waren in früheren Zeiten dem Adel (Ritter) vorbehalten. Sie spielten auch bei → Rechtsbräuchen eine Rolle. So verschaffte das Berühren des Steigbügels oder des Pferdeschwanzes dem Landflüchtigen Rückkehr- und Asylrecht. In der Landwirtschaft setzte man bis in das späte Mittelalter und – je nach materiel-

Reetdach mit Pferdeköpfen als Giebelschmuck (auch Muulapen genannt), Ahrenshoop, Mecklenburg-Vorpommern. Verbreitet vor allem in Norddeutschland, aber auch in Ostdeutschland, Bayern und Österreich zu finden.

ler Lage – teilweise noch deutlich länger Ochsen als Zugtiere ein. Pferde waren zu kostbar, außerdem hatte sich das Kummet als Geschirr noch nicht durchgesetzt. An den Gedenktagen der Pferde-Schutzpatrone → Leonhard und Stephan (→ Stephanitag) veranstaltete man Reiterspiele und Umritte und ließ in der Kirche das Futter segnen.

Auf Pfähle gesteckte Pferdeköpfe (Neidstangen) sollten Unheil verhindern und, am Haus befestigt, Ungeziefer ebenso wie Seuchen abhalten. Stilisierte Pferdeköpfe im hölzernen Giebelkreuz galten als → Feuerschutz. Die alte Wertschätzung der Tiere drückt sich heute noch im Hufeisen aus, als Teil (*pars pro toto*) erhofft man von diesem Glückssymbol Wohlstand.

Klugheit und Güte ziehen es vor, ohne Maske aufzutreten.

Arthur Schnitzler

LAETARE Der 4. Sonntag der → Fastenzeit trägt die lateinische Bezeichnung Laetare. Sie leitet sich vom Beginn des Eingangsgebets (*Laetare, Jerusalem* – Freue dich, Jerusalem) ab. Der Mittfastensonntag steht im Zeichen heiliger Vorfreude auf → Ostern. Sichtbarer Ausdruck sind die – seit dem 16. Jahrhundert an diesem Tag getragenen – rosa Messgewänder an Stelle der bußfarben-violetten. Die rosa Paramente wurden zum Vorbild für den dritten Adventssonntag (Gaudete).

Der Papst weihte und verschenkte zu Laetare goldene Rosen an verdiente Persönlichkeiten oder Organisationen. Die Rosenzweige bestanden aus vergoldetem Silber, die Blüten waren mit wohlriechenden Essenzen gefüllt.

Den Katholiken sollten die Bräuche des Mittfastensonntags helfen, die restlichen drei Wochen der vorösterlichen Bußzeit leichter zu ertragen. Er war ein Besuchstag, Verliebte durften sich in der Öffentlichkeit sehen lassen. In der Kirche erklang ausnahmsweise die Orgel, in den Klöstern erhielten die Mönche ein zusätzliches Gebäck. Aus Ybbsitz in Niederösterreich ist überliefert, dass die Schulkinder anno 1635 von der Kirche zu Mittfasten »Paygl«, ein vergleichsweise teures Backwerk, geschenkt bekamen.

LAMBERTI Das Fest am 17. (bzw. 18.) September galt vielerorts als Wendepunkt im Jahreslauf. Im Münsterland in Deutschland endete für Knechte und Mägde an diesem Tag die Dienstzeit, was sie lautstark feierten. Sie stellten mit Grün geschmückte Lambertuspyramiden auf und tanzten unter Lichterkränzen auf der Straße. Dieser 1781 erstmals erwähnte Brauch wurde ein Jahrhundert später verboten.

In Lampersberg (Kärnten) bat man Lambertus um Regen, weshalb Jungfrauen seine Statue waschen mussten. In Lanz in Tirol gab es ein Loch, in das Fußleidende ihre Füße steckten. In Salzburg durfte man angeblich am Lambertustag einen Gegner ungestraft prügeln, solange die → Glocken läuteten.

Lambert von Lüttich (um 635–um 705) war ein Neffe des Bischofs von Maastricht – seines Onkels und Lehrers Theodard – und dessen Nachfolger. Weil Bischof Lambert die Immunitätsrechte der Kirche gegenüber der Staatsgewalt konsequent verteidigte, ließ man ihn in seinem Haus in Lüttich (Leodium) erschlagen. Er leistete keine Gegenwehr, weswegen er als Märtyrer gilt.

HL. LEONHARD Der hl. Leonhard erfreute sich in Österreich, Bayern und Schwaben größter Popularität als Bauernheiliger, man nannte ihn den bayrischen Herrgott. Er gilt als Löser feindlicher Ketten, wohl wegen des Gleichklangs seines Namens im Französischen (Lienard) mit *lien* (Fessel). Aus türkischer Gefangenschaft Gerettete opferten in den Leonhardskirchen ihre Ketten. Manche Gotteshäuser waren mit (Vieh-)Ketten umspannt. Leonhardiritte mit Pferdesegnungen oder Reiterspiele am Leonharditag (6. November) waren weit verbreitet.

Nachdem Pferde nicht mehr als Last- und Arbeitstiere im Einsatz standen, verloren diese Bräuche an Bedeutung. In der ersten Hälfte des 20. Jahrhunderts belebten Brauchtumsvereine und Reiterklubs die Tradition wieder. Am bekanntesten ist die Leonhardifahrt von Bad Tölz, die auf das 17. Jahrhundert zurückgeht. 80 Vierergespanne, zahlreiche Reiter und rund 25.000 Besucher nehmen

Der adelige Einsiedler Leonhard wurde als Vieh- und Pferdepatron zum »bayrischen Herrgott«. In Bad Tölz findet an seinem Gedenktag, dem 6. November, die Leonhardifahrt statt. Handkoloriertes Glasdiapositiv. Um 1905

daran teil. In der Kirche von Unterolberndorf in Niederösterreich war noch in den 1970er Jahren zu Leonhardi ein Opfergang mit Wachsvotiven üblich.

Leonhard von Limoges († 559/620) war ein fränkischer Adeliger, der sich für das Einsiedlerleben entschieden hatte.

→ Tiere und Bräuche

LESGANS Zum → Martinitag erhielten die bei der Weinlese und dem Pressen beschäftigten Arbeiter eine Lesgans oder »Pressgans« als zusätzlichen Naturallohn. Im übertragenen Sinn bezeichnete Lesgans auch ein Festmahl an diesem Tag. Die Laienbrüder der Klöster veranstalteten einen → Heischebrauch um die Lesgans. Wer am meisten eingeheimst hatte, war ihr König. Handwerker gaben ihren Gesellen eine Lichtgans, weil sie nun bei Kunstlicht arbeiten mussten. Die finstere Jahreszeit dauerte bis zum → Lichtmesstag. Den folgenden herbstlichen Lichtbratlsonntag feierten Handwerker ebenfalls mit einem Festmahl.

LEWERGEHEN Lebern nannte man in Niederösterreich, besonders im Weinviertel und im Marchfeld, die Begehung der Gemeindegrenzen (→ Gmarischauen). Dabei erneuerten die Männer die Erdhügel, welche die Grenze markierten. Scherzhaft sagten sie: »Erst gehen wir lebern und dann leppern« (Wein trinken). Lexers *Mittelhochdeutsches Taschenwörterbuch* (1885) übersetzt *le* mit Hügel und *lewer* als »hügelartiger Aufwurf als Grenzzeichen«.

LICHTERSCHWEMMEN Zum Gedenken an den hl. Johannes Nepomuk (um 1350–1390), der in der Moldau den Märtyrertod fand, setzte man nach seiner Heiligsprechung (1729) Brettchen mit brennenden → Kerzen in die Flüsse. Johann Wolfgang von Goethe beobachtete den Brauch 1820 in Karlsbad und widmete ihm das Gedicht »St. Nepomuks Vorabend«. Ähnliches war auch am → Luzientag und beim → Schifferlsetzen am Nikolaustag Brauch.

LICHTMESSTAG Der 2. Februar fällt auf den 40. Tag nach → Weihnachten und markierte das Ende des Weihnachtsfestkreises. Das Fest erinnert an die Geschehnisse im Tempel, die das Lukasevangelium überliefert (Lk 2,22-39). Bis 1969 hieß es Mariä Lichtmess oder Mariä Reinigung, seither lautet die Bezeichnung Darstellung des Herrn. Den am 2. Februar geweihten → Kerzen sprach man magische Wirkung zu. Einige Wachstropfen davon auf einem Stück Brot, das man dem Vieh gab, sollten dieses gesund erhalten.

Der Lichtmesstag war vielerorts der Beginn des bäuerlichen Arbeitsjahres und ein Wetter-Lostag: »Lichtmess im Klee, Ostern im Schnee.« Der helle Tag wird nun rasch länger, von neuneinhalb Stunden Anfang Februar wächst er bis zum Monatsende auf elf Stunden. Daran erinnert der alte Kinderreim: »Von Weihnachten bis Neujahr wächst der Tag, so weit die Mücke gähnen mag, bis Dreikönig wächst der Tag, so weit der Hahn krähen mag, nach Lichtmess wächst der Tag, so weit der Hirsch springen mag.« In einer Variante heißt der Spruch: »Von der Wintersonnwende bis Weihnachten wächst der Tag um einen Hahnentritt, bis Neujahr um einen Männerschritt, bis Dreikönig um einen Hirschensprung und bis Lichtmess um eine ganze Stund'.«

→ Aitenkerzen, Ansingelieder, Dreikönigstag, Geburt und Taufe, Hofgrössing, Kerzen, Lesgans, Schlenkeltage

HL. LUKAS Lukaszettel enthielten Bibelsprüche oder Segen in lateinischer Sprache. Sie sollten bei magischen Handlungen helfen und wurden dem Vieh eingegeben, um es vor Seuchen zu schützen. Christliche Ärzte, aber auch Maler, nannten ihre Zusammenschlüsse Lukasgilden. Wetterregeln zum Lukastag am 18. Oktober besagten: »St. Lukas mild und warm, Winterkält', dass Gott erbarm'.«

Lukas (um 80) stammte vermutlich aus Antiochia (Antakya, Türkei) und war nach der Überlieferung von Beruf Arzt (Kol 4,14). Er verfasste das dritte Evangelium und die Apostelgeschichte. Der Legende zufolge malte er die erste Marienikone.

LÜTTENWEIHNACHT Früher hieß es, Tiere könnten in der → Heiligen Nacht sprechen und Menschen, die ihnen zuhörten, würden sterben. Bauern in Bayern legten Hafer auf das Dach oder Mettenheu vor das Haus. Zu → Weihnachten verfüttert, sollte es das Vieh vor Unheil und Krankheiten schützen. Manfred Becker-Huberti verweist für die Erklärung des Begriffs auf das englische *little* oder das deutsche *lützel* für »klein«.

LUZIENTAG Es dürfte kein Zufall sein, dass man am 13. Dezember der Heiligen Luzia und Odilia gedenkt, deren Überlieferungen mit dem (Augen-)Licht zu tun haben. Der Mittwintertag galt bis ins 16. Jahrhundert als kürzester des Jahres und war ein wichtiger Termin für → Orakel. Luzienweizen sollte einen Blick in die Zukunft ermöglichen. Am 13. Dezember in einem Teller mit Erde und Wasser ausgesät, wuchs er bis → Weihnachten ca. 10 cm. In der Mitte brannte eine → Kerze. Aus ihrem Schein und dem Wachstum der Tellersaat zog man Schlüsse auf den Ertrag der Feldfrüchte des kommenden Jahres.

Im Mittelalter erhielten die Mädchen am Luzientag Geschenke, die Buben am Nikolaustag. Pudelmutter oder Budelfrau nannte man im Burgenland eine Gestalt, die am Luzientag oder als Begleiterin des → Nikolo umging. In ihrer Schürze trug sie Dörrobst und Nüsse, um sie in die Stube zu werfen (pudeln). Auch in den Bezirken Fürstenfeld, Hartberg und Weiz in der Steiermark pflegte man diesen Brauch.

In Unterwart im Burgenland zogen weiß gekleidete Kinder bei einem → Heischebrauch als »Luzeln« Glück wünschend von Haus zu Haus. Im steirischen Sulmtal buk man an diesem Tag kleine, dünne Laibchen aus ungesäuertem Maismehl. Ihr Genuss sollte vor »wütenden Hunden« schützen.

Die frühchristliche Märtyrerin Luzia (»die Lichtvolle«) unterstützte in Syrakus auf Sizilien verfolgte Christen. Nach der Legende brachte sie ihnen bei Nacht Lebensmittel. Um die Hände zum Tragen frei zu haben, setzte sie einen Lichterkranz auf. Odilia (Ottilie, um 660–723) war eine französische Adelige und Gründerin des Klosters auf dem Odilienberg (Mont Sainte-Odile, Frankreich). In ihrer Todesstunde soll ihr die hl. Luzia erschienen sein.

Wir erschrecken über unsere eigenen Sünden, wenn wir sie an anderen entdecken.

Johann Wolfgang von Goethe

MAIBAUM Landauf, landab und auch in der Stadt kann man heute Maibäume sehen. Oft hat das Aufstellen volksfestartigen Charakter mit Maibaumklettern und → Volkstanz-Darbietungen. Dabei betonen die Veranstalter gerne, dass es sich um »uraltes Brauchtum« oder »Fruchtbarkeitszauber« handle. Doch diese Interpretationen, die aus dem 19. und frühen 20. Jahrhundert stammen, sind eindeutig überholt.

Die älteste Nachricht über einen Maibaum stammt vom Zisterziensermönch Caesarius von Heisterbach (um 1180 – nach 1240), der 1224 aus Aachen berichtete. Aufstellen und Schmücken gehörte zu den Pflichten des Vertreters der Obrigkeit. In Wien waren die Babenberger-Herzöge pflichtgemäß die Brauchführer ihres Volkes. Leopold Schmidt zitierte in diesem Zusammenhang einen Reim anlässlich des Todes von Leopold IV. (1176–1230): »Wer singet uns nu vor / zu Wienn auf dem chor / als er vil dicke hat getann / der viel tugendhafte man? / Wer singet uns nu raien / wer zieret uns nu die maien?«

In Vorarlberg war das Setzen eines Ehrenmaibaums vor dem

Bursche in Tracht klettert auf einen Maibaum in Tirol.

Haus eines kurz zuvor gewählten Gemeindevorstehers Brauch. Der bis auf den Wipfel entrindete Fichtenbaum trug Girlanden, Kränze, Fähnchen und eine Tafel mit dem Namen des Geehrten. Die Ehrung erfolgte mit Böllerschießen und Trommelwirbel, großzügige Bewirtung und Geldspenden waren der Lohn. In Tirol erhielten neue Pfarrer und Primizianten einen Ehrenmaien. In Niederösterreich, wo man Honoratioren Maibäume setzte, sind häufig geschmückte Tafeln an deren Stelle getreten, seit die Dorfstraßen asphaltiert sind.

Festbäume stellte man früher nicht nur zum 1. Mai auf. Leopold Schmidt nannte verschiedene Anlässe: In der Silvesternacht auf Brunnen, beim Hausbau zur Dachgleiche, bei der → Geburt eines Kindes, als Zeichen für den → Kirtag, als Sonnwendbaum usw. Gerne wurden sie heimlich gefällt, was Forstbeamte und Waldeigentümer zu verbieten trachteten. Für Individual-Maibäume, die man vor das Haus der Liebsten setzte, musste man anno 1730 drei Gulden Strafe zahlen. Ähnliche Verbote gab es für Weihnachtsbäume.

Wieder modern geworden ist das Stehlen oder Umschneiden eines aufgestellten Maibaums. Deshalb werden Maibäume meist bewacht. Wird ein Baum trotzdem gestohlen oder umgeschnitten, gilt das als Schande und die Verantwortlichen müssen das Diebesgut auslösen.

MAIPFEIFE Aus den Zweigen der Salweide fertigten Buben im Frühjahr kleine Musikinstrumente (Pfeiferl) an. Dies war in Niederösterreich ebenso Brauch wie in Tirol, wo Ludwig Hörmann die Herstellung genau schilderte und die dazu gesungenen Lieder dokumentierte. Sie handelten – analog zur Herstellung der Pfeife – in vielen Strophen von einer Katze, der man den Balg abzieht. »Zuerst macht man in das abgeschnittene Stämmchen, das womöglich ohne ›Augen‹ sein soll, in der Länge der Pfeife zwei Ringe und schält außerhalb dieser Ringe die Rinde ab. Dann dreht man das Messer um, fasst es mit Daumen und Zeigefinger an der Klinge und klopft mit dem flachen Messerrücken das stehengebliebene Stück Rinde auf dem Knie so lange ab, bis es sich vom Holz löst. (…) Das dauert nun oft ziemlich lange und wir begreifen, dass dem Jungen schließlich die Geduld ausgeht, und seine Liedchen, mit denen er die Klopfarbeit begleitet, den liebkosenden Charakter allmählich verlieren und in Drohungen übergehen.«

→ Pflanzen und Bräuche

MAITAU Am 1. Mai sammelten Mädchen den Tau von Weizen- und Roggenfeldern und wuschen sich damit das Gesicht. So sollten Sommersprossen zum Verschwinden gebracht werden. Rachitische Kinder wickelte man in mit Maitau getränkte Tücher, um krumme Füße gerade und stark zu machen.

HL. MARKUS Der hl. Markus gilt als Wetterherr. Die an seinem Tag abgehaltenen Flurumgänge (Bittprozessionen) lösten die römischen → Prozessionen *Ambarvale* (um die Fluren herum) oder *Robigalia*, zum Schutz gegen den Mehltau des Getreides, ab. Ein Priester spendete den Flursegen. In verschiedenen Gemeinden in Niederösterreich pflegten die Gemeinderäte am Markustag (25. April) das → Lewergehen.

Der Evangelist Markus lebte im 1. Jahrhundert, zählte aber nicht zu den zwölf Aposteln. Das (um das Jahr 70 entstandene) Evangelium nach Markus ist die älteste Evangelienschrift.

MARTERL Marterl erinnern, meist in Kreuzform und mit Bildern, an Verunglückte und sollen dem trauernden Gedächtnis dienen oder Passanten zum Gebet aufrufen. Sammlungen sogenannter Marterlsprüche hingegen wirken eher komisch. Viele wurden – im »Volkston« oder Dialekt – von Bürgern erfunden. So berichtet die örtliche Überlieferung, dass der erste Bundespräsident der Republik Österreich, Michael Hainisch (1858–1940) in Erinnerung an ein Ereignis von 1859 den Spruch am Luiserlkreuz am Stuhleck bei Mürzzuschlag in der Steiermark verfasste. Er endet: »Des Luiserl hat der Schnee verwaht, / die Bana hat da Fuchs verzaht / Und von dem ganz'n liab'n Ding, / ist nur das Häuberl übrig blieb'n.« Holzknechtmarterl gemahnen an tödliche Berufsunfälle von Forstfacharbeitern. Meist tragen sie schlichte Inschriften des Gedenkens oder schildern die Unglücksursache.

MARTINITAG Anders als die Martinigans und die Weintaufe am 11. November sind einige der früher üblichen Gepflogenheiten zu diesem Tag verschwunden. Dazu gehören die Martinsfeuer, über die sich Berichte aus dem 15. Jahrhundert vom Niederrhein in Deutschland sowie aus den Niederlanden finden. Kinder und Jugendliche sammelten mit einem speziellen Heischelied Brennholz. Die Erwachsenen verbrannten Abfälle, z. B. altes Bettstroh. Die Asche kam auf die Felder, um den Ertrag zu steigern. Hohe Holzstöße loderten ebenso wie kleinere Feuer, über die man sprang. Mancherorts verbrannte man eine Martinus genannte Strohpuppe. Für Katholiken soll sie ein Symbol für Martin Luther gewesen sein. Andererseits hatte das Fest bei den Protestanten gerade wegen des Vornamens des Reformators eine gewisse Akzeptanz. In Städten traten wegen der Feuergefahr, wie es für Münster aus dem Jahr 1705 belegt ist, → Kerzen an Stelle der Feuer.

Im 16. Jahrhundert gingen Schüler mit ihren Lehrern mit → Ansingeliedern um die Martinsgans heischen. So schreibt Thomas Kirchmair 1555: »Den Schulmeistern tregts auch gewin / sie gehen mit jren schulern hin. / Mit hauffen in die Häuser dringen / Vnd um die ganß sant Martin singen.« 1525 baten Kinder in Köln um übriggebliebenes Essen. Die Brüder Grimm berichteten von → Heischebräuchen der Kinder um Äpfel, Nüsse und Kuchen in Norddeutschland. Zu Martini sammelten die Viehhüter am Ende der Weidesaison ihren Lohn ein. Damit verband sich der → Hirtenbrauch der Martinsgerte. Die mit bunten Bändern geschmückten, geflochtenen Zweige blieben bis Georgi (23. April) im Stall, dann wurde das Vieh wieder damit ausgetrieben.

Leopold Schmidt beschrieb das »reich belegte Martinsbrauchtum« der Viehhirten der Herrschaften und der Dörfer in Niederösterreich. In Asparn an der Zaya durfte der Hüter anno 1649 zu Martini, im → Fasching und zu → Ostern absammeln. In Wien – in Mauer und in Pötzleinsdorf – heischten die Hirten mit Birkenruten oder Eichen-, Weiden- oder Wacholderzweigen (Kranebitt) um »etwas Geld und viel Wein«. In der Sammlung der k. k. Verordnungen und Gesetze zur Zeit Maria Theresias heißt es bezüglich Martini: »Die Ruthenausstellung von den Viehhirten wird verboten.«

Martinus (316/317–397) war der Sohn eines römischen Tribunen in Sabaria (Szombathely / Steinamanger, Ungarn). Schon als Fünfzehnjähriger Soldat in der kaiserlichen Armee, ließ er sich mit 18 Jahren taufen. 371 rief ihn das Volk zum Bischof von Tours (Frankreich) aus. Ein beliebtes Motiv der abendländischen Kunst ist die Szene der Mantelteilung: Martin zerschneidet seinen Mantel (*cappa*) mit einem Schwert. Einen Teil gibt er einem Bettler, in dem er Jesus erkennt. Von der Cappa, die als Reliquie am Hof der fränkischen Könige in einem eigenen Raum aufbewahrt wurde, leiten sich die Bezeichnungen Kapelle und Kaplan ab.

MAULGABE Dem Stallvieh kam in früheren Zeiten enorme wirtschaftliche Bedeutung zu. So verwundert es nicht, dass auch Tiere Objekt magisch-religiöser Zuwendung wurden. Helmut Paul Fielhauer, der den Brauch im niederösterreichischen Voralpengebiet bei Wieselburg untersucht hat, hat dem Thema 1973 einen wissenschaftlichen Film und Aufsatz gewidmet.

Am → Heiligen Abend, zu → Neujahr und am → Dreikönigstag erhielten die Rinder und Pferde der »Wagner-Haberleiten« eine Maulgabe: Die Bäuerin schnitt für jedes Tier zwei fingerdicke Scheiben einer schönen Rübe und versah diese mit geweihtem → Salz und je drei Weidenkätzchen vom → Palmbuschen. Bevor sie die Doppelschnitten verfütterte, segnete sie sie mit Weihwasser, das sie mit einem Büschel aus sieben Getreideähren versprengte. Nach dem Kalben erhielten Kühe eine Maulgabe aus Most, Schnaps, Weihwasser, Brot und Palmkätzchen. Beim Verkauf eines Rindes oder Pferdes bekam dieses ebenfalls ein Stück »Glücksbrot«. Andere Bauern der Region gaben dem Vieh → Kletzenbrot, Brot mit Heilkräutern, etwas Grünes oder Hagebutten.

MENDELBROT Dieser Begriff leitet sich vom lateinischen *mandatum*, dem Gebot der Nächstenliebe, ab, die Jesus seinen Jüngern bei der Fußwaschung am → Gründonnerstag bewies. Im Rheinland verstand man darunter kleine Weizenbrote, die man in der Kirche segnen ließ und im Kreis der Familie verzehrte. Brot- und Weinsegnungen am Gründonnerstag sind im Bonner Münster seit 1613 bezeugt. Im Stift Dietkirchen buken die Nonnen aus acht Maltern (Hektolitern) Korn Mendelbrot, das sie an die Spitäler verteilten. Auch in anderen Orten gab es am Gründonnerstag Brotspenden im Rahmen der Armenfürsorge.

MICHAELI Mit Michaeli (29. September) begannen die Goldenen Samstage bzw. Sonntage, die in vielen Orten für → Wallfahrten genutzt wurden und Termine für den Almabtrieb waren. Die Armen erhielten Michaelsminne (gesegneten Wein) und Michaelsbrote. Der Tag war Zinstermin und Wetterlostag: Ein schöner Michaelitag sollte einen guten Herbst verheißen.

Der Erzengel Michael gilt seit frühchristlicher Zeit als Fürsprecher der Menschen bei Gott und Beschützer der Kirche. Aus seiner Verehrung als Heerführer der Engel erwuchs die Wertschätzung des christlichen Ritterideals. Eine Michaels-Fahne soll bei der Schlacht auf dem Lechfeld im Jahr 955 Otto dem Großen geholfen haben, die Ungarn zu besiegen.

→ Almfeste

MÜHLEN Dass sich Mühlen oft an Fließgewässern abseits der Siedlungen befanden und Tag und Nacht geräuschvoll arbeiteten, führte zu Vorstellungen und Sagen, die sie unheimlich erscheinen ließen – man denke an das nicht seltene Motiv der »Teufelsmühle«. Müller galten zeitweise als unehrliches Gewerbe. Im übertragenen Sinn sprach man von Wundermühlen, die Gold mahlen, oder »Altweibermühlen« mit verjüngender Wirkung.

Wie in allen Handwerken sollte es für die Müller zumindest einen Ruhetag im Jahr geben. Im Zusammenhang mit dem ihr als Attribut zugesprochenen Rad war es bei den Müllern der Tag der hl. Katharina (25. November), doch auch der → Martinstag, der Andreastag (30. November) und Silvester (31. Dezember) kamen in Frage.

N

Allzu große Nähe hindert manchmal,
dass Freunde sich gegenseitig klar erkennen.

Gertrud von Helfta

NEUJAHR Zum Jahresbeginn erhoffte man ein gutes → Vorzeichen (Omen). »Wie der Anfang, so das Ganze«, lautete die mehr oder minder ausgesprochene Devise, die schon die Römer kannten. Gut essen, Geld oder Geschenke bekommen, sich schön anziehen, fröhlich sein und es sich gut gehen lassen lautete das Motto für den ersten Tag des neuen Jahres. So schloss man aus der Person, die man zu Neujahr als Erste sah (Angang), auf das künftige Schicksal. Den Wienern war es am liebsten, zuerst einen Buben zu treffen, alte Frauen oder Nonnen hingegen waren in dieser Hinsicht unbeliebt. Mancherorts durfte man zum Jahreswechsel kein Geflügel essen, weil dann das Glück davonfliege.

Aus Salzburg hieß es: »Der Neujahrstag heißt der ›Ebenweihtag‹, weil er ebenso hoch geweiht ist als der Geburtstag Christi. Man soll an demselben mit Gutem anfangen, denn das setzt sich dann leicht das ganze Jahr fort, z. B. früh aufstehen, auch glaubt man an den schlechten ›Angang‹.«

In ländlichen Gebieten waren die zu Neujahr üblichen → Heischebräuche mit → Ansingeliedern verbunden. In der Stadt wurden Neujahrswünsche persönlich entboten oder als Postkarten verschickt. Besonders elegant waren die Glückwunschkarten und Neujahrsbriefe im Biedermeier. Doch nicht alle hatten damit Freude, weil viele Gratulanten ein Trinkgeld erwarteten. Vor unerwünschten Besuchen sollten »Enthebungskarten« schützen, die gegen eine Spende erhältlich waren und die man an der Haustür befestigte. Die Spender sahen ihre Namen in gedruckten Listen und in der *Wiener Zeitung* veröffentlicht.

Lärmbräuche zum Jahreswechsel sind in Österreich seit dem 17. Jahrhundert aktenkundig. 1619 verlangte der Leutnant der kaiserlichen Besatzung in Retz in Niederösterreich vom Rat der Stadt 200 Pfund Pulver zum Festschießen, erhielt sie jedoch nicht. Stattdessen ging dort das Jahr mit dem Läuten der → Glocken um Mitternacht friedlich zu Ende.

In Köln kündigten im 17. Jahrhundert Umzüge mit Trommeln und Trompeten in der Silvesternacht das neue Jahr an, bis dieser Brauch in den 1680er Jahren verboten wurde. Im 18. Jahrhundert brachten die Pauker und Trompeter dem Rat der Stadt ein Neujahrsständchen dar und erhielten dafür ein Trinkgeld. Um 1810 ist die Rede von Flinten- und Pistolenschüssen, Kartenspielen um Neujahrsbrezeln in den Gasthäusern und Glockengeläute. Im Bergischen Land in Deutschland gingen die Burschen durch die Ortschaften, »um den Mädchen das neue Jahr anzuschießen«. Dann schrieben sie mit Kreide die neue Jahreszahl an die Haustüren. In der Eifel zogen die heiratsfähigen jungen Männer singend und musizierend um und machten um Mitternacht Radau, bis die jungen Frauen sie einließen und mit Brezeln und Schnaps bewirteten.

→ Eisbosseln, Orakel

NIKOLO Entsprechend der Legende, nach der der hl. Nikolaus nachts drei Goldkugeln in ein Zimmer warf, um die Bewohnerinnen vor dem drohenden Schicksal der Prostitution zu bewahren, blieb der Gabenbringer im Mittelalter unsichtbar. Die Kinder stellten ihre schön geputzten Schuhe auf oder bastelten kleine Schiffe, die sie am Morgen

Um den Nikolotag treiben die »Krampusperchten« ihr Unwesen (hier auf dem Gaisberg bei Salzburg). Sie zeigen, wie sich Bräuche ändern: In traditionellen Nikolausspielen war dem Bösen nur eine Nebenrolle zugedacht. In den letzten Jahrzehnten haben sich die dunklen Gestalten verselbständigt. Viele Gruppen veranstalten professionelle Shows. Oft stecken Mitglieder von Sportvereinen unter den Kostümen mit den bis zu 25 kg schweren Holzmasken. Diese sind den »Schiachperchten« nachempfunden, aber noch viel schauriger als ihre Vorbilder.

mit Äpfeln, Nüssen und Süßigkeiten gefüllt vorzufinden hofften. Aus dem Kloster Tegernsee ist ein Kindergebet aus dem 15. Jahrhundert überliefert: »Heiliger St. Nikolas, in meiner Not mich nit verlaß, / kombt heint zu mir und leg mir ein in mein kleines Schiffelein / darbay ich Ewer gedenkhen kann, das jr seit ein frommer Mann.«

Dass ein kostümierter Nikolausdarsteller (Nikolo) die Familien aufsuchte, entsprach den vom Konzil von Trient (1545–1563) geforderten, systematisch durchzuführenden Pastoralvisiten der Bischöfe. Die

→ Neujahr
In der Zeit um Neujahr und Dreikönig sind Kinder als Sternsinger unterwegs. Heute gehört der wiederbelebte Brauch zu den fünf größten Spendensammlungen Österreichs. Holzschnitt, o. J.

Gestalt des Bischofs als Gabenbringer, der die Kinder prüfte, aber nie selbst strafte, wurde oft von einem dunklen Gehilfen (Krampus) begleitet. Die guten Taten der Kinder waren im Goldenen Buch verzeichnet. Diesen Aufzeichnungen entsprechend verteilte der Nikolo kleine Geschenke.

Der pädagogisierende Aspekt zeigte sich auch in Umzügen und Stubenspielen, die unter den Begriff Volksschauspiel fallen. Nikolaus und eine Reihe rauer Gesellen wie Krampusse oder Knecht Ruprecht und andere Rollenspieler nahmen daran teil, erschreckten Kinder und junge Mägde. Ludwig Hörmann berichtete 1909 von verschiedenen Spielarten. In Tirol stellten die Kinder eine Schüssel mit Hafer oder Heu als Futter für den Schimmel des »heiligen Mannes« vor das Fenster, dazu ein Gläschen Schnaps »für seinen Bedienten«. Damit war jene Figur gemeint, die beim Besuch eine Art Herold spielte und den Nikolaus ankündigte. Dieser war »ein ehrwürdiger Greis in weitem, goldverbrämtem Bischofsmantel, mit wogendem Haar und weit herabwallendem Flachsbart, auf dem Haupte die strahlende Inful, in der Hand den glänzenden Goldstab«. Der Bediente trug den Korb mit den Geschenken, Äpfeln, Nüssen, Lebzelten oder Bildchen.

Der pelzige »Klaubauf« schreckte die Kinder. Im Paznauntal übernahm die schön gekleidete »Klasa« die Rolle des Bedienten. Im Vintschgau und Oberinntal trieben sich die Klaubaufe herum, nachdem sie, mit Schellen behängt und hüpfend, die Kinder geweckt hatten. In allen größeren Ortschaften Tirols führten am Nikolausabend arme Leute komische Stubenspiele mit vielen kostümierten Darstellern auf. »Die Darsteller sind gewöhnlich arme Talleute, die sich mit diesem Spaß ein paar Kreuzer herausschlagen.«, schrieb Ludwig Hörmann über den → Heischebrauch.

Nikolaus von Myra (Dembre, Türkei, um 350) war Bischof von Lykien. Nach dem Tod seiner Eltern verschenkte er sein reiches Erbe an die Armen. Ein Onkel weihte ihn zum Priester und setzte ihn als Abt ein. Nach dessen Tod rief das Volk Nikolaus zum neuen Bischof aus. Er nahm am Konzil von Nicäa (325) teil, wo er die Lehre von der Dreifaltigkeit verteidigte. Deshalb spielt die Zahl Drei in den ihm zugeschriebenen Legenden immer eine Rolle.

→ Schifferlsetzen

*Viel Übles hab' an Menschen ich bemerkt.
Das schlimmste ist ein unversöhnlich Herz.*

Franz Grillparzer

OFENBRÄUCHE Der Ofen galt als Geistersitz, aber auch als geheiligter und heilkräftiger Ort. Die Ofenbeichte war ein weit verbreitetes Sagenmotiv: Man vertraute dem Ofen ein Geheimnis an, wodurch – weil es doch manchmal jemand hörte – Unglück verhindert werden konnte. Als Mittelpunkt des Hauses war er, wie der Herd, mit → superstitiösen Ritualen verbunden. Bräute und neue Mägde sollten ins Ofenloch schauen, um kein Heimweh zu bekommen. Außerdem könnten sie, so hieß es, dadurch einen Blick in die Zukunft tun. Um Unwetter abzuwehren, warf man etwas Geweihtes in den Ofen. Die warme Ofenbank war der Stammplatz der Alten, Neugeborene legte man darauf, damit sie artig und fromm würden. Darüber befand sich meist ein Gestell zum Wäschetrocknen.
    → Geburt und Taufe

OHREN Die Ohren als wichtige menschliche Sinnesorgane waren mit einer Reihe populärer Vorstellungen verbunden. Der Arzt und Philosoph Paracelsus (1493–1541) bewertete große Ohren als

Zeichen der Gesundheit, Intelligenz und des guten Charakters. Sterbenden solle man etwas Gutes ins Ohr flüstern. Mittelalterliche Bilder symbolisieren Mariä Empfängnis, indem ein Lichtstrahl in ihr Ohr eindringt.

Das Ab- oder Einschneiden der Ohren war eine Verstümmelungsstrafe. Schlitzohr meinte ursprünglich einen durch eine solche Strafe gekennzeichneten Betrüger, auch Dämonen stellte man sich schlitzohrig vor. Ohrfeigen (*Feg* – Streich) waren ein Zeichen der Herrschaftsausübung, die sich im Ritual der römischen Freilassung (letzte Ohrfeige) fanden. Jemanden an den Ohren zu ziehen, war beim → Gmarischauen oder bei Vertragsabschlüssen üblich, um die Erinnerung zu stärken.

Der Männer-Ohrring (Flinserl) aus Gold oder Silber sollte das Sehen verbessern und vor dem bösen Blick schützen.

ORAKEL Das seit dem 16. Jahrhundert bezeugte Fremdwort bezeichnet wie das lateinische Ursprungswort *oraculum* (Sprechstätte) zunächst den Ort geheimnisvoller göttlicher Weissagungen, dann den Spruch selbst. Es ist von *orare* (eine Ritualformel wirksam hersagen, vor Gericht verhandeln, sprechen, bitten, beten) abgeleitet. Im ländlichen Bereich wollte man besonders das Gedeihen der Feldfrüchte und den Lebenslauf (Hochzeiten) mit Hilfe von Orakeln vorhersehen.

Das *Handwörterbuch des deutschen Aberglaubens* definiert Orakel als »jeden Brauch, mithilfe eines vom Menschen zu bestimmten Zeiten, an bestimmten Orten mit bestimmten Mitteln oder unter bestimmten Bedingungen absichtlich herbeigeführten Vorganges, dessen außerhalb der menschlichen Willenstätigkeit liegendes Ergebnis als Zeichen oder Antwort aufgefasst wird, eine schwebende Angelegenheit zu entscheiden oder noch verhüllte Bezogenheiten und Verflechtungen von Geschehnissen zu enthüllen, um demgemäß sein Verhalten einzurichten«.

Bevorzugte Orakeltermine waren Wendezeiten des Jahres wie → Weihnachten, Silvester und → Neujahr oder der → Dreikönigstag. Dazu kamen die Tage von Heiligen wie die → Andreasnacht, der → Luzientag und die Tage der hl. Barbara (→ Hl. Madl), Johannes, Matthias oder → Thomas. Als günstigste Stunden galten jene zwischen Sonnenuntergang und -aufgang oder Mitternacht. Zu den bevorzugten Orten zählten Herd, Bett, Haustor, Brunnen, Grenzen, Kirchen und → Kreuzwege. Als Mittel schien nahezu alles geeignet: Feuer, → Wasserorakel, → Pflanzen, Mineralien, Metalle (Bleigießen), → Tiere, Nahrungsmittel (Nüsse, Apfelschalen), aber auch Gebrauchsgegenstände. Die Bedingungen sollten, wie bei jedem → Zauber, vom Alltäglichen abweichen: Man musste schweigen, Bewegungen verkehrt oder rückwärts machen und die magische Handlung dreimal vornehmen.

Orakel begleiteten den Jahreslauf. Beim Auffahrtsspiel zu → Christi Himmelfahrt beobachtete man, in welche Richtung die Christusfigur blickte. Aus dieser erwartete man die Unwetter des kommenden Sommers. Man begutachtete das Brustbein der am → Martinitag verzehrten Gans – war es weiß, so bedeutete dies Schnee. In der → Andreasnacht pflegten die Tirolerinnen das Bleigießen, um auf das Handwerk ihres Zukünftigen zu schließen. Am Abend vor dem früheren Tag des → hl. Thomas wandten sie weitere Heiratsorakel an: Sie legten mit Buchstaben beschriebene Zettel unter das Kopfkissen und zogen in der Nacht einen heraus. Mit diesem Buchstaben sollte der Name des Bräutigams beginnen. Ludwig Hörmann beschrieb 1909 das Bettstaffeltreten: »Mädchen, die gerne heiraten möchten, stellen vor dem Schlafengehen einen Schemel vor's Bett und, nachdem sie sich vollständig entkleidet haben, sprechen sie: ›Bettstaffel ich tritt dich, Heiliger Thomas ich bitt dich, laß mich sehen den herzallerliebsten Mann diese heilige Nacht‹. Darauf muß sich das Mädchen lautlos zu Bette begeben und dann wird es in der Nacht den sehen, der folgendes Jahr zum Freien kommen wird.«

→ Fischseele, Heiratsvermittler (himmlische), Hütelheben, Kreisstehen, Sonne, Spiegel, Wetter und Bräuche

OSTERN Das Osterfest ist das älteste und wichtigste christliche Jahresfest. Es umfasst nicht nur einen Feiertag, sondern einen ganzen Festkreis, der mehr als ein Viertel des Jahres beinhaltet: Die vierzigtägige Vorbereitungszeit (→ Fastenzeit) dauert bis zur Abendmesse am Gründonnerstag. Sie bildet den Übergang zu den Drei österlichen Tagen vom Leiden, vom Tod und von der Auferstehung des Herrn (Triduum sacrum). Dem Ostersonntag folgen der arbeitsfreie Ostermontag, früher eine Oktav (liturgische Festwoche) und die fünfzigtägige Freudenzeit bis → Pfingsten (→ Pentekoste). Ostern ist ein bewegliches Fest. Das Konzil von Nicäa (325) bestimmte den Sonntag nach dem Frühlingsvollmond als Termin für den Ostersonntag, er liegt stets zwischen 22. März und 25. April.

In der Osternachtfeier wandelt sich die Trauer zur Freude. Die Christen gedenken der Auferstehung mit Halleluja, Orgelspiel und Glockenklang. Die Osternachtfeier ist die ritenreichste in der katholischen Kirche. Die Neuordnung der Liturgie der Karwoche erfolgte 1955/56, schon vor dem Zweiten Vatikanischen Konzil, da sich im Lauf der Jahrhunderte der Zeitpunkt (Nacht von Samstag auf Sonntag) immer mehr auf den Morgen des Karsamstags verschoben hatte.

Die einzelnen Elemente der Osternachtfeier sind historisch und geographisch verschiedener Herkunft. Sie umfassen die Lichtfeier (mit der Segnung des Feuers, der Bereitung und dem Einzug der Osterkerze und dem Lobpreis des Lichtes, Exsultet), den Wortgottesdienst (mit neun Lesungen, Psalmen und Gebeten), die Tauffeier (mit Wasserweihe und Taufbekenntnis) und die Eucharistiefeier. Auch der evangelische Gottesdienst sieht den Einzug mit der → Kerze, Wechselrufe und die Austeilung des Lichtes vor, wobei die Liturgie jedoch nicht an bestimmte Riten gebunden ist.

In der Karwoche waren geistliche Schauspiele üblich, »um Leiden, Sterben und Auferstehung Jesu dem Volke sinnfällig näher zu bringen, um es zum Mitgefühle anzuregen und zur Teilnahme mit dem Gemüte zu bewegen«, wie der Musikwissenschaftler Josef Mantuani (1860–1933) formulierte. Als Beispiele nannte er Trauer-

→ Ostern

Das Ei, als Symbol des (ewigen) Lebens, spielt zu Ostern eine große Rolle. 1615 verschenkten Straßburger Bürger bemalte, gekratzte, marmorierte und goldene Eier. In der Barock- und Biedermeierzeit steckte man Spruchbänder, die sich aufrollen ließen, in ausgeblasene Ostereier. Vielfältige kunstgewerbliche Techniken fanden im Lauf der Zeit Anwendung beim Verzieren.
Bei den Sorben, einer slawischen Minderheit in der ehemaligen DDR, hat das Verzieren von Ostereiern in Wachstechnik Tradition.

mette, Fußwaschung, Grablegung, Passionssingen und Auferstehungsfeier. Er bezeichnete sie als »eine logische Reihe von liturgisch-dramatischen Handlungen und Gesängen, die, obschon lateinisch, dem Volke verständlich waren, weil sie ihm in Predigten und Katechesen erklärt wurden«. Die Liturgie bildete den Ausgangspunkt für Passions- und Osterspiele. Seit dem 13. Jahrhundert gibt es schriftliche Überlieferungen, für die Mantuani allein in Niederösterreich sieben Belege fand. Ein ganz besonderer Schatz ist das in der Stiftsbibliothek Klosterneuburg bewahrte Osterspiel, ein durchgehend gesungenes Musik-Drama über Jesu Tod und Auferstehung, das die Geistlichen ab etwa 1204 aufführten. Es enthält die älteste Version des Kirchenliedes »Christ ist erstanden«.

Nach Leopold Schmidt wurden im Spätmittelalter in Wien und auch in den kleineren Städten des Umlandes Oster- und → Passionsspiele aufgeführt. Veranstalter waren die Gottsleichnamsbruderschaften, welche die sogenannten Ausführungen am → Karfreitag und die → Fronleichnamsprozession gestalteten. Belege finden sich dafür beispielsweise in Krems 1516/17, in Wiener Neustadt 1535 und 1583, in St. Pölten 1566.

Eine Besonderheit der österlichen Kirchenbräuche waren die Ostermärlein (Ostergelächter, *Risus paschalis*), meist derbe Schwänke, die der Pfarrer in die Predigt einflocht, um die Gläubigen zum Lachen zu bringen. In der Steiermark waren sie bis vor dem Ersten Weltkrieg üblich. Das Ostergelächter »bildete nachgerade einen Bestandteil des Volksostern und gehörte als solcher, wie Gesang und Gebet, zum Ostergottesdienst«. Während Ludwig Andreas Veit das Ostergelächter neutral beurteilte, nannte die italienische Theologin Maria Caterina Jacobelli den *Risus paschalis* einen »schockierenden Brauch«. Sie hatte den Briefwechsel zweier Theologen zur Reformationszeit, die zum Zeitpunkt der Niederschrift noch katholische Priester, später jedoch bekannte protestantische Prediger waren, studiert: Wolfgang Capito (1478–1541) versuchte in seinem Schreiben vergeblich, den als strengen Prediger bekannten Johann Hausschein (Ökolampad, 1482–1531) vom Possenreißen im Ostergottesdienst zu überzeugen. Dieser brachte ein für ihn abschreckendes Beispiel, wobei er betonte, er schäme sich, »mit diesen Dingen das Papier zu beschmutzen«, obwohl er das Ärgste ohnehin wegließ. »Einer schrie immer Kuckuck, wie der gleichnamige Vogel (...) (ein anderer) trieb die Kommenden nach Art der Gänse durch Schnattern von sich weg. Wieder ein anderer zog einem Laien die Mönchskutte an, machte ihm dann vor, er sei nun Priester und führte ihn zum Altare. Wieder einer erzählte, mit welchen Mitteln der Apostel Petrus die Wirte um die Zeche betrogen. (...) Nicht die Erschließung der Mysterien sei der Zweck dieser Osterpredigten, sondern lediglich die Belustigung der Zuhörer.«

Ostereier gaben Anlass zu Spielen wie dem Eierklauben. Im Tiroler Oberinntal erbettelten die Dorfburschen am Ostermontag von allen Bäuerinnen rohe Eier. Am Dienstag trugen sie etwa 170 Stück auf eine Wiese, wo das Spiel stattfand. Auf einem mit Sand bedeckten Platz legten sie die Eier rund 1,5 Meter voneinander entfernt auf, wobei jedes zehnte ein gefärbtes war. Unter den Blicken zahlreicher Neugieriger formierten sich zwei Gruppen, deren Mitglieder in phantasievollen Verkleidungen auftraten. Zu jeder Gruppe gehörten zwei Schnellläufer und ein Eierklauber, die mit Blumen und Bändern geschmückt waren. Um sich vor Rückenschmerzen und Seitenstechen zu bewahren, trugen sie geschnürte Mieder. Der Herold gab das Signal zum Beginn des Wettkampfs. Während die Eierklauber Stück für Stück aufnahmen, in den Korb legten und nur drei zerbrechen durften, eilten die Läufer rund 6 km nach Landeck und wieder zurück. Meist waren sie schneller, als der Sammler seine Beute in den Korb gebracht hatte. Das bedeutete den Sieg der einen Partei, die Verlierer mussten die Kosten des folgenden Festmahls bestreiten.

Aus den slowenischen Dörfern zwischen Klagenfurt und Völkermarkt wurde Ende des 19. Jahrhunderts berichtet, dass »nach der Auferstehung die Bauernburschen mit brennenden Fackeln unter Böllerschießen von Dorf zu Dorf [ziehen] und (...) durch vielfältige Schwenkungen recht hübsche Lichteffekte hervor [bringen]. Da die bezeichnete Ebene mehr als hundert Ortschaften zählt und jeder Ort einen Fackelzug entsendet, kann man sich von der Wirkung des Schauspiels kaum einen rechten Begriff machen.«

Da es in der agrarischen Gesellschaft üblich war, Abgaben in natura zu entrichten, waren dies zu Ostern die »Zinseier«. Die Untertanen lieferten sie bei der Herrschaft ab, Klosterbrüder gingen sie einsammeln. Auch öffentliche Bedienstete wie Fährleute sowie Pfarrer und Kirchendiener hatten Anspruch auf Ostereier. Andererseits gab es gefärbte und verzierte Ostereier für Kinder, Paten, als Liebes- und Verehrungsgabe. Verschiedene Techniken fanden beim Verzieren Anwendung, die Muster wurden aus der gefärbten Schale herausgekratzt oder geätzt. Bei der Wachstechnik brachte man das Ornament aus flüssigem Wachs mit einem Gänsekiel auf. Nach dem anschließenden Färben erschienen die abgedeckten Stellen weiß.

Im Oberen Rosental schenkten die Mädchen ihren Liebsten zwei rote Eier und einen »Reindling« (Kuchen) oder zumindest dessen Anschnitt (Scherzel) als ein Zeichen der Zuneigung. Derjenige Bursche, der am meisten Scherzeln erhielt, galt als »Dorfadonis«.

Seit Jahrhunderten ist es ein kirchlicher Brauch, bei der Ostermesse bestimmte Speisen zu segnen wie Schinken, Brot, Salz und (Antlass-)Eier. In Kärnten brachten die Frauen auch große, verzierte Butterkugeln mit Osterlämmchen darauf in die Kirche. Der Mesner erhielt von jeder Bäuerin eine Wurst, der Ministrant zwei rote Eier. Nach dem Segen wollte jede Frau mit dem Weihkorb als Erste daheim sein, denn »die zuerst kommt, ist auch bei der Arbeit die Erste«. Das Gleiche sagten die Mägde in der Steiermark.

→ Advent, Ahnlsonntag, Christi Himmelfahrt, Emmaus gehen, Fasching, Feuerjucken, Godl und Göd, Karsamtagkohle, Krapfen, Laetare, Martinitag, Palmbuschen, Schlenkeltage, Taufe, Weihwasser, Wetter und Bräuche

P & Q

Es lügt der Mensch mit Worten nicht allein, auch mit der Tat.

Franz Grillparzer

PALMBUSCHEN Nicht verschwunden, sondern liturgisch vorgesehen sind die Palmweihe und -prozession am Sonntag vor → Ostern. Auch Palmbuschen gibt es noch, regional unterschiedlich und aufwändig gestaltet. Sie bestehen aus Zweigen der Salweide, Buchs und anderen → Pflanzen. Man glaubte sich durch sie »gegen alle möglichen Unglücksfälle, gegen Viehseuchen, Feuer und besonders Gewitterschäden gefeit«, schrieb Ludwig Hörmann und erinnerte an den Tiroler Brauch, bei aufziehendem Gewitter etwas vom Hauspalm zu verbrennen. Auch Dachboden, Stall und Tenne wurden gepalmt, die Palmzweige mit → Karsamstagkohle zu Ostern eingegraben. Im Eisacktal (Südtirol) steckte man den Großen Palm waagrecht auf die Tenne. »So sieht man überall an den Tennen die Palmen heraushängen. Dort bleiben sie das ganze Jahr.« Weizen, den man in einem Säckchen an den Palmbuschen hängte, und dann an die Hennen verfütterte, sollte das Federvieh vor Füchsen schützen. Eine geweihte Palmrute konnte angeblich Diebe stellen und sie veranlassen, Gestohlenes zurückzubringen. Allgemein war der Glaube, dass das Schlucken von einem oder drei Palmkätzchen an Halsweh Leidende zeitlebens von diesem Übel befreie. Im Innviertel in Oberösterreich schmückte man Ende des 19. Jahrhunderts besonders hohe *Palmbäume*. Bis zu sechs Meter hohe Fichten wurden bis auf den Wipfel entrindet, mit bunten Seidenbändern, Äpfeln und Zweigen von Buchs, Weide und Segenbaum (*Juniperus*) geschmückt. Buben trugen die Bäume in die Kirche zur Palmweihe und sollten sie unbeschadet wieder heimbringen. Das war nicht einfach, da andere Buben versuchten, die Äpfel abzuschlagen. Das verbliebene Obst erhielt das Gesinde. Die Bäumchen blieben acht Tage im Garten ausgesteckt und kamen dann auf den Getreideschüttboden.

PALMESEL Da nach dem biblischen Bericht (Joh 12,12-19) Jesus auf einem Esel in Jerusalem einritt, wurde diese Szene oft nachgespielt. Seit dem 13. Jahrhundert waren geschnitzte, reich geschmückte Esel mit einer Jesusfigur Teil der Palmprozession. Kinder durften nach der Feier auf dem Palmesel reiten, wovon man sich Gesund-

Darstellung des Christus als Eseltreiber (Palmesel), die in Franken zu Beginn des 16. Jahrhunderts angefertigt wurde und heute im Berliner Bode-Museum zu sehen ist. Fotografie. 2007

heit versprach. Im Zuge der Aufklärung wurden die beliebten Figuren verboten, viele von ihnen vernichtet. 160 Exemplare haben sich in Mitteleuropa in Museen und Kirchen erhalten, u. a. in Puch bei Hallein im Salzburger Land, Hall und Thaur in Tirol. 1782 wurde im Zuge der Verbote auch der berühmte Nonnberger Palmesel in Salzburg vernichtet, von dem es heißt, er sei mit Gold, Silber und Edelsteinen im Wert von 800 Gulden behängt gewesen. Ein Modell dieses Esels bewahrt das Klostermuseum.

PANKOKENKAPELLE In der Silvesternacht waren in norddeutschen Gemeinden Pankokenkapellen unterwegs. Sie gingen von Haus zu Haus und heischten Pfannkuchen. Wikipedia schreibt über die von einem Straßenmusiker um 1850 gegründeten Ensembles: »Pankokenkapellen waren bis in die 1950er-Jahre Musikkapellen, die durch Hamburger Straßen zogen und Musik machten, um Geld bei Passanten und Anwohnern zu erbitten. In der Regel handelte es sich um Quartette, manchmal auch Trios, die vor allem Blasinstrumente spielten. Meistens trugen die Musiker uniform schwarze Melonen, seltener auch → Zylinder.« Die Durchführung dieses → Heischebrauchs musste behördlich genehmigt werden.

PASSIONSSPIELE Geistliche Dramen um das Leiden und Sterben von Jesus Christus waren im Mittelalter und in der frühen Neuzeit in ganz Europa verbreitet. Fragmente deutscher Passionsspiele sind aus dem 13. Jahrhundert erhalten. Man führte sie am → Karfreitag in den Kirchen auf. Im Wien des 16. Jahrhunderts waren die Steuerdiener der Stadt beim vormittäglichen Gottesdienst im Stephansdom Ausführende des Passionsspiels. Dem ersten Teil folgte eine Prozession der Domherren, Mitglieder des Stadtmagistrats und die Corpus-Christi-Bruderschaft mit Fackeln und → Kerzen. Nach dem Allerheiligsten gingen vier schwarz gekleidete Priester, sie trugen eine Bahre mit der vom Kruzifix abgenommenen Heilandsfigur. Begleitet wurden sie von vielen Knaben in schwarzen Röcken, die Windlichter und hohe Stangen mit Kerzen hielten. Die Darsteller des Passionsspiels und 24 weiß verschleierte Frauen mit Kerzen nahmen ebenfalls an der Prozession teil. Während diese den Friedhof umschritt, stellten Helfer im Dom das Heilige Grab auf, laut Inschrift stammte es aus dem Jahr 1437. Die Prozession ging noch vier Mal in der Kirche herum und endete beim Heiligen Grab. In dieses, das mit einem goldenen Gitter und roten, vom Bürgermeister versiegelten Seidenschnüren umgeben war, wurde die Heilandsfigur gelegt. Rundherum befanden sich Kerzenleuchter und die Kerzen von 26 Zünften. Danach setzte man das Passionsspiel fort. Schließlich schritten »alle zugleich in der Ordnung stillschweigend dreymahle um das Grab«. Bis in die Gegenwart finden Passionsspiele v. a. in den katholisch geprägten alpinen Regionen in Österreich und Bayern statt – man denke an Oberammergau, das auf eine Spieltradition seit 1634 verweisen kann. Durch das Jesuitentheater des 16. und 17. Jahrhunderts erlebten sie einen Aufschwung. Protestantische Schriftsteller verfassten Polemiken gegen die Spiele, oft im Stil von Schwänken. Geistliche und weltliche Instanzen der Aufklärung verboten die Passionsspiele. Als in den zwanziger und dreißiger Jahren des 20. Jahrhunderts in vielen Pfarren Laienspielgruppen entstanden, nahmen diese die Tradition wieder auf. Sie versicherten sich professioneller Hilfe bei Text und Regie, nach dem Zweiten Vatikanum wurden die Stücke umgearbeitet. → Ostern

PENTEKOSTE Die Freudenzeit nach → Ostern umfasst die 50 Tage bis → Pfingsten. Anfangs hatte die an Ostern anschließende liturgische Festwoche (Osteroktav, Weiße Woche) besondere Bedeutung. Von den weißen Kleidern der Katechumenen, die in der Osternacht die → Taufe empfangen hatten, leitet sich der Name der Woche und des Weißen Sonntags ab. Im 2. Jahrhundert galt die *Pentekoste* als »einziger großer Festtag«, an dem man nicht fasten oder kniend beten sollte. Anno 336 schrieb Eusebius von Caesarea: »Darum feiern wir nach Pascha die Pentecoste während sieben langer Wochen, nachdem wir in der Zeit vor Pascha sechs Wochen lang die vierzigtägige Fastenübung männlich ertragen haben ... Auf die Mühen jener wird mit Recht das zweite Fest von sieben Wochen folgen, für uns die Zeit der Ruhe.« Doch bereits im 4., mehr noch im 5. und 6. Jahrhundert, zeichneten sich Tendenzen ab, die eine Zersplitterung der Osterzeit zur Folge hatten. Nur die österliche Kennmelodie, der Jubelruf *Halleluja*, blieb erhalten. Der 40. Tag wird heute als Hochfest → Christi Himmelfahrt begangen. Pfingsten am 50. Tag entwickelte sich zum eigenständigen Fest.

PERCHTEN Das Wort Percht deutet auf den Festtermin *Epiphanie* (→ Dreikönigstag) hin, wobei die Maskengestalt sowohl die leuchtende Personifikation dieses Festes wie auch seine Verkehrung ins dunkle Gegenteil bedeuten kann. Perchtengestalten spielten oft bei → Rüge- und → Heischebräuchen eine wichtige Rolle. Der Begriff bezeichnet unterschiedlichste Gestalten: Frau Percht, die stille, schwarz-weiß verhüllte Frau, die am Perchtenvorabend (5. Januar) im Salzburgischen die Häuser kontrollierte und zahlreiche dem → Fasching zuzurechnende Schönperchten, deren »Kappen« → Spiegel zierten. Tiroler Schemenläufe im Fasching fanden erstmals 1597 Erwähnung. Im Perchtenbrauch finden sich viele europäische Verwandtschaften, Einflüsse höfischer Tänze, des italienischen Karnevals und Theaters, des Volksschauspiels, Kostüme der Handwerker, die sich in der Renaissance in allen großen Städten ähnelten. Die Salzburger Ethnologin Ulrike Kammerhofer-Aggermann spricht von einer »Vernetzung vielschichtiger Einflüsse unterschiedlichster Herkunft mit deutlichen Wandlungen«, denen eindimensionale oder ideologische Deutungen nicht gerecht werden. In den *Schiachperchten* (hässliche Masken) lassen sich Relikte der Katechese des Mittelalters erkennen. Frau Perchta mit der langen Nase erscheint – gleichgesetzt mit der sündigen Welt – in Codices und Holzschnitten. Ausgehend von der Zweistaatenlehre des hl. Augustinus im 4. Jahrhundert kontrastierten Generationen von Predigern zwei Modelle: die Cupido-Gemeinschaft (*Civitas diaboli*), wie sie die Maskengestalten vorstellten und die Caritas-Gemeinschaft

→ Perchten
Schönperchten in vielfältigen, schillernden Varianten treten nach Weihnachten, meist im Fasching, auf. Schiachperchten tragen zottelige Pelzkostüme und hässliche Gesichtsmasken.
Spiegelpercht aus dem Gasteinertal. Bad Gastein. 1951

(*Civitas dei*), die keine Masken brauche. Manche Schönperchten lassen sich so als Symbol der Hoffart und → Schnabelperchten im Hinblick auf üble Nachrede deuten. Zwischen 1664 und 1792 sahen die Salzburger Erzbischöfe in den Maskierungen Gelegenheiten für revolutionäre Handlungen, Unruhe und Unsittlichkeit. Verbote und Gerichtsprotokolle zeigen, dass im Rahmen von Perchtenläufen Kritik an Mitbürgern und Obrigkeiten geübt wurde. Bei → Rügebräuchen der Burschen, der Standesgruppe der unverheirateten Männer, trat die Funktion der sozialen Kontrolle hervor. Heimliche Liebschaften, geizige Bäuerinnen und strenge Bauern wurden öffentlich gerügt und Rivalitäten zwischen Burschen und Bauern ausgetragen. Im 18. Jahrhundert waren Perchten oder Hexen mit Besen und Scheren, Harlekin oder Hanswurst, Pater und Teufel, Bettelmann und Bettelweibel zu einem bunten Zug unter dem Namen »Masken« oder »B/Perchten« vermischt. Nachdem sich die meisten Gruppen bis zum 19. Jahrhundert aufgelöst hatten, wurden die Verbote aufgehoben. Selten geworden, fanden dann alte Bräuche, Sitten und Trachten neues Interesse und Pflege. 1837 bildete der Auftritt der Gasteiner Perchten (seit 2011 als Immaterielles Kulturerbe auf der UNESCO-Liste verzeichnet) »die« Attraktion beim Besuch des Kaisers. National-romantischer Zeitgeist interpretierte um die Jahrhundertwende die Perchten und Masken in ihrem Umkreis als germanisch-heidnisch-naturkultisch und ließ sie »uralt« und mythisch verklärt erscheinen – Hypothesen, die der Nationalsozialismus popularisierte und die bis heute wirken. Hingegen geht aus allen, seit dem 16. Jahrhundert erhaltenen, Beschreibungen eindeutig hervor, dass die Beteiligten ihr Tun nie als »kultisch« verstanden. → Samper, Spiegel

PETRI-VINKELS-TAG Bis zur Kalenderreform 1969 erinnerte der 1. August an die Weihe der römischen Basilika *San Pietro in vincoli*. Dort sind die Ketten aufbewahrt, die der Apostel Petrus im Kerker getragen haben soll. In Köln war es von der Mitte des 16. bis in das 18. Jahrhundert Brauch, am Petri-Vinkels-Tag Familie, Nachbarn und Freunde zu besuchen und Feuer zu entzünden. Die jungen Leute sprangen darüber, sangen und tanzten auf den Straßen. Ähnliche Feste gab es in Bonn und Neuss, dort wurden sie jedoch Ende des 16. Jahrhunderts verboten.

PFINGSTEN Das Pfingstfest fällt auf den 50. Tag nach → Ostern – zwischen 10. Mai und 13. Juni. Die Osterzeit findet ihre Vollendung in der Geistsendung, von der die Apostelgeschichte (2,1-13) berichtet: »Da kam plötzlich vom Himmel her ein Brausen ... und es erschienen ihnen Zungen wie von Feuer ... Alle wurden mit dem Heiligen Geist erfüllt.« Mit zunehmender Betonung der Herabkunft des Heiligen Geistes löste sich der 8. Sonntag der Osterzeit als Endpunkt der großen Osteroktav immer mehr aus dem »einzigen Festtag« der → *Pentekoste*. Als Fest der dritten göttlichen Person erhielt Pfingsten eine eigene liturgische Festwoche (*Oktav*) oder zumindest einen zweiten Feiertag, wie Ostern oder → Weihnachten. An den früheren Pfingstfestkreis erinnern die roten Messgewänder, die statt österlich-weißer getragen werden. Pfingsten entwickelte sich zum Termin der *Firmung*, die früher nur in den Bischofskirchen stattfand, in Wien im Stephansdom. Für viele Kinder aus dem Umland war die Firmung die erste Möglichkeit, in die Hauptstadt zu kommen. Traditionelle Patengeschenke waren eine goldene Uhr, ein Gebetbuch, ein großer Luftballon und die Fahrt im geschmückten Fiaker zum Festessen. Für weltliche, ländliche Bräuche war der Doppelfeiertag Anlass zu Frühlingsfesten. Der Tiroler Schriftsteller Ludwig Hörmann berichtete vom *Maibutter schnöllen* am Pfingstsamstag. Maibutter nannte man geschlagene Sahne mit Zucker und Zimt. Schnöllen bezeichnete das Peitschenknallen um die Wette, das oft bis Mitternacht dauerte. Der Autor deutete es als Überbleibsel der ehemals weit verbreiteten Pfingstritte. Das Spätaufstehen am Pfingstsonntag galt als Schande, den Letzten (Pfingstknödel) traf der Spott. Bei der kirchlichen Feier wurde die Herabkunft des Heiligen Geistes bildhaft dargestellt: »Unter letzterem versteht man ein hölzernes Rad von ungefähr 46 cm im Durchmesser, an dessen unterer vergoldeter Fläche die Taube mit ausgespannten Flügeln angebracht ist. ... Während nun auf dem Chore das Veni Creator Spiritus ... abgesungen wird, richten sich aller Augen nach der bedeutungsvollen Estrichlücke. Endlich öffnet sich dieselbe und der ›heilige Geist‹ wird sichtbar, langsam senkt er sich nieder.« Der Chronist bemerkt, dass das Schwingen großer Übung bedurfte und manchmal auch eine lebende Taube aus dem Gewölbe geworfen wurde.

Anfang des 19. Jahrhunderts war es bei den Burschen in der Gegend von St. Veit am Vogau in der Steiermark üblich, einen Fuchs zu fangen und mit dem Tier am Pfingstsonntag heischen zu gehen. Sie sammelten Geld und Lebensmittel für das Fest am folgenden Tag. Am Pfingstmontag lud der Dorfrichter die Frauen zu einem Mahl in das Wirtshaus. Währenddessen bereiteten die Burschen den Umzug der Pfingstlukenbraut vor. Sie kostümierten einen der Ihren mit einem weißen Kleid und Kopftuch als Braut, zwei spielten die Kranzeljungfern. Die drei nahmen auf einem mit Reisig geschmückten Wagen Platz, den einige Burschen schoben, andere bewarfen die Braut mit Brennnesselkränzen. Die Musik ging voraus. Erreichte der Zug das Gasthaus, wurde den Teilnehmern Speis und Trank aufgewartet. Anschließend gingen alle über die Felder. Der »Fuchstanz« im Gasthaus beschloss das Fest. Ähnliche → Heischebräuche gab es auch in Preußen und Westfalen. Im Rheinland baten Kinder um Eier, mit dem Spruch: »Frau, gib zu Pfingsten uns das Ei, wir schlagen's in der Pfann entzwei«. In Europa weit verbreitet war der Umzug mit dem Pfingstkönig – von England (Jack in the green), Frankreich (Le pere Mai), über die Schweiz (Maibär), Deutschland (Laubmann), Jugoslawien (Zeleny Juray) bis nach Russland. Der Frühlingstermin legt die Erklärung als → Hirtenbrauch nahe. Zu diesem Zeitpunkt begann der Dienst des Viehhüters auf der Gemeindeweide, der sich seinen Lohn bei den Bauern abholte. Die älteste Nachricht dieses Brauches in Niederösterreich geht auf das Jahr 1555 zurück. Der charakteristische Ablauf im Weinviertel war wie folgt: Kegelförmig zusammengebundene Birkenzweige umhüllten einen Burschen, an der Spitze der Verkleidung steckten drei

Pfingstrosen. Kinder führten die Gestalt durch den Ort, Trommler und Sammler begleiteten sie. Alle 100 Meter drehten sie den Pfingstkönig, umtanzten ihn und sangen: »Wir reisen dahin, wir reisen daher und bringen den grünen Pfingstkönig daher. Aus grüner Au, aus grüner Au, das ist bei uns zu Pfingsten der Brauch. Ein jeder soll Gott ehren auf seinem höchsten Thron. Christus ist geboren, als Gottes einziger Sohn. Maria so rein soll Jungfrau sein. Und ein Silberzwanziger soll auch dabei sein, juche!« Silberzwanziger hieß die 20-Kreuzer-Münze, die in Wien auch Koferl genannt wurde. Am Ende warfen die Burschen das Laubkleid in den Bach. In Rauris im Salzburgischen nannte man Küchenschaben (*Blatta orientalis*) Russen oder Schwaben. Ein zu Pfingsten vollzogenes Ritual sollte die gefürchteten Schädlinge vertreiben: Am Abend des Pfingstsamstags gingen die Bauern dreimal mit einem Prügel um das Haus, schlugen damit an die Wand und riefen: »Russen und Schwaben geht's aus der Schrot und aus der Wand, der heilige Pfingstsonntag ist im Land!« → Güldensonntag, Holzfahrt, Pinzgauer Vesper

PHILIPPELN Die Märtyrer Philippus und Jakobus zählten zu den zwölf Aposteln, im Neuen Testament finden sich mehrere Berichte über sie. Das Heiligengedächtnis wurde ursprünglich am 1. Mai begangen. Aus diesem Datum erklären sich die mit der Philippinacht verbundenen → Rügebräuche und üblen Streiche, denn die → Walpurgisnacht vom 30. April auf den 1. Mai war in ländlichen Gebieten eine traditionelle → Unruhnacht.

PINZGAUER VESPER Seit 1376, nach anderen Quellen seit 1579, fand im Salzburger Land eine Pinzgauer Vesper genannte → Wallfahrt statt. Sie war im Vier-Jahres-Rhythmus von verschiedenen Gemeinden durchzuführen. Die Teilnehmer versammelten sich nach der Vesper am Pfingstsamstag in Zell am See. Ein Priester begleitete sie bis zur Ortsgrenze, wo er eine Ansprache hielt und die Pilger rasteten. Anschließend setzten sie ihren Weg nach Salzburg allein fort. Die Strecke zu dem 20 Gehstunden entfernten Ziel führte über Saalfelden durch das Saalachtal, über den Hirschbühel nach Hintersee und über Berchtesgaden nach Salzburg. In der Stadt erwartete eine schaulustige Menge die »Pinzgara« mit ihrer großen Wallfahrtsfahne, an die ein weiß gekleidetes Mädchen einen grünen Kranz hängte. Der Andacht im Dom, wo die Wallfahrer das Privileg hatten, den Hochaltar zu umschreiten, folgte die Bewirtung im Hofkeller. Ehe die Wallfahrt 1789 aufgelassen wurde, dichteten ihre Gegner bissige Spottlieder, mit Strophen wie: »Schick' uns Kälber, schick' uns Rinder, und dazu net gar z'viel Kinder ... Wenns't uns willst mit Schauer plagen, woll ma dir die Heiligen vom Altar abschlagen ...«

PRANGER (*prangen* – drücken, beklemmen; *prange* – Maulkorb) nannte man eine Säule aus Stein oder Holz, an der vom Gericht Verurteilte mit einem Halseisen gekettet und dem Spott der Umgebung ausgeliefert wurden. Die Bezeichnung findet sich 1507 sowie im ersten deutschen allgemeinen Strafgesetzbuch, der *Constitutio Criminalis Carolina* von 1532. Die Strafrechtsreform Kaiser Joseph II. schaffte die Schandstrafen am Pranger ab, einige Ausnahmen bestanden noch bis 1848. Der Pranger, das Zeichen niederer Gerichtsbarkeit, befand sich auf dem Marktplatz oder in der Nähe der Kirche. Er bestand aus einer Säule auf einem bis zu fünf Stufen hohen, runden Sockel und einer würfelförmigen – oft beschrifteten – Basis. Der Schaft konnte verziert sein und ein Kapitell oder eine Bekrönung, wie Kugel oder Pinienzapfen, tragen. Oft stand darauf eine Ritterfigur mit Harnisch, Schwert und Schild, Prangerhansl oder Roland genannt. Die repräsentative Ausführung des Schandmals erklärt sich aus seiner Doppelfunktion, denn er war auch das Zeichen der Marktfreiheit. Zu Marktzeiten erhielten manche Figuren eine Waage aufgesteckt. An Markttagen und zu wichtigen Zeiten (z. B. Kirchweih) wurde der sogenannte Freyungsarm, ein Schwertarm, an der Säule angebracht. Andere am Pranger befestigte Objekte hatten mit dessen Funktion als Rechtszeichen zu tun: Der Bagstein, eine bis zu 35 kg schwere Steinkugel, musste als Buße durch

→ Pranger
Bonner Pranger vor der Münsterbasilika. Bekrönt ist die Säule von einer Trachytkugel, dem Hoheitszeichen des Gerichtsherrn. Ein abgebrochener Eisendübel an halber Säulenhöhe lässt auf ein Halseisen an dieser Stelle schließen.

den Ort getragen werden. Eiserne Fesseln, Fußschließen und Ketten dienten zum Festhalten der Delinquenten. Am Pranger stehen zu müssen beraubte den Verurteilten seiner Ehre, nur der Scharfrichter durfte ihn berühren. Die Straftäter standen zur Marktzeit oder am Sonntag ein bis zwei Stunden oder mehrmals am Pranger, damit möglichst viele Personen sie sehen und verhöhnen konnten. Das ihnen jeweils angelastete Delikt stand auf der »Schandtafel«. Außerdem verrieten Zeichen ihr Vergehen, so der Dreschflegel einen Getreidedieb, das Hirschgeweih einen Wilderer oder der Kranz aus → Stroh eine Prostituierte. Es galt als »Gnadenstrafe«, wenn jugendliche Täter nicht hingerichtet, sondern angeprangert wurden.
→ Sendschwert

PRIMIZ Die Primiz ist die erste Messe, die ein katholischer Priester nach seiner Weihe feiert. Traditionelle Primizbräuche hatten Ähnlichkeit mit denen einer → Hochzeit: Wohnhaus und Kirche waren mit Tannenreisig, Fahnen und Sprüchen geschmückt. Der Neugeweihte zog unter Musik und dem festlichen Geläute der → Glocken in das Gotteshaus ein. Die ihn begleitenden Gäste hatten Sträußchen angesteckt, in der → Prozession gingen weiß gekleidete kleine Mädchen mit. Die *Primizbraut*, mit Schleier und Kränzchen, trug die Primizkrone auf einem Polster. Diese wurde auf dem Altar als Zeichen des Zölibats »geopfert«, ein Brauch, den Sebastian Franck schon 1534 beschrieb. Vom Neupriester als »heiligem Außenseiter« erwarteten die Katholiken nahezu Wunder, etwa, dass seine Primizmesse Spukgestalten erlösen könne. Besondere Bedeutung kam der Wandlung zu, daher versteckte man manches unter dem Altartuch, damit es »geweiht« würde. Der Primizsegen, den der Priester den einzelnen Gläubigen spendete, galt als so wirksam, dass es hieß, es lohne sich, dafür ein Paar Schuhe durchzulaufen.

PROZESSIONEN Das »Hinziehen zum Gottesdienst« zählt zu den ältesten kultischen Übungen. Die antike Umwelt des Christentums kannte das Geleit der höheren Staatsbeamten zu ihren Funktionen, den Einzug des Kaisers, Triumphzüge siegreicher Feldherren, Begleitung von Götterbildern, Umgänge um die Stadt und um die Felder. Die Christen übernahmen diese Bräuche und veranstalteten Prozessionen, wie am Tag des hl. → Markus über die Fluren. An der Spitze wurden das Kreuz, dann Fahnen und Laternen getragen. Der bekannteste Umgang ist die → Fronleichnamsprozession. Am → Karfreitag fanden Leiden-Christi-Umgänge statt. Szenischen Darstellungen der → Passionsspiele folgten Soldaten und Büßer. In Wien nahm die kaiserliche Familie zu → Ostern an der Auferstehungsprozession in der Hofburg teil. Zur Feierlichkeit der Liturgie trugen Prozessionen mit → Kerzen, Weihrauch und dem Evangeliar bei.

PUMPERMETTE Am Vorabend von → Gründonnerstag, → Karfreitag und Karsamstag fanden in vielen Kirchen die *Tenebrae* (Finstermetten) statt, bei denen sich die Teilnehmer durch Stamp-

→ Prozessionen
Prozessionsteilnehmer/innen aus der Gegend um Brünn in Mariazell.
Handkoloriertes Glasdiapositiv. Um 1910

fen, Schlagen oder Klopfen auf die Kirchenbänke bemerkbar machten. Der Lärm wurde als Herannahen der Häscher, der Tumult bei der Gefangennahme oder das Erdbeben beim Tod Jesu gedeutet. Bei diesem Nachtgebet (*Matutin* – Mette) stand vor dem Altar ein triangelförmiger Leuchter mit 15 → Kerzen (12 für die Apostel und drei für die »heiligen Marien«). Am Ende jedes Psalms wurde eine Kerze gelöscht. Der Leuchter im Wiener Stephansdom hatte 31 Kerzen, von denen man die oberste brennen ließ, sie sollte den Auferstandenen symbolisieren.

QUATEMBER »Asche, Pfingsten, Kreuz, Luzei, die Woch' danach Quatember sei«, prägte man den Kindern ein. Nach Aschermittwoch, → Pfingsten, Kreuzerhöhung (14. September) und dem → Luzientag sollte am Mittwoch, Freitag und Samstag gefastet werden. Seit dem 8. Jahrhundert bezeichnete man diese Wochen in Rom als *Quattuor tempora*, vier (Jahres-)Zeiten. Da sie auch der Vorbereitung und Spendung der Priesterweihe dienten, wurden sie *Weihefasten* genannt. Man sprach vom *Fronfasten* (Herrenfasten), weil zu den Quatemberterminen Pacht und Abgaben zu entrichten waren.

R

*Das Wichtigste im Verkehr mit Menschen:
ihnen ihre Ausreden wegräumen.*

Arthur Schnitzler

RADELRECHT Die dem Stift St. Peter in der Stadt Salzburg dienstpflichtigen Bauern pflegten mit Zustimmung der Obrigkeit am 28. Oktober, ihrem Zinstag, ein recht spezielles Recht: Sie versteckten sich im Stiftshof und packten einen nichtsahnenden Passanten. Sie nötigten ihn auf eine Tragbahre, liefen damit umher und riefen »Radler, Radler, reit!« Dann drohten sie, ihr Opfer in den Brunnen zu werfen. Dem konnte es nur durch Zahlung eines »Lösegeldes« entgehen.

RATSCHEN In der Karwoche, wenn die → Glocken schweigen, markierten Kinder mit Ratschen die Gebetszeiten (→ Angelusläuten). Darauf beziehen sich Ratschersprüche wie: »Wir ratschen, wir ratschen den Englischen Gruß, den jeder katholische Christ beten muss. Fallt's nieder, fallt's nieder, fallt's auf die Knie, bet's drei Vaterunser und Ave Marie.«

Obwohl die Geräte altertümlich wirken, liegen keine Belege oder Funde aus dem Mittelalter vor. Hingegen standen damals in den Kirchtürmen große hölzerne Schallgeräte mit Hämmern (Karfreitagsglocken). Zunächst waren wohl Hammerklappern in Gebrauch. Drehklappern – hölzerne Ratschen mit Drehwalzen und federnden Aufschlagbrettchen – setzte man mit einer Kurbel in Bewegung. Neben den kleinen Fahnenratschen gab es fahrbare Schubkarrenratschen.

Als Ratscher fungierten die Ministrantenbuben. Ihr Anführer war der Obernatter (von lat. *gubernator*). Er teilte die Gruppen ein und gab den Einsatz, indem er sein Gerät oder einen → Stab hob. Die Subkultur der Buben sah gemeinsames Nächtigen und eine Hierarchie vor. Nach dem Alter gliederten sie sich in »kleine«, »mittlere« und »große« Ratscher, Unternatter (Nachsteher) und Obernatter (Meister). Der Dienst begann meist mit 14 und endete mit 16 Jahren, wenn sie in die Gruppe der Burschen wechselten. Den Abschluss bildete das Abklappern der Häuser, bei dem die Ministranten mit Ostereiern belohnt wurden, die sie gemeinsam verzehrten. In Neunagelberg in Niederösterreich ging die Gruppe am Karsamstag zu einem Teich, wobei die Kleinen die Ratschen trugen. Die älteren Buben warfen die Geräte ins Wasser, die jüngeren mussten sie herausholen und für das nächste Jahr aufbewahren.

→ Fastenzeit, Heischebräuche, Karfreitag, Katzenmusik

RAUNÄCHTE Mit dem → Dreikönigstag am 6. Januar enden die zwölf Rau(ch)nächte, die zu → Weihnachten beginnen. Regional, wie in Tirol oder Bayern, zählte man sie ab dem alten Gedenktag des → hl. Thomas. Benannt sind sie wohl nach dem Ausräuchern, das seit dem Spätmittelalter Haus und Hof Segen bringen und Unheil abwehren sollte. Auf eine Schaufel oder in eine Pfanne gab man Glut und dazu Weihrauch, Wacholder, geweihte Kräuter oder Teile vom → Palmbuschen. Betend und segnend ging der Bauer, begleitet von Familie und Gesinde, damit durch Haus und Hof. Ein Salzburger Spruch dazu lautete: »Glück herein, Unglück hinaus«. In Tirol stellten sich am Ende des Rundgangs alle Hausleute im Kreis auf und erhielten einzeln den Rauchsegen. Oft wurde Weihwasser ausgesprengt, daher sprach man in der Steiermark vom Rauchen und Sprengen.

→ Raunächte
Räuchern mit gesegneten Kräutern und Aussprengen von Weihwasser sollte Haus und Hof Glück bringen.

Viele glaubten, dass in dieser Zeit Frau → Percht mit ungetauften Kindern (»Rauwascherln«) unterwegs wäre. Die Raunächte galten als unfallträchtig, daher gab es → Arbeitsverbote für Holzspalten, Pferde beschlagen, Forstarbeiten, Schlachten, Wäschewaschen und aufhängen.
→ Raunler, Samper, Unschuldige Kinder, Wetter und Bräuche

RAUNLER Bis nach dem Zweiten Weltkrieg pflegten die »Raunler« oder »Woisler« in Oberösterreich → Heischebräuche. Unabhängig von den Sternsingern baten sie Anfang Januar mit verstellter Stimme um → Krapfen und Raunachtsschnitten.

In den Kartagen kündigten die Ministrantenbuben – hier mit Fahnenratschen in Wien-Grinzing – die Gebetszeiten an. Mädchen begleiteten sie als Zuschauerinnen. Fotografie. 1956

RAUSCHGOLDENGEL Zu den am Nürnberger Christkindlesmarkt angebotenen Rauschgoldengeln gibt es eine »Entstehungslegende«: Das Töchterlein eines Handwerksmeisters war gestorben. Im Traum erschien sie ihm in Gestalt eines Engels in Altnürnberger Tracht mit gefälteltem Rock und Goldhaube. Um sich zu trösten, stellte der Vater eine Nachbildung der Erscheinung mit Kleid und Flügeln aus feinem Messingblech (Rauschgold) her. Diese gefiel seinen Kollegen so gut, dass sie ihn überredeten, solche Engel vor → Weihnachten auf dem Christkindlesmarkt zu verkaufen.

RECHTSBRÄUCHE Viele gemeinschaftliche Handlungen sind aus der Rechtsvolkskunde zu verstehen, u. a. Bräuche des Arbeitsanfangs und Arbeitsschlusses, Kaufakte, → Rügebräuche und → Heischebräuche. Dabei dienten für einen bestimmten Zeitraum gültige Rechtszeichen (Maien, Kirtagbaum, Erntekranz …) als Requisiten. Bräuche wurden so zum Ausdruck von Privilegien und Abhängigkeiten sowie zu »Indikatoren für die Intaktheit der Regeln«.

Der mittelalterliche Kommunikationsstil war ein demonstrativgestischer, bei dem mehr gezeigt als geredet wurde. Die öffentliche Kommunikation bestand aus einer unablässigen Folge ritueller Verhaltensweisen. Der deutsche Historiker Klaus Schreiner nennt dafür drei Bereiche: rituelle Zustimmung, Ablehnung, Bitten. Das durch die Teilnahme an Bräuchen zum Ausdruck gebrachte Einverständnis beinhaltete eine Verpflichtung für die Zukunft. Folgerichtig ergab sich ein beträchtlicher Zwang zum Mitmachen.

Der Germanist Jacob Grimm (1785–1863) hat einige »Deutsche Rechtsalterthümer« dokumentiert. Dazu zählten das Umschreiten des Landes und die Markierung durch Wurf von Rechtssymbolen. So warf der hl. Wolfgang das Beil, um den Bauplatz seiner Kirche zu bestimmen. Schall galt als mittelalterliches Rechtsmaß: So weit man den Klang einer → Glocke oder eines Hornes hören konnte, reichte die Herrschaft. Die bei der Rechtspflege üblichen Handlungen wurden öffentlich vorgenommen. Gerichtsplätze lagen häufig auf Ber-

gen – man denke an die »Galgenberge« als Hinrichtungsstätten –,
bei markanten Bäumen oder Steinen.

→ Bäckerschupfen, Gmarischauen, Jahrmarkt, Lewergehen, Philippeln, Pranger, Richtersetzen, Schuh, Sendschwert, Tiere und Bräuche, Unruhnacht, Walpurgisnacht

RICHTERSETZEN In Baumgarten in der Steiermark trafen sich am Dienstag vor dem Faschingssonntag die Gemeindeväter in der Stube des »Viertelrichters« und besprachen die Finanzen. Die Übergabe des Amtes für ein Jahr geschah »gravitätisch und würdevoll« durch das Überreichen von Rechtsurkunden und eines Rosmarinzweiges. Während der Ansprache schlugen zwölf Buben mit einem drei Meter langen Tannenstock an die Tür. Dies wiederholten sie bei allen Hausbesitzern, zuletzt beim neuen Viertelrichter. Dort blieb der → Stab als Zeichen der Würde bis zum nächsten Jahr.

RINGE Am Finger, → Ohr oder Arm getragene Ringe bzw. Reifen sind seit alters als Schmuck und Amulett bekannt. Manche Ringe haben symbolische Bedeutung wie der Ehering, den die Brautleute einander bei der → Hochzeit anstecken. Bei der Verlobung erhielt die zukünftige Braut den Ring von ihrem Geliebten und verpflichtete sich damit zur uneingeschränkten Treue. Das Wechseln der Ringe während des Trauungsrituals sollte dies für beide Partner bekräftigen. »Die kulturelle Einordnung des Ehering-Symbols berührte einerseits die anthropologische Perspektive, andererseits die religiontheoretische«, schreibt die deutsche Kulturhistorikerin Susan Baumert.

Ein Siegelring als Stempelsiegel galt schon im alten Ägypten als Symbol der Macht und Autorität. Mit Edelsteinen am Ring verband sich der Glaube an bestimmte Eigenschaften und Wunderkräfte. Magische Ringe dachte man als mit Zauberkräften begabt. Nach landläufiger Meinung machten sie unsichtbar und unverletzlich, ließen Gedanken lesen und Schätze heben, weckten die Liebe, be- und entzauberten und sollten Glück bringen. Als → Orakel hängte man seinen Ring an einen Faden und beobachtete seine Bewegung (pendeln).

ROASGEHEN Im Salzburger Vorland trafen sich die Frauen im Winter zum Spinnen von → Flachs. Nach dem sonntäglichen Kirchgang wurden sie in ein Haus eingeladen, hielten aber geheim, welches dies war. Zwanzig und mehr Frauen versammelten sich mit ihren Spinnrädern in der Stube zur Arbeit. Die Tagesleistung war ein Strähn, der aus vier Schnalz bestand, ein Schnalz war ein kleiner Strähn, der mit der Schnalzhaspel abgewickelt wurde.

Zur Stärkung der »Roaserinnen« in der Pause hatte die Gastgeberin Most und eine Jause mit Kartoffeln, Milch und Zwetschgensuppe vorbereitet, Einbrennsuppe war weniger beliebt. Bevor sie wieder mit der Arbeit begannen, besichtigten die Gäste das Vieh und die Kästen und Truhen, in denen die fertigen Leinenballen lagerten. Währenddessen spielten die Knechte und Burschen in der Spinnstube Streiche, zerstörten die Räder und verknoteten das Garn. Auf dem Heimweg erwarteten die Frauen das unerwünschte Geleit der vermummten Burschengruppe.

RÖMERFAHRT Im Mittelalter besuchten die Rom-Pilger sieben Kirchen, um Ablässe zu erhalten. Als Nachahmung entstand die Kölner Römerfahrt, eine → Wallfahrt, die vom 17. bis ins 20. Jahrhundert gepflegt wurde. Einzeln oder in Gruppen kamen die Pilger, besonders zur → Fastenzeit, in die Hauptkirchen der Bischofsstadt (Dom, St. Maria im Kapitol, St. Severin, St. Pantaleon, St. Aposteln, St. Gereon und St. Kunibert).

Ebenfalls nach römischem Vorbild (Scala Santa im Lateranpalast) erhielten deutsche Kirchen Heilige Treppen. Die Gläubigen besuchten sie in der Karwoche, wobei sie die Stufen – wie in Rom – nicht betreten, sondern auf den → Knien rutschend überwinden sollten.

RORATE Mit dem → Advent – möglicherweise seit dem Konzil von Ephesos (449) – entwickelte sich die Roratemesse als Votivmesse zu Ehren der Gottesmutter. Die Bezeichnung leitet sich von dem als Kirchenlied bekannten Vers »Rorate coeli desuper« (»Tauet, Himmel von oben! Ihr Wolken regnet den Gerechten« – Jes 45,8) ab. Roratemessen fanden an den Samstagen, mancherorts an allen Werktagen des Advents bis zum 16. Dezember statt, am frühen Morgen bei ausgesetztem Allerheiligstem oder mit sakramentalem Segen.

Nach dem Evangelium von der Verheißung der Geburt Jesu durch den Engel Gabriel nannte man die Rorate Engelamt (Lk 1,26-38). Viele Gläubige versprachen sich von der feierlichen Goldenen Messe besondere Wirkungen. Romantische Erinnerungen knüpften sich an den ländlichen Kirchgang zu ungewohnter Stunde. Man erzählte vom Weg durch den Schnee beim Schein der Laternen und der Messe, die im Licht der → Kerzen am Altar und der von den Gläubigen mitgebrachten Wachsstöcke in den Bänken vor sich ging. Zur Popularität trugen die liturgischen Spiele der Verkündigungsszene bei, die in der Barockzeit sehr beliebt, in der Aufklärung jedoch verpönt waren.

ROSENKRANZ Parallel zum Gebet entwickelte sich die Gebetszählschnur als eines der am meisten verwendeten Kultgeräte der katholischen Bevölkerung. Als Attribut und Symbol auf Gemälden galt der Rosenkranz als Zeichen des Gottvertrauens und der Frömmigkeit. Die »Paternostermacher« verarbeiteten Holz, Metall, Knochen, Perlen und Edelsteine sowie Materialien, denen man amuletthafte Wirkungen zusprach wie Natternwirbel oder Korallen, zu Rosenkränzen. Sie dienten als Geschenk zur Erstkommunion und Firmung, Andenken an eine → Wallfahrt, Schmuck, → Votiv und Liebesgabe.

Dem kirchlich gesegneten Rosenkranz schrieben die Laien magische Kräfte zu. »Als Apotropaion – in allen Facetten des mehr oder weniger reflektierenden Gebrauches zwischen Amulett, Kon-

→ Rosenkranz
Stolz trugen fromme Frauen beim Kirchgang im Sonntagskleid ihr Gebetbuch und den Rosenkranz. Im Bild eine Frau aus Unterfranken.
Fotografie. 1977

vention und sogenanntem Glücksbringer – dient er der Dämonen- und Teufelsabwehr von Personen, Tieren, Gegenständen und Häusern als täglicher Begleiter und Beschützer sowie als Gesundheits- und Heilmittel. (…) ›siebenfach geweiht‹ soll sich seine magische Wirkung steigern«, schreibt die Salzburger Ethnologin Ulrike Kammerhofer-Aggermann.

RÜGEBRÄUCHE Im Fränkischen Recht, das sich in der Zeit vom 6. bis zum 9. Jahrhundert in Deutschland herausbildete, gab es Rügeverfahren, die auf die Verächtlichmachung der Angeklagten zielten. → Pranger, die zur Vollstreckung von Ehrenstrafen dienten, waren damals noch unbekannt. Vereidigte, vertrauenswürdige Männer hatten die Pflicht, dem Gerichtsherrn Straftaten oder den Verdacht, dass solche begangen worden seien, anzuzeigen. Teilweise wurden die Beschuldigten aber nicht bei der Herrschaft angeklagt, sondern in einer Art Volksgerichtsbarkeit bei öffentlichen Kundgebungen dem Gelächter ausgesetzt. Meist handelte es sich dabei um Normverstöße gegen »Herkommen und Sitte«.

In Österreich und Bayern galt das Rügeprinzip u. a. gegen »landschändliche Leute« (*nocivi terrae*) wie Vagabunden, geflohene Leibeigene oder »Angeklagte« (s. u.). Im 12. Jahrhundert setzte sich dann die Auffassung durch, dass Strafverfahren der Allgemeinheit zu dienen hätten. Abschreckung sollte vor Kriminalität schützen. Für die außergerichtliche Konfliktaustragung waren bestimmte Tage im Jahr vorgesehen, wie die Nacht vor dem 1. Mai, die sogenannte → Walpurgisnacht.

In späteren Zeiten führten männliche Jugendgruppen das Rügegericht in brauchtümlicher Form durch. Sie veranstalteten → Katzenmusiken oder verrückten Gegenstände, die nicht ordentlich verwahrt wurden (→ Philippeln im Salzburger Flach- und Tennengau).

»Angeklagte« waren meist Frauen, die in beiderlei Richtung die Normgrenzen überschritten hatten, unverheiratete Mütter ebenso wie ältere Ledige. Vor allem ledige Mütter wurden Opfer des »Haberfeldtreibens«. Bei dem Ritual, in dessen Verlauf man sich nicht verteidigen konnte, wurden den Beschuldigten in Versform ihre Verfehlungen vorgehalten und eine Katzenmusik veranstaltet. Um von ihren Opfern unerkannt zu bleiben, vermummten sich die Ankläger oder schwärzten ihre Gesichter. Die meisten »Haberer« waren Bauern, Handwerker und Arbeiter, die mit Lärminstrumenten erschienen. Hunderte Personen fanden sich vor den Häusern der Opfer ein, die durch die Aktion ihren guten Ruf einbüßten. Dieser seit 1700 aktenkundige Brauch war in Bayern bis Ende des 19. Jahrhunderts üblich.

Bevorzugte Materialien zur öffentlichen Verächtlichmachung waren Abfallstoffe wie → Stroh, Häcksel oder Sägespäne. Strohseile und → Allerheiligenstriezel aus Stroh fanden sich vor den Häusern missliebiger Personen. Im Weinviertel war es üblich, in der Nacht vom 30. April auf den 1. Mai zwischen den Häusern unverheirateter Paare Kalkspuren zu ziehen, um geheim gehaltene Beziehungen sichtbar zu machen.

In Pfunds in Tirol war das Raiter-Malen Brauch. Wenn ein früherer Freund bzw. Freundin jemand anderen heiratete, erhielt der oder die Verlassene eine Raiter (Sieb) an das Haus gemalt als Sinnbild dafür, dass der sitzengebliebene Partner »durch das Sieb gefallen« war.

S

Wer mit sich selbst im Frieden lebt, denkt von niemandem Arges.

Thomas von Kempen

SACKLAUFEN Als Spiel der schulentlassenen Buben war das Sacklaufen weit verbreitet. Einer steckte das rechte, der andere das linke Bein in einen Sack ohne Boden oder eine passende Hose. So rannten sie mit anderen Paaren um die Wette. Ging der Gleichschritt verloren und kam jemand zu Fall, sorgte dies unter den schadenfrohen Zuschauern stets für Heiterkeit.

SALZ Salz war eines der wenigen Produkte, die in der Landwirtschaft nicht selbst erzeugt werden konnten, sondern gekauft werden mussten. Entsprechend wertvoll und wichtig war das »Weiße Gold«. Salz zu verschütten galt als Frevel und schlechtes Omen. Gästen bot man Brot und Salz zur Begrüßung an. Bei den Sakramenten spielt Salz als Zeichen des (ewigen) Lebens eine Rolle. In frühkirchlicher Zeit reichte man den Taufbewerbern Salz. Auch dem Weihwasser und der → Maulgabe wurde Salz beigefügt. Salz ist bis heute eines der Lebensmittel bei der Speisenweihe zu → Ostern.
  → Hubertusschlüssel

SALZACH-SCHIFFER Wie schon ihr Name verrät, bildete die Salzach den wichtigsten Transportweg für das → Salz vom Halleiner Dürrnberg im Salzburger Land. Über Inn und Donau wurde die wertvolle Fracht bis zum Schwarzen Meer transportiert. Wenn die Schifffahrt im Spätherbst zum Erliegen kam, mussten die Schiffsleute bis zum April des nächsten Jahres mit → Heischebräuchen für einen anderen Verdienst sorgen. Im → Advent zogen sie als Anglöckler um, nach → Weihnachten als Sternsinger.

Aus dem 18. Jahrhundert ist ein Hirtenspiel überliefert, das die Schiffer – drei als Hirten, einer als Engel – um den → Heiligen Abend in Bürger- und Bauernhäusern darstellten. Die Hirten hatten die Salzburger Namen Rüapi, Maxl und Steffi. Ihr Kostüm bestand aus einem spitzen, breitrandigen Hut, Joppe, einem breiten weißen Kragen, kurzer Hose mit Gürtel, grünen Strümpfen, Bergschuhen, Hirtentaschen, Wanderstab und Schaufel. Im Frühling führten die Schiffsleute das → Sommer- und Winter-Spiel auf. Es waren immer mehrere Gruppen unterwegs, die denselben Stoff unterschiedlich behandelten. Je heiterer oder derber die Spiele ausfielen, desto beliebter waren sie bei den Zuschauern und desto besser war das Entgelt.

Einige Bräuche der Salzach-Schiffer wie das Schifferstechen, das »Himmelbrotschutzen« zu → Fronleichnam oder die alle fünf Jahre stattfindende Piratenschlacht haben sich in Oberndorf bei Salzburg bis heute erhalten.

SAMPER Samper oder Sampermutter nannte man eine in Niederösterreich in der Melker Gegend bekannte Gestalt der → Perchten (Sankt Percht?). Eine Waldviertler Sage erzählt von einer Magd, die in der Nacht vor dem → Dreikönigstag der mit einem blauen Mantel gekleideten Samper begegnete. Spinnverbot, Genuss fetter Festspeisen und Verkehrung von Fluch zu Segen sind die Motive der Geschichte, an deren Ende die Magd Goldfäden spinnen konnte. Im Mostviertel sagte man, die Samper tanze auf der Tenne. Gleichnamige Sagengestalten sind im nordbayerischen und mitteldeutschen Raum bekannt, »Zemper« nannte man im Egerland männliche Gestalten, die dem Knecht Ruprecht ähnelten.

Der Volkskundler Helmut Paul Fielhauer, der in den 1970er Jahren im Gebiet zwischen Wieselburg und Oberndorf an der Melk in Niederösterreich Feldforschung betrieb, beschrieb den Brauch der Sampermilch. Am Abend vor dem Dreikönigstag aßen die Hausgenossen aus einer großen Schüssel Milch mit eingebröckelten Semmeln. Nachdem sie etwas Milch und drei Semmelbrocken (für die Heiligen Drei Könige) übrig gelassen hatten, legte jeder seinen Löffel so auf den Rand der Schüssel, dass er in Schwebe blieb. Fand man einen Löffel am Morgen heruntergefallen, würde sein Besitzer das Haus verlassen. Zeigten sich am Morgen auf einem der gesäuberten Löffel Milchspuren, sagte man, die Samper hätte damit gegessen und deutete es als Glück bringend. Die Speisereste erhielten die Hühner, um sie zum Eierlegen zu veranlassen.

SATOR AREPO Die Zauberformel »*Sator arepo tenet opera rotas*« (Sämann Arepo hält mit Mühe die Räder) lässt sich im 1. nachchristlichen Jahrhundert in Pompeji nachweisen. Sie ist das bekannteste unter den magischen Quadraten: Man kann sie von oben und unten, vorwärts und rückwärts lesen und erhält immer denselben Text.

Die Formel wurde in der populären Heilkultur als Amulett gegen Tollwut und Feuer verwendet. In Teig gepresst, verabreichte man sie kranken Menschen und Tieren. Noch im 18. Jahrhundert sollten Scheiben mit der Zauberformel Brände löschen.

SAUSCHÄDELSTEHLEN Wenn geschlachtet wurde, hängte man in der Gegend von Schladming in der Steiermark die Schweinehälften im Vorhaus auf. Die Burschen, die darauf nur gewartet hatten, versuchten, einen Kopf zu entwenden. Wenn sie nach erfolgreichem Beutezug gemeinsam den gestohlenen Sauschädel verspeisten, widmeten sie dem Bestohlenen ein Scherzgedicht. Er hatte zum Schaden den Spott und musste auch noch die Getränke der feiernden Burschen zahlen.

SCHEIBENSCHLAGEN Urkundlich belegt ist das Scheibenschlagen im Jahr 1090, als am 21. März eine Scheibe das Benediktinerkloster Lorsch in Deutschland in Brand setzte. Dass es zu solchen Unfällen kam, verwundert nicht, denn der Brauch erforderte viel Geschick im Umgang mit dem Feuer: Glühende Holzscheiben wurden mit langen Stangen über einem schräg aufgelegten Brett abgeschlagen. Mit einem Spruch widmete der Schläger die Scheibe einer zu ehrenden Person oder er verspottete jemanden.

In Tirol und Vorarlberg war das Scheibenschlagen am 1. Fastensonntag beim Abbrennen des → Funkens üblich. In Prägraten in Osttirol fand es zu Peter und Paul statt, in Südtirol zur Sommersonnenwende. In Innsbruck wurde es 1560 verboten, in manchen Tiroler Tälern hielt er sich bis um 1900. Nach dem Scheibenschlagen wählten die Burschen einen Knittelmeister, dem sie das Gesicht mit Ruß schwärzten. Er musste die Anwesenden mit Späßen unterhalten und wurde dafür im Gasthaus auf Kosten der Gemeinde bewirtet – ebenso wie die neuen Viehhirten und Senner. In Graubünden in der Schweiz gingen die Burschen allein oder in Gruppen zu den Mädchen, schlugen mit den Scheibenstöcken an die Fensterläden und erbaten Kuchen, Äpfel und Nüsse.

→ Sonne

SCHIFFERLSETZEN Dieser → Heischebrauch knüpft an das Patronat des hl. Nikolaus' als Schutzherr der Schiffer an. Tiroler Kinder stellten zu → Nikolo gebastelte Schiffchen ins Fenster und hofften, am nächsten Morgen darin Gaben zu finden. Im Ennstal gingen sie zu ihren → Taufpaten oder wohlhabenden Leuten und versteckten dort unbemerkt aus Holz oder Papier angefertigte, geschmückte Schiffchen. Mit Sprüchen wie »Dass 's Schifflein jetzt leer ist, ist ohne Zweifel, Wenn's morgen nicht voll ist, hol euch der Teufel!« wiesen die Kinder unmissverständlich auf den Zweck der kleinen Bastelwerke hin. Junge Männer brachten ihrer Liebsten Schiffchen, die später eine herzförmig ausgeschnittene rote Rübe enthalten sollten.

Es war auch üblich, am Nikolausabend mit → Kerzen bestückte kleine Boote in einem Bach oder Fluss davonschwimmen zu lassen.

SCHIMMELBESCHLAGEN
Im Kärntner Gailtal nannten die Burschen ihren → Heischebrauch im → Fasching Schimmelreiten oder Schimmelbeschlagen. In Mauthen zogen sie vermummt mit einem »Schmied« durch die Gassen. Dieser riss jedem die Schuhsohlen ab, der ihnen kein Geld gab.

SCHIPFELN UND SCHEITELN
Um auswärtige Burschen abzuhalten, sich um »ihre« Mädchen zu bemühen, pflegten junge Männer in Salzburger Dörfern raue Sitten. Sie luden den »Neuen« zuerst ins Wirtshaus, dann zum → Fensterln ein. Auf Umwegen führten sie ihn zum Fenster einer jungen Frau, in dem eine → Kerze brannte. Die Leiter jedoch, die der Auswärtige zum Einsteigen brauchte, hatten sie angesägt. Wenn sich der Eindringling am Fenster festhalten wollte, klopfte ihm die Besuchte auf die Hände. War er zu Boden gefallen, bewarfen ihn die Einheimischen mit den Brennholzscheitern, die der Bauer an der Hauswand aufgeschichtet hatte. »Mit dieser nächtlichen Aktion wollten ihm die Burschen alle Gelüste auf ein Mädchen aus ihrem ›Gäu‹ für allemal austreiben«, schrieb der Salzburger Brauchtumsforscher Karl Zinnburg.

SCHLENKELTAGE
Für das bäuerliche Gesinde gab es regional unterschiedliche, feste Termine für Einstand und Ausstand. Die für die Übersiedlung bestimmten Schlenkeltage (mhd. *slingen* – hin- und herziehen, kriechen, schleichen) zwischen Abgang und neuem Dienst galten als Feiertage. Meist war es die Zeit um den → Lichtmesstag. Andere Termine waren → Neujahr, Petri Stuhlfeier (22. Februar), Georgi (23. April), → Ostern, → Michaeli, → Martini, der alte Tag des → hl. Thomas oder → Weihnachten.

In Kärnten und Teilen Niederösterreichs (Mostviertel, Weinviertel, Waldviertel) war der → Stephanitag der »Ziehtag« der

Dienstboten, an dem sie ihre Sachen packten und auf einen anderen Bauernhof zogen. Der geistliche Volksbildner Leopold Teufelsbauer schrieb: »Nach dem Mittagessen nimmt man Abschied. Nachdem man sich die Hand gedrückt, erhalten die Dienstboten meist noch einen Laib Brot, den ›Schlankllaib‹, in der Zwettler Gegend einstmals einen Laib Weißbrot, ›Rauwutzer‹ geheißen. In St. Leonhard am Walde kauft sich ein jedes ein Fläschchen Wanderschnaps, aus dem man die Bekannten trinken lässt. Bis Neujahr oder auch Heiligen-Drei-König haben nun die Dienstboten Freizeit.«

Im Ybbstal war der Lichtmesstag der Ausstehtag der Dienstboten. Mit ihren Habseligkeiten in einer Truhe wurden sie vom neuen Herrn mit dem Wagen abgeholt. Als erstes Essen bekam der Knecht eine Eierspeise und sollte sich fest niedersetzen, damit er lange bleibe.

Bevor die Dienstboten ihre Sachen packten, mussten sie in Tirol ihre Arbeiten sorgfältig vollenden. Zum Abschied gab es → Krapfen. Beim feiertäglichen Lichtmess-Gottesdienst erschienen die Knechte und Mägde in ihrer besten Kleidung. Nach dem Mittagessen erhielten sie den Lohn, von dem die Burschen auf dem Weg zur neuen Arbeitsstätte einen Teil im Wirtshaus ausgaben.

Der neue Dienstvertrag wurde durch Handschlag, Trunk und den Leidpfennig besiegelt. Wenn das Gesinde die Stelle wechselte, musste es sich von seinem Kleinvieh wie Tauben, Geflügel oder Kaninchen trennen. Daher fand in Wels in Oberösterreich am Samstag nach dem Lichtmesstag der »Glanglmarkt« (*glangln* – umziehen) statt. Im Salzburger Großarltal steckten Knechte, die noch keinen neuen Arbeitsplatz gefunden hatten, ihren Löffel an den Hut.

SCHLUMWOCHE Schlumwoche, Schlamperwoche oder Martinioktav nannte man in Deutschland die Woche nach dem → Martinitag. Gegen Ende des Arbeitsjahres wurde auf dem Feld und im Stall nur das Notwendigste getan. Knechte und Mägde trugen ihr Sonntagsgewand und besuchten Freunde und Verwandte.

SCHLUCKBILDER

Schluckbildchen oder Esszettel hießen Abbildungen von Gnadenbildern oder Heiligen, die wie Briefmarken auf Bogen von dünnem Papier gedruckt waren. Man kaufte sie bei der → Wallfahrt, ließ sie segnen und konnte sie dann bei Bedarf abschneiden. Durch das Verschlucken sollte Segen und Hilfe des abgebildeten Heiligen einverleibt werden. In deutschen Klöstern konnte man aus Teig geformte, gesegnete Madonnenfigürchen kaufen. Teile der Reibmadonna sollten kranken Menschen und Tieren zur Heilung verhelfen.

→ Schluckbilder
Schluckbilder waren kaum größer als ein Quadratzentimeter. Runde »Erhardizeltel« aus Brotteig sollten gegen die Pest und Viehkrankheiten helfen.

Der Generaldirektor des Bayrischen Nationalmuseums, Lenz Kriss-Rettenbeck (1923–2005), schrieb: »Das Brauchtum der ›Heiligen Erden‹ wie das der Schluckbilder ist in Hochreligionen ebenso geläufig wie in verhältnismäßig schlichten Volksreligionen. Verwandt mit diesem Anwendungsbereich ist die Heiligung von Medikamenten durch das Anbringen von Heiligenbildern oder heiligen Zeichen.«

SCHLÜSSELBROT Zur Zeit des winterlichen → Quatember buk man in Teilen Kärntens und der Steiermark Schlüsselbrot aus Weißbrotteig. Oben auf den Laiben wurde der Schlüssel zur Vorratstruhe oder zum Getreidekasten oder zumindest ein Abdruck mitgebacken. Nach der Überlieferung schimmelt Schlüsselbrot nicht, es wurde bis zur Aussaat aufbewahrt oder bei der ersten Feldarbeit gegessen. Als »Dreimessenbrot« nahm man die Laibe zur Christmette mit und ließ sie auch bei der Frühmesse und beim Hochamt am Christtag auf einem Seitenaltar liegen. Schlüsselbrot galt als heilkräftig und wurde am → Stephanitag dem Vieh verabreicht, um es während der Weidezeit gesund zu halten. Bewahrte man es bis → Weihnachten des nächsten Jahres auf, sollte das Brot im Haus nie ausgehen.

SCHMACHTFETZEN Schmachtlappen (Schmacht – Hunger) nannte man das Hungertuch, das in der → Fastenzeit Altäre und Kruzifixe verdeckte, weil auch die Augen fasten sollten. Seit dem 11. Jahrhundert war es üblich, von Aschermittwoch bis zur Karwoche den Altar mit einem großen schwarzen oder violetten Fastenvelum zu verhüllen. Im späteren Mittelalter und im 16./17. Jahrhundert erhielten die Hungertücher Darstellungen der Leidensgeschichte in Art der Armenbibel (*Biblia pauperum*) für die des Lesens unkundigen Gläubigen. Berühmt ist das 88 m² große Gurker Fastentuch aus dem Jahr 1458.

SCHNABELPERCHTEN Am Vorabend des Dreikönigstages suchten in Rauris im Salzburger Land → Perchten mit großen Schnäbeln die Häuser auf. Es waren weibliche Gestalten, jedoch von Burschen dargestellt. Sie kündigten ihr Kommen mit lautstarken vogelähnlichen Rufen (»Qua-qua« oder »Bi-bi«) an. Ihr Kostüm bestand aus geflickten Kitteln, großen, aus → Stroh geflochtenen Schuhen und dem Schnabel, der mit einem Tuch überzogen war. Als Requisiten hatten sie einen Besen, eine Schere und einen Buckelkorb bei sich. Jenen, deren Stube nicht sauber war, drohten sie den Bauch aufzuschneiden und Unrat hineinzustopfen. Bevor sie das Haus verließen, bekamen sie einen Schnaps und Geld.

Der Tiroler Adelige Hans Vintler von Runkelstein stellte 1412 in seinem Werk *Pluemen der Tugend* (Blumen der Tugend) Tugenden und Laster dar. In den letzten 800 Versen befasst er sich mit dem Aberglauben. Eine Abbildung dazu zeigt Frau Percht mit schnabelartiger Nase im Mönchsgewand. In dem um 1180 entstandenen Epos *Herzog Ernst*, das sich bis in die Neuzeit großer Popularität erfreute, treten die »Schnabeler« (Männer mit Schnäbeln) als Feinde des Helden auf. Der deutsche Volkskundler Dietz-Rüdiger Moser (1939–2010) fand Parallelen zu mittelalterlichen Lasterdarstellungen und sah in den Schnabelperchten Personifikationen des Zungenlasters, der üblen Nachrede.

SCHUHE Bauern und den Unterschichten angehörende Personen gingen lange Zeit barfuß oder trugen Bundschuhe – ein Stück um den Fuß gewickeltes Leder –, Holzschuhe oder Stiefel. Schuhe wurden von Schuhmachern angefertigt, deren bescheidene Werkstatt oft nur von einer → Kerze beleuchtet war. Die mit Wasser gefüllte gläserne Schusterkugel auf dem Arbeitstisch fokussierte das schwache Licht wie eine Sammellinse und konnte so die Beleuchtung verbessern. Auf dem Land waren oft Störschuster unterwegs, die alte Schuhe reparierten und aus dem von den Bauern erhaltenen Leder neue anfertigten. In Niederösterreich bekannt war der Schusterkirtag auf dem Kollmitzberg mit mehr als 100 Ständen. Viele

Gläubige wallfahrteten barfuß zur Ottilienkirche und kauften sich beim → Jahrmarkt neues Schuhwerk.

Wie der Fuß war der Schuh Sinnbild der Macht und des Besitzes. Bei → Rechtsbräuchen spielte er bei der Adoption oder Legitimation von Kindern eine Rolle. Die Besitzergreifung eines Landes oder Grundstücks wurde rituell durchgeführt, indem man den Schuh darauf setzte oder das Gebiet umschritt. Wer den Schuh auszog, verzichtete auf Gut und Erbe. Bei Fürstenkindern war das feierliche Anlegen der ersten Schuhe ein Würde- und Standeszeichen.

SCHÜTZEN Schützenbruderschaften sind in deutschen Städten seit dem 13. Jahrhundert nachweisbar. Sie entstanden aus den Gilden waffenfähiger Bürger, die sich ähnlich wie die Zünfte organisierten. Anfangs standen sie unter kirchlichem Einfluss. Dies änderte sich im späten 15. Jahrhundert, als Feuerwaffen Armbrust und Bogen zurückdrängten. Die Schussdistanz betrug bei Armbrustschützen 85,5 m, bei Büchsenschützen 191 m. Patrone der Schützengilden waren Heilige mit entsprechendem Martyrium bzw. Attribut wie → Sebastian, Michael (→ Michaeli), Hubert (→ Hubertusschlüssel) oder Georg.

Traditionelle Schützenkompanien bestehen in Tirol seit 1511, in Oberösterreich und Salzburg. 1879 konstituierte sich der Österreichische Schützenbund, Österreichs ältester Sportfachverband.

Im Mittelalter und in der frühen Neuzeit gab es in Wien große Schützenfeste mit internationaler Beteiligung. Besonders prächtig war jenes, das 1563 im Unteren Werd im heutigen 2. Wiener Gemeindebezirk anlässlich der Rückkehr Maximilians II. von der Königskrönung stattfand. Unter 119 Teilnehmern erhielt am ersten Tag ein Schütze aus Schwaz in Tirol den ersten Preis in Höhe von 110 Talern, der Sieger des zweiten Tages bekam einen Ochsen. Über das Festmahl Am Tabor berichtete der Zeremonienmeister und Reimdichter Leonhard Flexell: Neben den geschmückten Tafeln stand ein Zelt für die Tafelmusik. Das Mahl, das an einem Fasttag stattfand, bestand aus drei Gängen mit Fisch und Gemüse sowie Obst

→ Schützen
Schützenbruderschaften entwickelten eigene Bräuche und Symbole wie Preisschießen, Trachten, Fahnen und Abzeichen. Schützenfeste wurden schon früh zu allgemeinen Volksfesten. Schützengilden sind die einzigen bis heute erhaltenen Sportgemeinschaften aus dem Mittelalter. Salzburger Prangerschützen. 1972

und Käse. Dazu wurden sechs Eimer Wein in vergoldeten Silberbechern kredenzt.

Beim Scheibenschießen der Bürger kam seit der Zeit Kaiser Maximilians I. (1459–1519) die Stadt für »Ausgaben auf die Armbrust- und Püchsenschützen« auf. Wie die Stadtrechnungen zeigen, bestanden die Preise zumeist aus wertvollen Stoffen. Im 18. Jahrhundert finanzierte das Kaiserhaus die Schützenfeste. Im kaiserlichen Lustschloss Favorita, der später als Theresianum bekannt gewordenen Anlage, fanden Scheibenschießen des Hofes statt, an denen sich »sogar der weibliche Theil des Regentenhauses« beteiligte.

SCHWENDTAGE Das Wort »schwenden« kommt vom mittelhochdeutschen *swenden, swinden* – zunichtemachen. Das *Handwörterbuch des deutschen Aberglaubens* nennt eine Reihe vermeintlicher Konsequenzen der Schwendtage genannten Termine: Wird ein Kind an einem solchen geboren, bleibt es kränklich, stirbt bald oder gewaltsam. Eine geschlossene Ehe wird unglücklich, Verletzungen heilen nicht, Reisende leiden Schaden. Was verschwinden soll, wie Schmerzen oder Krankheiten, sollte man hingegen an Schwendtagen behandeln. Dies machten sich die Heiler beim → Wenden zu Nutze.

Die – regional unterschiedlichen – 42 »verworfenen Tage« des Jahres gehen auf die antiken *Dies atri* (Unglückstage) zurück, an denen man nicht arbeiten und nichts Neues beginnen sollte. Sie waren Nachtage der Kalenden (1. Tag eines Monats), Nonen (9. Tag, auch abweichend) oder Iden (am 15. bzw. 13. des Monats) und nach diesen Daten benannt. Die speziellen Tage des altrömischen Kalenders waren den Göttern geweiht, daher tabu, Arbeit hätte Entweihung bedeutet, das galt teilweise auch für die folgenden Tage.

Schon vom Apostel Paulus und dem Kirchenvater Augustinus (354–430) bekämpft, bestand der Glaube an die antiken Unglückstage weiter. Seit dem 13. Jahrhundert gab es Verzeichnisse der Glücks- und Unglückstage, die anfangs nur den lesekundigen Oberschichten zugänglich waren, doch bis ins 19. Jahrhundert populär blieben.

→ Tagewählerei

SCHWERTTÄNZE Männer verschiedener Berufsgruppen (Zünfte, Bergknappen) führten seit dem Mittelalter Schwerttänze auf. Das Verbreitungsgebiet reichte von den Britischen Inseln, den Niederlanden und Flandern über Frankreich und den deutschen Sprachraum bis Italien und Kroatien sowie nach Spanien und Portugal. Die älteste Nachricht aus Österreich findet sich 1504 in einem Rechnungsbuch des Stiftes Göttweig in Niederösterreich. Schwerttänze wurden hauptsächlich im → Fasching und bei Anwesenheit hochgestellter Persönlichkeiten vorgeführt, so 1808 zu Ehren Erzherzog Johanns in Bad Aussee in der Steiermark oder 1814 vor Kaiser Franz auf dem Hallstättersee »auf einer über 2 große Schiffe verfertigten Bühne von eigens hiezu besonders gekleideten Knaben unter besonderer Musik«.

Im 1889 erschienenen *Kronprinzenwerk* liest man über den Schwerttanz der Salinenarbeiter im oberösterreichischen Hallstatt: »Der Schwerttanz ist eine künstliche Leibesübung, welche von neun Tänzern, einem oder zwei Pfeifern, einem Trommler und zwei Faschingsnarren oder Hanswursten ausgeführt wird. Sechs Schwerttänzer waren weiß, sechs grün gekleidet. Sie traten mit dem Spruch ins Haus (...) Zuerst machen sie einen Rundtanz, wobei ein jeder die Säbelspitze seines Nebenmannes in den Händen hält. Dann springen sie über die Säbel, worauf man sie ablegt, um einen Tanz aufzuführen.« Nach mehreren Tanzfiguren und Auftritten der Hanswurste erfolgte die Entlohnung und Bewirtung.

HL. SEBASTIAN Der hl. Sebastian war ein populärer Patron der → Schützen und galt auch als Bewahrer vor Seuchen, weil sein Attribut, Pfeile, als Pestsymbol galten. 680 soll eine Epidemie in Pavia nach einer Prozession mit seinen Reliquien abgeflaut sein. Kleine Sebastianspfeile dienten als Pest-Amulette. Sein Tag (20. Januar) war ein Bauernfeiertag. In den Wallfahrtskirchen wurden große → Kerzen geopfert. In Ebersberg in Bayern und Ranzenbach in Niederösterreich trank man Wein zur Pestabwehr aus schädelförmigen Bechern.

Allgemein verbreitet war der Brauch, Sebastiansminne (Wein, in den der Priester eine Pfeilreliquie tauchte) und Sebastiansbrote zu segnen, dem Heiligen geistliche Schauspiele und → Ansingelieder zu widmen. Leopold Schmidt fand in Niederösterreich einige spätbarocke Sebastianslieder. Im benachbarten Burgenland zogen weiß gekleidete Jugendliche mit Kreuz, Pfeil und Bogen durch Neckenmarkt. Sie sangen: »Mit dem Pfeile jämmerlich, schießen tödlich wir auf dich.« Sebastiansbruderschaften nahmen sich der Pflege und Bestattung der Seuchenopfer an.

Im Land Salzburg bestand ein → Arbeitsverbot des Nähens: »Zu Sebastian greif koa Nad'l an!« Man(n) genoss »Gesundheitsschnaps« und aß das → Kletzenbrot von → Weihnachten. Most zu trinken war verpönt, weil der Märtyrer an einen Obstbaum gebunden worden sei. In Südtirol feierten die Schützen ihren Patron mit Preisschießen. In Bayern holte man sich Brezeln zum »Reißen« von einem mit dem Bild des Heiligen geschmückten Baum. Nach der Temperatur zu Sebastiani schloss man auf das weitere Winterwetter. »Zu Fabian und Sebastian soll der Saft in die Bäume gahn [gehen].«

Sebastian, Offizier in der Garde des römischen Kaisers, wurde in Mailand geboren und starb vermutlich 288 in Rom. Nach der Legende aus dem 5. Jahrhundert zählt er zu den Märtyrern vom unzerstörbaren Leben. Man band ihn nackt an einen Baum und beschoss ihn mit Pfeilen. Mit den Pfeilen als Attribut und dem Pest-Patronat erinnert der schöne Jüngling an den griechischen Gott Apollon.

SENDSCHWERT Wenn ein → Jahrmarkt oder → Kirtag stattfand, brachten deutsche Städte auf dem Rathaus ein Holzschwert an. Das Sendschwert war das Zeichen für bestimmte Rechte und verschärfte Polizeiordnungen, die während dieser Zeit galten. In Münster/Westfalen nannte man diese Gesetze Send.

Ähnlich verhielt es sich mit einem → Heischebrauch in Niederwölz in der Steiermark. Dort trugen Männer, begleitet vom »Straßenkehrer« und der Musikkapelle, vor dem Maxlon-Markt im Oktober die geschmückte Freiung, einen geschnitzten Arm mit Schwert, durch den Ort, ehe das Zeichen aufgesteckt wurde.

SENSENZWICKFRAUENTAG So nannte man in Schwarzau im Gebirge in Niederösterreich das Fest Mariä Heimsuchung.

Im Gebirge begann um diese Zeit die Heumahd. Dem Fest liegt der biblische Bericht vom Besuch Marias bei ihrer Verwandten Elisabeth, der Mutter Johannes des Täufers, zu Grunde (Lk 1,39-56). Der 2. Juli, der Tag nach der Oktav des Johannesfestes, ist der ursprüngliche Termin, der nur im Regionalkalender blieb, während es sonst auf den 31. Mai verschoben wurde.

→ Johannesfeuer

SILVESTERKÖNIG Aus Mank im niederösterreichischen Bezirk Melk berichtete der Volkskundler Theodor Vernaleken (1812–1907) vom Brauch des Silvesterkönigs. Dieser war »der Tölpelhafteste aus dem Hausgesinde«. Man verspottete ihn mit einer Krone und einem Büschel aus → Stroh und trieb ihn mit einer aus Stroh geflochtenen Peitsche vor das Haus. Dort musste er so lange warten, bis ihn die jüngste Magd hereinführte. Sie galt nun als Haupt des Gesindes und erhielt von allen Glückwünsche. Leopold Schmidt sah darin die Personifikation des alten und des neuen Jahres und verwies auf ähnliche Bräuche in Deutschland und Böhmen.

SOMMER- UND WINTER-SPIEL In Österreich sind Sommer- und Winter-Spiele v. a. aus Kärnten, der Steiermark und Salzburg (hier durch die → Salzach-Schiffer) bekannt. 1812 veröffentlichte Philipp von End erstmals den Text *Verabschiedung des Winters*. Bei diesem Stubenspiel wurde eine Gruppe vom Sommer, die andere vom Winter angeführt. Der Darsteller des Sommers trug einen mit Blumen und Federn geschmückten grünen Hut, ein weißes Hemd, ein rotes Halstuch, eine kurze schwarze Lederhose mit breiten grünen Hosenträgern, weiße Strümpfe und Halbschuhe. In der Hand hielt er eine rote Stange mit einem Apfel aus rot und gelb bemaltem, ölgetränktem Papier, in dem eine → Kerze brannte. Sein Gefolge ging in derselben Tracht und trug Sensen, Sicheln und Heurechen.

Der Winter hatte das Aussehen eines älteren Mannes mit Stiefeln, langem Pelzmantel und großer Pelzmütze. »Die jungen Älpler, welche die Sache des Winters verfechten, haben ihre Winterkleider, Pelzröcke und Pelzkappen angezogen, und sind mit Ofengabeln, Dreschflegeln und einer Getreidewinde versehen.« Die Gruppen standen einander gegenüber, der Sommer lobte sich in höchsten Tönen, der Winter pries mit tiefer Stimme seine Vorzüge. Schließlich siegte der Sommer, der Winter zog sich zurück. Wie beim Neujahrssingen entbot der Sommer den Hausleuten Glückwünsche für ein gutes Jahr. Das Spiel endete versöhnlich. Die Winterpartei wurde hereingerufen, ebenso wie der Sieger bewirtet und alle erhielten Eier, Kuchen und Geld. In der Umgebung von Hallein im Salzburger Land zogen noch in der Zwischenkriegszeit Burschen als Sommer und Winter bei einem → Heischebrauch durch die Siedlungen, um ihren in 40 Strophen gefassten Wettstreit darzubieten.

→ Habergeiß

SONNE Viele frühere Kulturen verehrten die – meist als männlich gedachte – Sonne als Gottheit (z. B. *sol invictus* der Römer). Populäre Vorstellungen und Märchen sahen die (weibliche) »liebe Sonne« – anders als den unheimlich wirkenden Mond – positiv und helfend. Daher sollten Kranke bei Sonnenaufgang beten. Mit dem Sonnenuntergang begann eine gefürchtete Zeit, in der man sich nicht mehr im Freien aufhalten und die Arbeit beendet haben sollte. Die Mittagsstunde schien zum Schatzsuchen günstig.
→ Orakel, bei denen die Sonne eine Rolle spielte, waren v. a. am → Lichtmesstag, wenn es sichtbar länger hell bleibt, und an anderen Lostagen beliebt. Sie bezogen sich meist auf das Wetter. Sonnenschein bei der → Hochzeit sollte eine glückliche Ehe verheißen. Sonnenfinsternisse galten als Unheil kündend. Zu → Ostern beobachtete man morgens die Sonne im Spiegel des Wassers, um daraus die Zukunft zu deuten.
An der niederösterreichischen Eisenstraße meinten die Menschen, zu → Pfingsten mache die aufgehende Sonne aus Freude über die

Herrlichkeit der erwachenden Natur einen Sprung. Vor Sonnenaufgang beteten sie am Sonntag unter einem → Baum um Erleuchtung und nannten dies »Heiligen-Geist-Fangen«.

Zur Sonnenwende (*solstitium*) am 20., 21. oder 22. Juni erreicht die Sonne ihren mittäglichen Höchststand über dem Horizont. Damit markiert sie den Beginn des astronomischen Sommers. Licht- und Lärmbräuche lassen sich in Wien vom Mittelalter bis ins 18. Jahrhundert aus Schilderungen, Rechnungen und Verboten nachweisen. Auch in den österreichischen Bundesländern war der Sommerbeginn Anlass für eine Reihe von Ritualen.

Am Hallstätter sowie am Attersee in Oberösterreich war es Brauch, das Sonnwendfeuer (→ Johannesfeuer) nicht nur auf den Bergen, sondern auch auf dem Wasser zu entzünden. Dazu schichtete man Scheiter, Hobelspäne und Pech auf ein Floß, das die Salinenarbeiter bzw. Dorfbewohner mit einer Plätte in die Mitte der Seen führten. Dort trennten sie das Floß von der Plätte und entzündeten das Feuer.

Im Mühlviertel in Oberösterreich veranstalteten die Buben am Vortag der Sommersonnenwende als Ehrenbezeugung für Pfarrer, Lehrer oder Nachbarn ein im Takt ausgeführtes Peitschenschnalzen.

Im oberösterreichischen Innviertel fand man eine christliche Erklärung für die Sonnwendfeuer: Herodes hätte seinen Soldaten aufgetragen, den hl. Johannes gefangen zu nehmen. Zum Zeichen, dass sie ihn ergriffen hatten, sollten sie ein Signalfeuer entzünden. Wunderbarerweise entflammten jedoch auf allen Höhen Feuer, sodass der König irrewurde. Im 19. Jahrhundert sammelten die Buben bei allen Häusern alte Besen, → Palmbuschen, Pechreste und anderes Brennmaterial. In ihrem dabei vorgetragenen Spruch beriefen sie sich auf verschiedene Heilige. Erhielten sie etwas Brennbares, dankten sie mit »Nimm ein Schimmel, reit' in Himmel«, wenn nicht, schimpften sie: »Nimm ein Rappen und reit' in d' Höll«. Sie fertigten Figuren aus → Stroh (Hänsl und Gretl) an, die sie an einer Stange am Scheiterhaufen befestigten. War das Feuer entzündet, so sprangen die Jugendlichen paarweise darüber, zu Mitternacht ging es hoch her, wenn Maskengestalten wie Teufel und Hexen kamen. Zur Stärkung aß man → Krapfen und trank Met.

→ Kühtreiben, Scheibenschlagen

SPANSPUR In Unken und Lofer im Salzburger Land galt der Spanspur als Liebesgabe: ein möglichst langer und breiter, geschnitzter oder bemalter Holzspan. Meist wurden mehrere Späne angefertigt und mit Efeu oder frischen Zweigen zu einem Strauß gebunden. Die Burschen überreichten den Spanspur jungen Frauen, die sie verehrten. Die solcherart Beschenkten konnten ihn annehmen oder ablehnen, wenn sie keine Verpflichtung eingehen wollten. In diesem Fall verbrannte der gekränkte Verehrer das Geschenk. Manchmal stellte eine Gruppe Holzknechte einen Spanspur gemeinsam her und überreichte ihn der Sennerin, die im Sommer für sie gekocht hatte.

SPIEGEL Spiegel spielten im → Zauber eine wichtige Rolle und wurden als Amulett sowie für → Orakel verwendet. Zerbrach ein Spiegel, sollte dies Unglück bedeuten, da mit dem Abbild derjenige, der hineinblickte, zu Grunde ginge. Weit verbreitet war der Brauch, in Sterbezimmern den Spiegel zu verhängen, um vor dem unheilbringenden Wiedergänger sicher zu sein.

Die Tafelperchten (Schönperchten), die im Pongau und Gasteinertal im Salzburger Land um 1700 nachgewiesen sind, trugen kunstvolle hohe Aufbauten (»Kappen«) als Kopfschmuck, in deren Mitte venezianische Spiegel glänzten. In Vorarlberg galt der Gebrauch von Spiegeln als hoffärtig, dort versteckte man sie in einem doppelten Rahmen hinter Heiligenbildern.

→ Perchten

STAB Stäbe waren wichtige Zeichen von Macht und höchster Gewalt, man denke an die Zepter von Königen und Kaisern. Wer den

Herrscher aufsuchte, um etwas zu erbitten, zu geloben oder zu beschwören, berührte dabei den Stab. Der bischöfliche Krummstab, unter dem es sich »gut leben« ließ, war Zeichen des geistlichen Fürstentums. Der Gerichtsstab symbolisierte die richterliche Gewalt. Der Richter setzte ihn ein, wenn er die Verhandlung eröffnete oder Ruhe gebot. Die Verhandlung dauerte so lange, wie der Richter den Stab in Händen hielt. Zum Tode Verurteilten wurde der Stab über dem Haupt zerbrochen und vor die Füße geworfen. Die Redewendung »über jemand den Stab brechen« im Sinne von jemanden verurteilen hat sich bis heute erhalten. An die Bedeutung des Stabs als Rechtssymbol erinnerte der Stab beim steirischen → Richtersetzen.

Wer nach dem Germanischen Recht über seinen Besitz verfügen wollte, musste fähig sein, »ohne Stab und Stütze« allein zu gehen. Als wehrfähig galt, wer »Stab und Stange tragen« konnte.

Feldherren trugen Marschallstäbe, ihre Berater, die Stabsoffiziere, bildeten den Generalstab. Später wurde dieser Begriff auf die Gesamtheit der höheren Offiziere übertragen. Boten und Herolde wiesen sich durch einen Stab mit dem Zeichen ihres Herrn aus. Der Begriff Stabführung wurde auch auf die Orchesterleitung angewandt. Der Taktstock erinnert an die Stange, mit welcher der Kapellmeister den Takt stieß.

Auch die Übergabe von Gewalt oder Besitz von einer Person an eine andere wurde durch den Stab symbolisiert. »Den Stab ergreifen« hieß, eine Wanderung zu beginnen. Der Wanderstab oder Pilgerstab bedeutete Stütze ebenso wie Heimatlosigkeit – und war damit nahe am Bettelstab. Der weiße Stab kennzeichnete Bettler und des Landes Verwiesene. Wenn sich zur Zeit der Bauernkriege jemand auf Gnade oder Ungnade ergab, trug er den weißen Stab. Es war Brauch, dass der Vater nach der → Geburt eines Kindes mit einem Stab zum Haus des → Taufpaten ging.

In Bräuchen trug der → Nikolo einen Krummstab, der Vorläufer des Stubenspiels klopfte mit seinem Stab an. In den → Klöpfelsnächten schlugen die Umherziehenden mit ihren Stäben auf die

Fenster der besuchten Häuser. Beim → Ratschen gab der Obernatter mit seinem Stab den Einsatz. Der Hochzeitslader (→ Hochzeit) musste auf seinen mit Bändern geschmückten »Stecken« gut aufpassen. Manche Gäste waren darauf aus, ihn zu entwenden, um ihn mit Bier auslösen zu lassen.

Besondere Wirkung wurde dem Abtsstab mit Reliquien des hl. Magnus (Mang, um 699–um 770) zugesprochen, er sollte schädliche Tiere wie Mäuse, Ratten und Ungeziefer vertreiben. Im 17. Jahrhundert nahm der Kustos des Klosters Füssen die Segnung vor. In den Jahren 1706 und 1765 wurde der Magnusstab nach Österreich und Südtirol ausgeliehen. Mit der Säkularisation des Klosters Füssen 1802 fand dieser Brauch sein Ende.

STAMMBUCH Die *Liber gentilii* genannten genealogischen Sammlungen von adeligen Stammbaumauszügen mit Wappenbildern können als Vorläufer der Poesiealben gesehen werden und dienten dem Ausweis der Ritter bei Turnieren. Wappen- und Briefmaler fertigten seit dem 16. Jahrhundert Namensbücher an. Im Humanismus kamen Allegorien und Sinnsprüche von Gelehrten dazu. Der Brauch fand Eingang in Studentenkreise und schließlich in das Bürgertum. Hier entwickelte sich das Stammbuch zum in Leder gebundenen Poesiealbum, mit Sprüchen und romantischen Verzierungen. Die Verse, die in die relativ aufwändig gestalteten Bücher geschrieben wurden, handelten von Freundschaft und Zuneigung, manche waren Wünsche, andere Ermahnungen.
Die erste grundlegende Stammbuch-Geschichte schrieben die Deutschen Robert und Richard Keil, nachdem Johann Wolfgang von Goethes Interesse an dieser Gattung den Großherzog von Sachsen-Weimar 1805 zum Ankauf von 275 Stammbüchern motiviert hatte. Mit Stammbuchblättern aus Wien beschäftigte sich der Wiener Stadtbibliothekar Karl Gladt (1909–1982).

STEPHANITAG Mit dem Stephanitag (26. Dezember) sind zahlreiche Bräuche verbunden. In den Familien war er der traditionelle

Tag der Besuche zum »Christbaum Anschauen« nach → Weihnachten. Man schnitt das → Störibrot und das → Kletzenbrot an. Priester segneten Wein, Wasser, → Salz, Brot und Getreide. Gesegneter Rotwein, die Stephansminne, wird zur Zeit Karls des Großen (747–814) erwähnt. Davon erhoffte man sich – wie von der → Johannesminne – Hilfe in schwierigen Lebenssituationen und einen guten → Tod. Mit Stephanswasser besprengten die Bauern Haus und Hof. Stephansbrot sollte Mensch und Tier Segen bringen. Gesegnetes Saatgut, besonders Hafer, streuten sie auf die Felder und gaben es den Tieren ins Futter, um Gesundheit und Ertrag zu sichern. Vielerorts galt der Stephanitag als »großer Pferdetag« mit Segnung der Tiere und Umritten. Stephansbock nannte man in der Buckligen Welt in Niederösterreich Trinkgelage im Wirtshaus, die oftmals mit dem Stephansrausch endeten. In Kärnten wechselten die Dienstboten zu diesem Termin ihre Arbeitsstelle und bekamen zum Abschied Ablass- oder Rearnudeln (*rearen* – weinen).

Aus Tirol berichtete Ludwig Hörmann über die → Unruhnacht mit dem Zeltenziehen, die im Oberinntal am Stephanitag Brauch war: »Diese seltsame Sitte besteht darin, daß sie von den näher und ferner gelegenen Höfen alles, was nicht niet- und nagelfest ist, forttragen, ja ganze Wagen damit beladen und das so Zusammengeschleppte auf dem Kirchplatz oder am größten Brunnentroge des Ortes aufstellen. Am anderen Tage können sich die Bauern das Entwendete, meist Schlitten und Karren (…) Besen, Mädchenhemden und Unterröcke etc. wieder abholen. Überhaupt geht es in der Nacht vom Stephanstag auf den folgenden Johannestag toll her.«

Stephanus, wohl hellenistischer Abstammung, war einer der sieben Diakone der Jerusalemer Urgemeinde. Die Apostelgeschichte (Apg 6-8) überliefert seine Biographie. Er wurde gesteinigt und war der erste Märtyrer der Kirchengeschichte (Erzmärtyrer).

→ Schlenkeltage

STOHSUPPE Bevor Kaffee auf dem Land üblich wurde, bildete Stohsuppe (Stoßsuppe) die übliche Frühstücksspeise. Sie bestand aus heißem Wasser und saurer Milch (Stoß) mit eingerührtem Mehl. Dazu aß man Schwarzbrot oder Kartoffeln. Auch abends wurde Stohsuppe gegessen. Bei den früher üblichen fünf bäuerlichen Mahlzeiten – neben Frühstück und Abendessen gab es um 9 Uhr ein Gabelfrühstück, um 11 Mittagessen sowie eine Nachmittagsjause, die besonders zur Erntezeit wichtig war – spielten Suppe und Brei eine wesentliche Rolle. Häufig löffelten alle gemeinsam aus einer Schüssel. → Fleischtage waren selten.

STÖRIBROT Vor → Weihnachten buk man besonders feines Brot wie das weiße → Schlüsselbrot, → Kletzenbrot oder Störibrot. Weihnachtsstöri hieß in Oberösterreich halbweißes Brot, von dem am → Stephanitag Dienstboten und auch das Vieh etwas erhielten. Außerdem war es Brauch, einen Laib im Acker zu vergraben und Stücke davon für den Wind auf den Zaun bzw. für das Feuer in den Herd zu legen.

Störibrot wurde am 23. Dezember aus hellem Roggenmehl, Milch, Wasser, Butter und Gewürzen hergestellt. Mit diesem Gebäck war eine Legende verbunden: Bei der Geburt des Christkinds erschien ein heller Stern. Alle ließen ihre Arbeit liegen und folgten dem Stern, der sie zum Kind in der Krippe wies. Dort fiel ihnen ein, dass sie das Brot im Backofen vergessen hatten. Wieder daheim angekommen, fanden sie es jedoch nicht verbrannt, sondern besser als je zuvor.

→ Wetter und Bräuche

STROH Generationenlang prägten in Österreich und Deutschland Strohmandeln, zusammengefügte Garben auf dem Feld, das Landschaftsbild. Ihre Formen waren verschieden, regional wurden die Halme auch zum Trocknen aufgehängt, ehe man die Ernte zum → Dreschen in die Scheune brachte.

Stroh war in der bäuerlichen Kreislaufwirtschaft kein Abfall, sondern ein wertvolles Rohmaterial. Der schützende und wärmende Naturstoff diente vielen Zwecken, vom Strohsack im Bett bis zur Dachdeckung. Bauern benötigten die ausgedroschenen Halme u. a. zum Binden der Garben und Weinstöcke. Dazu wurden die Strohschabe in Strohriedel geteilt, von den Kindern in Wasser weich getreten und zur Arbeit feucht gehalten. Viele Alltagsgegenstände bestanden aus Stroh: Strohhüte, Bienenkörbe, Körbe (Simperl) für den Brotteig, große Taschen (Zöger) und Transportgefäße für Weinflaschen. Letzteren verdankten die Männer von Stratzing in Niederösterreich ihren Spitznamen »Zegerltrager«.

In Salzburg war das Flechten von Strohschuhen eine bäuerliche Winterarbeit. Dazu benötigte man Roggenstroh, Leisten, Stoff als Futter, Schnüre zum Vernähen und Karton für die innere Sohle. Die Strohschlapfen oder -patschen dienten als Hausschuhe. Solches Schuhwerk trugen auch die → Schnabelperchten bei ihren → Heischebräuchen.

Die Städter brauchten Stroh v. a. zum Stopfen der an Stelle von Matratzen üblichen Strohsäcke. Wenn wohlhabende Wiener Bürger erkrankt waren, ließen sie Stroh-Häcksel vor ihren Häusern aufstreuen, um den Straßenlärm zu vermindern. Die Strohlagerplätze in einer Biegung des Donaukanals gaben dem Stroheck im 9. Bezirk seinen Namen. Bis 1720 fanden dort Strohmärkte statt, danach wurden sie in der Weißgerber-Vorstadt im heutigen 3. Bezirk abgehalten.

In Bräuchen spielte dieses Nebenprodukt der Getreideernte eine ambivalente Rolle. Aus Stroh geflochtene Heurigenzeiger und die Weinbeergeiß sind positive Symbole. Hingegen mussten schwangere Bräute bei der → Hochzeit einen Strohkranz statt des Blumenkranzes tragen. Im mittelalterlichen Rothenburg ob der Tauber war es üblich, dass die »leide« Braut mit einem Strohzopf vor der Kirchentür stehen und ihr Verführer an drei Sonntagen den Gottesdienst mit einem Strohmantel bekleidet besuchen musste. Eine weit verbreitete Schandstrafe für ledige Mütter war, mit dem Strohkranz aus dem Ort gejagt oder an den Pranger gestellt zu werden.

Wer beim → Dreschen der Letzte war, wurde durch Aufsetzen

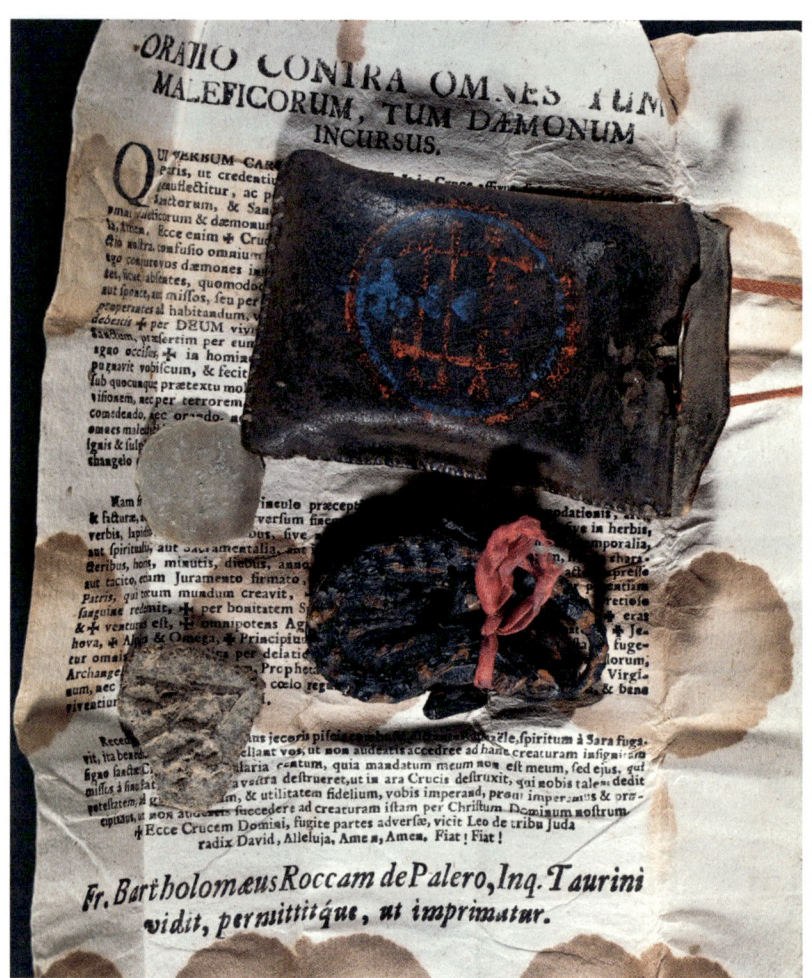

→ Superstition
Im ledernen »Schwundbeutel« fanden um 1800 ein lateinisches Gebet, heilige Erde, eine versteinerte Koralle und die Mumie eines Salamanders Platz

einer Strohhaube verhöhnt. Ein Strohmann oder eine Strohgretel personifizierten den → Fasching, am Ende der Faschingszeit wurden sie verbrannt oder begraben. Auch als »Hexe« fand eine Strohpuppe beim Sonnwendfeuer oder an der Spitze des → Funken in der Fastenzeit ein trauriges Ende. Im Marchfeld nordöstlich von Wien vermummten sich heischende Faschingsnarren mit Stroh. Das Strohhalmlegen oder Krippefüllen wiederum war ein pädagogischer Brauch in Schulklassen und Familien: Die Erwachsenen stellten am ersten Adventssonntag eine leere, kleine Krippe auf. Die Kinder legten für jede gute Tat (wie Hilfe im Haushalt, gute Schulnoten usw.) einen Strohhalm hinein, damit das Christkind zu → Weihnachten ein weiches Lager haben sollte.

SUPERSTITION Diese aus dem Lateinischen ins Englische übergegangene Bezeichnung wird auch im Deutschen verwendet, um den abwertenden Begriff »Aberglaube« zu vermeiden. Der Germanist Jacob Grimm (1785–1863) meinte treffend, dass Superstition »aus superstes [überlebend] abzuleiten ist, und ein in einzelnen menschen fortbestehendes verharren bei ansichten bezeichnet, welches die grosse menge vernünftig fahren lässt«. Der deutsche Ethnologe Dieter Harmening betitelte seine *Überlieferungs- und theoriegeschichtliche[n] Untersuchungen zur kirchlich-theologischen Aberglaubensliteratur des Mittelalters* mit *Superstitio*. Er verweist einleitend darauf, dass der älteste feststellbare Wortgebrauch von *superstitiosus* beim römischen Dichter Plautus (um 254–um 184 v. Chr.) wertfrei als »Wahrsager« zu finden ist. Im christlichen Sprachgebrauch zeichnete sich jedoch schon früh die Bedeutung Aberglaube ab.

TOD

Rund um Tod und Begräbnis bestanden in früheren Zeiten vielfältige Bräuche. Gemeinsam war ihnen – in der Stadt ebenso wie am Land – die kirchliche Prägung. Heilige wurden um eine gute Sterbestunde angerufen und den Sterbenden gesegneter Wein gereicht wie → Johannesminne oder Stephansminne (→ Stephanitag). Dabei mischten sich zu den religiösen auch superstitiöse Vorstellungen. Der Friedhof galt als ebenso heiliger wie unheimlicher Ort. Zum Gedenken schmückt man die Gräber mit Blumen und → Kerzen.

HAUSAUFBAHRUNG

Viele Menschen starben zu Hause. Neben ihnen brannte eine Kerze. War jemand verstorben, schloss man ihm die Augen und faltete seine Hände. Das Waschen und Bekleiden war auf dem Land Aufgabe der »Leichenfrau«. Manche hatten ein spezielles Totenhemd vorbereitet, meist wurde aber das schönste Kleid (Brautkleid) oder der Sonntagsanzug verwendet. Zur Aufbahrung legte man über den Strohsack, der früher die Matratze ersetzte, ein Totenbrett. Es konnte beschriftet oder bemalt sein und wurde manchmal auch für weitere Trauerfälle aufbewahrt. »Früher war es selbstverständlich, dass der Tote bis zur Beerdigung im Haus blieb. In den Nächten wurde bei ihm gewacht, die Familienangehörigen, die Nachbarn und Freunde versammelten sich zur Totenwache. Der Brauch war im ganzen Lande verbreitet«, schreibt der Volkskundler Leopold Schmidt. Man betete den Rosenkranz und sang Totenwacht- oder Leichhütlieder, die seit der Barockzeit als Flugblattdrucke überliefert sind.

Der Aufklärung gelang es nicht, diese Bräuche abzuschaffen. Verschwunden ist damals allerdings die kunstvolle barocke Sargmalerei, die der Möbelmalerei ebenbürtig war. Das 19. Jahrhundert brachte eine Innenausstattung der Särge mit Papierdekorationen und die Wahl der Farbe Blau für Kinder und ledige Frauen. Diese Gewohnheit erhielt sich bei den Rändern der Parten (Todesanzeigen) bis ins 20. Jahrhundert. Devotionalien wie Rosenkranz, Sterbekreuz, kleine Andachtsbilder, Medaillen von Wallfahrtsorten oder das Gebetbuch, das ein Geschenk zur Erstkommunion oder Firmung gewesen war, waren Beigaben.

Auch in Wien blieb bis Anfang des 20. Jahrhunderts die Hausaufbahrung üblich, obwohl seit 1874 der Zentralfriedhof, einer der größten Europas, in Betrieb war. Dort und auf den anderen Friedhöfen der Stadt gab es Aufbahrungshallen, wobei die »Aufbahrung der Leiche« je nach Aufwand und sozialer Stellung – von der »Prachtklasse« abwärts – siebenfach abgestuft war.

BEGRÄBNIS

Leopold Schmidt beschreibt Vorbereitungen und Ablauf eines Begräbnisses im ländlichen Niederösterreich: »Das bäuerliche Begräbnis wird vom Hausvater sorglich vorbereitet. Er hat Mesner, Pfarrer und Lehrer nicht nur zu verständigen, sondern auch zu bezahlen, von ihm hängt es ab, wie groß die ›schöne Leich‹ sein soll. Wenn man genügend darauf wandte, dann gab es einen prächtigen Kondukt vom Trauerhaus an, wo der Sarg zwischen den Windlichtern unterm Hoftor stand. Dann sangen die Sänger schon vom Haus an, setzten bei der Kirche mit dem zweiten Totenlied fort und sangen auf dem Friedhof noch zweimal.« Bis ins 20. Jahrhundert war es üblich, dass weinende »Klageweiber« auftraten, und bis heute wirft man in Wien eine Blume oder Erde in das offene Grab. Sie wird von einem Bestattungsmitarbeiter auf einer kleinen Schaufel bereitgehalten, wofür er dezent ein Trinkgeld erhält.

Traditionell sorgten die Religionsgemeinschaften für das Begräbnis. Das erste professionelle Unternehmen in Wien war die 1867 gegründete *Entreprise de pompes funèbres* (man denke an die heute noch gängige Bezeichnung »Pompfüneberer« für Totengräber). 1894 gab es in der Stadt bereits 83 »Leichenunternehmer«, die sich in heftiger Konkurrenz befanden. Ihre Agenten warteten in der Nähe eines Sterbehauses, um im richtigen Moment bei der Hand zu sein. Manche empfahlen sich sogar schon vor dem Todesfall den Angehörigen. Diese Konkurrenz war der Grund dafür, dass die Gemeinde Wien ab 1907 Aufbahrungen und Beerdigungen nur noch durch ihre »Städtische Leichenbestattung« durchführen ließ. Einäscherungen wurden ab 1923 im Krematorium vorgenommen, doch erst 1966 erlaubte die Erzdiözese Wien diese Bestattungsart.

LEICHENSCHMAUS

An das Begräbnis schließt sich bis heute vielfach ein Totenmahl im Gasthaus an. Dort treffen sich Verwandte aus nah und fern, die sich oft schon lange nicht mehr gesehen haben. Zum sogenannten Leichenschmaus gehörten üppiges Essen und Weingenuss. Dadurch wird das Gedenken »einigermaßen aus der Sphäre der Trauer herausgehoben, und es bedarf mitunter wohl der Gedenkworte des Pfarrers, wenn er an dem Totenmahl teilnimmt, dass diese Zehrung schließlich in würdiger Stimmung beendet wird«, meinte Leopold Schmidt.

WIEDERGÄNGER

Der Totengeist, so hieß es, erscheine leibhaftig mit Wünschen und Bedürfnissen und spreche wie ein Lebender. Als Gründe, warum ein Toter keine Ruhe finden könnte, galten z. B. das Ableben in jungen Jahren oder eine Schuld, die der Verstorbene auf sich geladen habe. Beim Begräbnis eines Junggesellen, der sein Leben nicht nach den überlieferten Ordnungen im Ehestand vollenden konnte, traten in Niederösterreich die Figuren der schwarzen und der weißen Braut auf. Damit war symbolisch das Leben der Norm gemäß erfüllt und der ehelos Gebliebene wurde nicht zum unheilbringenden »Lebenden Leichnam«. Das Besprengen mit Weihwasser sollte verhindern, dass der Totengeist das Grab verließ. Auch die Inschrift R.I.P. (*requiescat in pace* – ruhe in Frieden) kann in diese Richtung gedeutet werden.

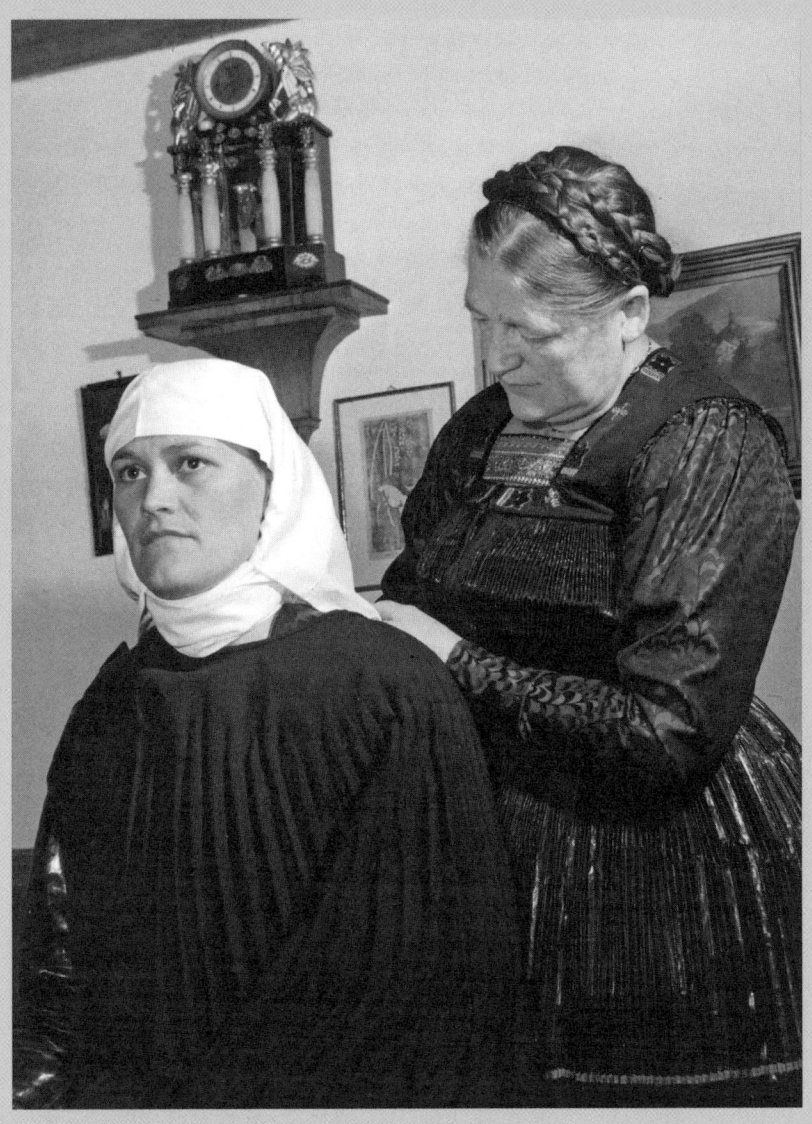

Stucho, Teil der Trauertracht im Bregenzerwald. Fotografie. Um 1950

TOTENBRUDERSCHAFT

Einer besonderen Form des Umgangs mit Verstorbenen widmete sich die von Eleonore von Mantua (1598–1655), der Witwe Kaiser Ferdinands III., in Wien begründete Totenbruderschaft, die 1643 vom Papst bestätigt, 1783 jedoch aufgehoben wurde: Die Mitglieder – darunter viele Adelige – hatten es sich zur Aufgabe gemacht, Hingerichtete auf einem geweihten Friedhof zu begraben. Zum Begräbnis kamen sie in einer Prozession, wobei sie lange schwarze Kapuzenmäntel mit dem Bruderschaftszeichen (Totenkopf und gekreuzte Knochen) trugen. Der sogenannte Armensünder-Gottesacker befand sich in der Gegend des Karlsplatzes im heutigen 1. Wiener Gemeindebezirk. Sitz der Bruderschaft war die Georgskapelle der Augustinerkirche, heute ebenfalls im 1. Wiener Bezirk.

TRAUERKLEIDUNG

Bis ins 20. Jahrhundert war es üblich, dass Angehörige von Verstorbenen ein halbes Jahr lang schwarze Trauerkleidung (auch schwarze Strümpfe) oder zumindest einen Trauerflor am Ärmel trugen.

Vor allem in ländlichen Gebieten wurde die Trauertracht streng beachtet. So heißt es 1889 aus dem Land Salzburg: »Sehr alterthümlich, aber dem Verschwinden nahe ist der Traueranzug der Weibsleute im Gebirge. Hohe Spitzhüte, darunter eine weiße Haube. Vom Haupt bis zu den Knien hüllt ein weißes Leintuch, unter dem Kinn zusammengeheftet, die Gestalt ein, darunter ragt der schwarze Kittel mit dem schwarzen Fürtuch (Schürze) hinab und man sieht die weißen Strümpfe und niederen Schuhe. Die ›Halbklage‹ oder mindere Trauer gestattet den schwarzen Hut, weißen Halskragen, eine weiße über der schwarzen Schürze und ein vom Haarbund nach rückwärts hinabhängendes weißes Tuch; der ›Kittel‹ und das ›Röckel‹ (Spenser) sind schwarz.«

T

Das wahre Genie kennt keine Schranken.

Johann Nestroy

TAGEWÄHLEREI Die Tagewählerei beruht auf dem antiken Glauben an Glücks- und Unglückstage und zielt auf das Tun bzw. Unterlassen gewisser Tätigkeiten ab. Entsprechende Praktiken fanden sich bereits im alten Ägypten, in Babylon und bei den Hebräern, Griechen und Römern.

Obwohl seit frühester Zeit Theologen dagegen auftraten – darunter auch Martin Luther, von dem der Begriff stammt –, blieb die Tagewählerei lange Zeit üblich. Nach der Erfindung des Buchdrucks und der Verbreitung von gedruckten Kalendern und Bauernpraktiken wurde sie vom Kaiser bis zum Bauern noch beliebter. Ein 1523 in Deutschland publizierter Kalender dokumentierte die Tätigkeiten, die man an bestimmten Tagen ausführen oder unterlassen soll, wie Pflanzen einsetzen, Aderlassen, Häuser kaufen, auf Schatzsuche gehen usw.

Glückstage bildeten den Gegensatz zu den Unglückstagen. Im antiken Rom war es die überwiegende Zahl von 236, doch war von ihnen weniger die Rede als von den → Schwendtagen. Bauernkalender nannten meist 52 Glückstage, darunter viele Lostage, beispielsweise Florian (4. Mai) oder Laurentius (10. August). Nach einer Freiburger Handschrift des 16. Jahrhunderts sollten Heiligentage oder angebliche biblische Bezüge für bestimmte Tätigkeiten günstig sein, z. B. der 7. Oktober zum Holzschlägern, weil an diesem Tag Salomon Holz für den Tempel fällte, oder der 31. Oktober, als der hl. Wolfgang Holz für seine Kapelle schlug, sowie der 1. November, an dem Noah die Arche baute.

TAUFE Die Taufe, das eingliedernde Ritual der Reinigung und Geisterfüllung, gilt in der katholischen ebenso wie in der evangelischen Kirche als Sakrament. Es wird als so grundlegend betrachtet, dass in Notfällen auch katholische Laien die (Kinder-)Taufe spenden dürfen.

Wegen der hohen Kindersterblichkeit war es früher üblich, Neugeborene so rasch wie möglich zu taufen. → Geburt und Taufe wurden als zusammengehörig betrachtet.

→ Initiation

HL. THOMAS Mit dem alten Thomastag, dem kürzesten Tag des Jahres, verband sich eine Reihe von → Orakeln. Wie in der → Andreasnacht waren Liebesorakel sehr beliebt: Schuhwerfen, Horchen auf Kreuzwegen, Scheitergreifen, Bleigießen, Zettellegen, Bettstaffeltreten etc.

Regional unterschiedlich begannen mit der Thomasnacht auch die → Raunächte. Um diese Zeit waren → Perchten als Schreckgestalten und Gabenbringer unterwegs. In Niederbayern gab es den blutigen Thomerl, im oberösterreichischen Mühlviertel den Thomasnigl und die Thomasgeiß, im Burgenland den Thomaswaschl, in Niederösterreich den Thomaszoll.

In vielen bäuerlichen Familien wurde am 21. Dezember → Kletzenbrot gebacken und das Thomasschwein für die Feiertage geschlachtet. Die Armen erhielten Bier, Kranke in den Spitälern Lebzelten. Am Thomastag gefälltes Holz galt als lange haltbar. In St. Thomas am Blasenstein in Oberösterreich veranlasste eine seltsame Felsformation an Kreuzschmerzen Leidende, durch die »Buckelwehlucken« zu kriechen.

Das Neue Testament nennt Thomas in den Apostellisten (Mt 10,3; Lk 6,15; Apg 1,13). Das Johannesevangelium spricht vom »Zwilling« (Joh 20,24). Bis zu seiner Berufung als Apostel war Thomas Fischer. Sprichwörtlich ist der Zweifel des ungläubigen Thomas am Auferstandenen mit dem anschließenden Glaubensbekenntnis. Das Heiligengedächtnis wurde bis 1969 am 21. Dezember begangen und im Zuge der Kalenderreform auf den 3. Juli (Translation) verlegt. Die Bräuche bezogen sich auf den alten Termin.

TRACHT Nicht selten scheint es, als wäre Althergebrachtes verschwunden. Doch manches taucht völlig unerwartet aus dem Untergrund wieder auf und wird durch die Medien gehypt. Ein aktuelles Beispiel sind »Trachten« bzw. Mode, die sich so nennt.

Der Begriff »Tracht« kommt von tragen und bedeutete ursprünglich jede Art von Kleidung, also nichts Besonderes (Gewand). Den Bedeutungswandel brachte die Romantik des 19. Jahrhunderts mit ihrer Suche nach »Volkstum« und »Volksgeist«. Idealistisch und ideologisch eingestellt, suchten die Stadtbürger – wie bei den Bräuchen – das vermeintlich Reine, Alte, Unverdorbene, Ursprüngliche auf dem Lande. Ende des 19. Jahrhunderts, als die Industrialisierung schon weit fortgeschritten war, entstanden in Bayern Vereine, um Trachten und Volkstänze zu pflegen. Tirol, Salzburg und Kärnten folgten. Um 1870 bemühten sich die Heimatschutzbewegungen um »Volkskunst auf dem Gebiet der beweglichen Gegenstände, Sitten, Gebräuche, Feste und Trachten«. In den 1930er Jahren und noch nach dem Zweiten Weltkrieg entwickelten Trachtenpfleger und -erneuerer Mappen, die Vorbildcharakter haben sollten. Gefragt war das vermeintlich »Echte« – dafür gab es sogar Gütesiegel. Dabei erlag man dem Irrglauben, jede Gegend habe ihre eigene Tracht gehabt.

Leopold Schmidt beschrieb Hängetrachten, die im späten Altertum von Männern und Frauen aller Bevölkerungsschichten getragen wurden: ein Leibrock (Tunika, Kittel) aus grobem, darunter ein Hemd (Pfaid) aus feinerem Leinen, darüber ein Umhängemantel

(Fleck) aus Loden, alles ungefärbt. Der einzige Unterschied zwischen Männer- und Frauenkleidung war die Länge. Mit dem Zerfall des römischen Reichs setzte die große »Trachtenwende« ein. Während sich in den Oberschichten die Männerkleidung völlig veränderte und sich bei Frauen die körperbetonte Mode durchsetzte, zeigen noch Bilder aus dem 15. Jahrhundert Bäuerinnen mit altmodischen Leibröcken. In der Renaissancezeit war die Haube ein Statussymbol der Bürgerinnen, während Bäuerinnen noch lange bei den mittelalterlichen Kopfbedeckungen blieben.

Durch die Kleidung drückten sich Machtverhältnisse aus, andererseits zielte die Kleiderordnung auch darauf ab, dem Luxus Einhalt zu gebieten. Untertänige Bauern und Taglöhner durften nur billige Stoffe verwenden. Dem Bauernstand wurde die sparsame Verwendung der Farben Rot und Grün gestattet.

Der große Wandel kam mit dem Zeitgeist der Französischen Revolution (»Freiheit, Gleichheit, Brüderlichkeit«). Um 1800 trennte sich die Mode vom Gewand (Tracht). Franz Lipp stellte fest, dass »zwischen 1780 und 1830 die (…) Regional- manchmal auch Lokaltrachten sich erst richtig entwickelten und formierten«. Es war die Zeit, in der die Reiseschriftsteller ausschwärmten, um Land und Leute kennen zu lernen und die Biedermeiermaler Feste und Alltag naturalistisch darstellten. Es war aber auch schon die Zeit industriell erzeugter Textilien, fabrizierter Tücher und modischer Muster.

Erzherzog Johann (1782–1859), der die steirischen Trachten von seinen Kammermalern dokumentieren ließ, führte den »grauen Rock« ein und trug ihn selbst gerne, »um ein Beispiel der Einfachheit zu geben«. Seinem Großneffen, Franz Joseph (1830–1916), schenkte er zur Taufe einen Steirerhut, und als er den 16-Jährigen zur Jagd einlud, sollte dieser in steirischer Tracht kommen. Bekanntermaßen trug der Kaiser dann bei seinen Sommeraufenthalten in Bad Ischl Tracht und gab damit dem Adel und der eleganten Welt ein Vorbild. Für die weiblichen Jagdgäste wurde das Trachtenkostüm kreiert, bestehend aus der Lodenjoppe der Männer und einem bequemen Rock.

In der Zwischenkriegszeit engagierten sich die Besucher der Salzburger Festspiele für das Trachtentragen (»Dirndl«). Die Trapp-Familie, die in Amerika in Dirndl, Lederhose und Lodenanzug auftrat, und besonders der äußerst erfolgreiche Hollywood-Film (1956) sowie das gleichnamige Broadway-Musical *Sound of music* (1959) machten das Dirndl international bekannt.

Im 21. Jahrhundert haben nicht nur traditionsbewusste Kreise die Tracht wiederentdeckt. Auch Supermärkte und Trachtenoutlets bieten Dirndln und Lederhosen an. Man trägt sie mit viel Spaß bei einschlägigeren Events.

U & V

*Beklagenswerter, der nicht sein Leben,
sondern seine Autobiographie lebt.*

Arthur Schnitzler

HL. ULRICH Im Mittelalter zählte Ulrich zu den meistverehrten Heiligen. Man weihte ihm zahlreiche Gotteshäuser und benannte Quellen nach ihm. Bräuche, die mit ihm zu tun haben, waren kirchlicher und weltlicher Art. Es gab Ulrichsminne, Ulrichskreuze (während der Schlacht auf dem Lechfeld im Jahr 955 soll Ulrich von einem Engel ein Siegeskreuz überreicht bekommen haben), die als Abwehrzeichen gegen Unheil und für Mensch und Tier als heilbringend galten. Vom Wasser aus Ulrichsbrunnen, die angeblich nie versiegten, erhoffte man Hilfe bei Augenleiden und Fieber. Erde von seinem Grab sollte Mäuse fernhalten.

Der alemannische Adelige Ulrich (um 890–973) wirkte als Bischof in Augsburg. Er war der Erste, der (993) in einer förmlichen und feierlichen Kanonisation heiliggesprochen wurde. Sein Gedenktag ist der 4. Juli.

UNRUHNACHT Zu bestimmten Terminen übten die bäuerlichen Burschenschaften → Rügebräuche an missliebigen Personen aus. Dazu zählten das Verräumen von landwirtschaftlichen Gerä-

ten und das Bekanntmachen von Liebesverhältnissen. Bevorzugte Termine waren die Nächte zum 1. Mai, zum Oster- und Pfingstsonntag sowie zwischen → Stephanitag und Johannestag im Dezember.
→ Philippeln, Walpurgisnacht

UNSCHULDIGE KINDER In den Tagen nach → Weihnachten feiert die katholische Kirche drei Feste wichtiger Heiliger, die sie als Gefolge des Christkinds (Krippenheilige) bezeichnete: Erzmärtyrer Stephanus (→ Stephanitag), Johannes Evangelist (→ Johannesminne) und Unschuldige Kinder (28. Dezember). Das Fest hat seine biblische Grundlage im Matthäusevangelium (Mt 2,16). Seit dem 5. Jahrhundert verehrte die Christenheit die Opfer des bethlehemischen Kindermords als Erstlingsmärtyrer.

Trotz seines traurigen Anlasses entwickelte sich der Tag der Unschuldigen Kinder zum Narrenfest: Beim Kinderbischofsspiel am 28., später am 6., Dezember verkörperte ein Klosterschüler den Episcopus. Für einen Tag war er König und die Erwachsenen mussten ihm gehorchen. Im Sinne der Verkehrten Welt durften die Kinder, die sonst in der Schule die Rute zu spüren bekamen, die Erwachsenen schlagen. Der Brauch ist als »Frisch- und G'sundschlagen« bekannt.

HL. URBAN Bräuche zum Tag des hl. Urban (25. Mai) haben mit dem Datum zu tun, welches das Ende der Frühlingszeit und den Sommerbeginn markiert. Das alte deutsche Rechtsbuch *Sachsenspiegel* (1221–1224) schrieb für dieses Datum den Abschluss der Frühjahrsarbeiten im Weingarten vor. Wer bis dahin seine Rebflur bearbeitet hatten, konnte im Herbst ernten. Wetterregeln besagten, dass eine gute Reifezeit folgte, wenn der 25. Mai schön war. Mit der Verehrung des hl. Urban als Beschützer der Weinberge entfalteten sich seit der frühen Neuzeit Bräuche wie → Prozessionen.

Urbanus I. († 230) regierte als 17. Papst. Die Überlieferung vermischt die Legenden mehrerer Namensträger, wie eines Bekenners aus dem 3. Jahrhundert und des französischen Bischofs Urban von Langres aus dem 5. Jahrhundert. Diesem schreibt eine späte Lebensgeschichte die Förderung des Weinbaus zu, auch er ist ein Winzerpatron. Sein Gedenktag wird unterschiedlich gefeiert: ursprünglich am vermuteten Todestag, dem 23. Januar, später am 2., heute am 3. April. Zu diesen Terminen hielten die Weinbauern Bittprozessionen ab.

HL. VINZENZ Das Datum des Festes (22. Januar) und die Volksetymologie (*Vin-Cent*) macht den hl. Vinzenz zum Patron der Weinbauern (»Vinzenzi Sonnenschein bringt Frucht und guten Wein«) und Holzknechte. Wie zu Fabian und → Sebastian galt der Termin als Mittwintertag und Vogelhochzeit. Im bayerisch-österreichischen Gebiet waren Vinzenzimärkte und Vinzenzifeste der Waldarbeiter am Tag des Heiligen weit verbreitet. Die Holzknechte erkoren ihn zu ihrem Feiertag. Kirchenbesuch und Arbeitsruhe waren für diese Berufsgruppe Pflicht, ein fröhliches Fest durfte bei den → Holzknechtbräuchen nicht fehlen. In Gutenstein in Niederösterreich ließen die Angehörigen aller Berufe, die mit Holz zu tun hatten, an diesem Tag ihren Patron hochleben.

Vinzenz von Saragossa († 304) war Diakon in Spanien. Er zählt zu den Märtyrern vom unzerstörbaren Leben.

VOLKSTÄNZE Eigentlich ist »Volk« in der Europäischen Ethnologie ein Unwort. Doch ist es schwierig, diesen Wortteil zu ersetzen. Bei »Volkskunst«, »Volkslied« oder »Volkstanz« meint man gleich zu wissen, was gemeint ist. Die heutige Volkstanzkultur ist ein vorwiegend urbanes Konstrukt des ausklingenden 19. und frühen 20. Jahrhunderts, das sich auf – oft nur noch in Resten erkennbare – ländliche Traditionen bezieht. Forscher wie der Wiener Lehrer Raimund Zoder (1882–1963) sammelten und dokumentierten damals systematisch Tänze und Tanzmusik. Dadurch wurden die »Volkstänze« nicht nur für die Nachwelt gesichert, sondern auch gelehrt. Als eine

→ Volkstänze
Volkstanzpfleger haben durch gezielte Maßnahmen die Volkstänze vor dem Aussterben bewahrt. Dabei wurden die Ausbildung der Tanzmusiker, die Schulung der Tänzer und die Bereitstellung von Trachten gefördert.
Bayrische Schuhplattler. 1930er Jahre

der lebendigen Traditionen gepflegt, fanden sie 2011 Aufnahme in die Liste des Immateriellen Kulturerbes der UNESCO. Leopold Schmidt verweist historisch auf mittelalterliche Tänze der Adeligen, von denen wir dank des Lobs der Minnesänger Kenntnis haben: »Seit der Babenbergerzeit war die Tanzlust des Wiener Hofes bekannt, Reigentänze an den wichtigsten Jahresfesten wurden von den Herzögen selbst angeführt.« Ländliche Tänze fand er im 14. und 15. Jahrhundert vielfach bezeugt. Die Unterhaltung war behördlich geregelt, als öffentliches Ereignis fand sie im Freien an Plätzen statt, die jeder kannte. In manchen Dörfern gab es eigene Tanzhäuser, beim Kirtag war ein Tanzboden rasch zusammengebaut. Schmidt geht davon aus, dass im 16. Jahrhundert überall im deutschsprachigen Raum ähnliche Formen des »Tanzguts« üblich waren. Als volkstümliche Tänze nennt er den lustigen Bettlertanz, den Nonnentanz – bei dem ein Tänzer nacheinander alle Tänzerinnen holt – und Zäunertänze, bei denen durch die Verflechtung der Hände und Arme eine Art Zaun entsteht. Um 1580 kamen, von Streichinstrumenten begleitete, »sehr volkstümliche Tänze nach italienischem Vorbild« auf. Sie wurden im 18. Jahrhundert durch französische Modetänze verdrängt, die sich von den Tanzfesten des Wiener Hofes aus verbreiteten.

Den Kommentar zum Thema Volkstanz im *Österreichischen Volkskundeatlas* hat der Germanist Richard Wolfram (1901–1995) verfasst. Neben den → Schwert- und Reiftänzen, die nur von Männern bestimmter Berufsgruppen (Handwerkerzünfte, Bergleute) ausgeführt wurden, behandelt er den Ländler, der auf der Landkarte drei große Verbreitungsgebiete zeigt. Die Steiermark als Kerngebiet des »Steirischen« weist sehr reiche Spielformen auf. Ähnliches findet sich in Westtirol und Vorarlberg. Schließlich könnte die Bezeichnung »Ländler« auf die Entstehung im »Landl« Oberösterreich hinweisen oder einfach auf das Ländliche. Wolfram nennt den Ländler einen Werbetanz: Die Burschen warben um die Mädchen. Er nimmt an, dass der Tanz ein Alter von 300 Jahren habe. Begonnen habe er als Einzelpaartanz, wobei die Partner »in stetem Umkreisen, Betrachten, Einfangen und Lösen miteinander beschäftigt sind … gleichmäßiges und gleichzeitiges Ausführen der Figuren durch eine ganze Gruppe sind hier Späterscheinungen«. Auch den Schuhplattler mit den typischen Schlägen mit der flachen Hand gegen die Schuhsohlen oder auf die Oberschenkel zählt Wolfram zu den Werbetänzen: »In Österreich gehört nur Tirol zum alten Plattlergebiet und ein kleiner Grenzstreifen im westlichen Salzburg.« Verbreitung fand der Tanz durch Trachtenvereine und publikumswirksame Fremdenverkehrs-Vorführungen. Auch der Hüpftanz »Strohschneider« und das Tanzlied »Hiatamadl« verdankten ihre allgemeine Verbreitung »der Volkstanzpflege der letzten 50 Jahre«. Welch große Popularität das »Hiatamadl« durch eine Einspielung des österreichischen Weltmusikers Hubert von Goisern Anfang der 1990er Jahre erlangen würde, konnte der Forscher 1974 nicht ahnen.

VORNAMEN Nach altem Glauben war der Name eines Menschen untrennbar mit seinem Wesen verknüpft. »Ach wie gut, dass niemand weiß, dass ich Rumpelstilzchen heiß'!«, liest man im Märchen. Pech für das kleine Männlein, dass es seiner Freude so lauthals Ausdruck verleiht: Rumpelstilzchen wird belauscht, und als die Königin seinen Namen nennt, gewinnt sie damit die Macht über seinen → Zauber.

Beliebte Namen früherer Zeiten waren Wunschnamen wie → Gertrud (gute Speerwerferin) oder Arbogast (übt Gastfreundschaft). Sie sollten dem Träger die mit dem jeweiligen Namen verbundenen positiven Eigenschaften wie Schönheit, Reichtum oder Tapferkeit bescheren.

Das europäische System der Namengebung war durch Benennung nach Vorbildgestalten innerhalb und außerhalb der Familie charakterisiert. In den ersten christlichen Jahrhunderten waren Namen aus dem Alten Testament beliebt. Mit der Förderung der Heiligenverehrung durch die geistlichen Orden wurde es im Mittelalter üblich, Namen von heiligen oder neutestamentlichen Personen zu verwenden und die Kinder unter den Schutz des Namenspatrons zu stellen. Lange Zeit nahm die katholische Kirche kaum Einfluss auf die Taufnamen. Das Konzil von Trient (1545–1563) empfahl dann nachdrücklich, jedem Täufling einen Heiligennamen zu geben. Katholische Pfarrer sprachen sich dafür aus, den Namenstag jedes Jahr festlich zu begehen. Häufig wählte man den Namen des Kalenderheiligen am Tag der → Geburt. »Zurückzutaufen« hingegen galt als schlechtes Omen, der Namenstag sollte auf den Geburtstag fallen oder danach liegen, keinesfalls davor. Auch der Name des → Taufpaten wurde gern verwendet. Die Reformatoren lehnten die Heiligenverehrung ab, sie wählten Namen aus dem Alten Testament oder erfanden neue wie Fürchtegott oder Leberecht.

Ein wichtiges Vorbild waren außerdem Herrscherhäuser und Landespatrone, so z. B. der hl. Leopold. Unter dem Einfluss französischer und italienischer Opern sowie ausländischer Literatur wurden die Vornamen seit der Barockzeit zunehmend international (Henriette, Jean, Eduard etc.). Die Romantik brachte eine Wiederentdeckung der germanischen Namen mit sich. Lange Zeit üblich waren zahlreiche Verkleinerungs- und Kurzformen, die heute kaum noch gebräuchlich sind, wie Mirzl, Mizzi – Maria, Liesl – Elisabeth, Wastl – Sebastian, Hias – Matthias, Schani – Johann, Pepi, Sepp – Josef.

Entsprechend der Bedeutung der Namenspatrone beging man im katholischen Österreich die Namenstage feierlich. Die Tage bekannter Heiliger wie Josef galten als Bauernfeiertage. In Oberösterreich besuchten die Namensträger zu → Josefi kollektiv den Gottesdienst und im Anschluss die Gastwirtschaft. In Wien fanden am → Annentag glanzvolle Feste statt. Namenstagsbriefe erfreuten sich bei den Bürgern der Biedermeierzeit großer Beliebtheit. Ob jemand seinen Namenstag oder aber seinen Geburtstag feierte, galt, so die deutsche Kulturhistorikerin Susan Baumert, um 1800 sogar als typisches konfessionsunterscheidendes Merkmal: Katholiken feierten Namenstag, Protestanten Geburtstag.

VORZEICHEN (Omen) Vielen Begebenheiten wurde früher ominöse Bedeutung zugeschrieben. Nach dem Grundsatz *Nomen est omen* schloss man vom Namen auf den Menschen. Auch der sogenannte Angang, die erste Begegnung am Tag, besonders zu → Neujahr, wurde als günstig oder ungünstig bewertet. Am Polterabend sollten Scherben Glück bringen, sie durften aber nicht aus Glas sein. Theaterleuten galt eine verpatzte Generalprobe als Garantie für eine gelungene Premiere.

Eine große Rolle beim Glauben an Vorzeichen spielte die Angst, besonders im Zusammenhang mit dem → Tod. So galt der Ruf oder das Auftauchen bestimmter Vögel (Käuzchen) als unheilvoll, ebenso Regen bei einem Begräbnis. Träumte man von einer → Hochzeit oder ausfallenden Zähnen, sollte dies Unheil ankündigen. Auch die Art des Läutens der Kirchenglocken oder des Brennens (Verlöschen) von → Kerzen wurden als Omen interpretiert. Fälschlicherweise totgesagt zu werden sei, so hieß es, ein Omen für ein langes Leben. Dass das Verschütten von → Salz Verdruss bedeutete, ist verständlich, wenn man bedenkt, wie wertvoll es war. Das Gleiche galt für das Zerbrechen eines → Spiegels. Kometen, Sonnen- und Mondfinsternisse wurden als Kriegs- und Unglücksvorboten betrachtet.

VOTIVE Um 1500 entstand das Votivbild als adeliger und bürgerlicher Brauch. In der Gegenreformation wurde es zu einem Massenphänomen der populären Frömmigkeit. In Wallfahrtsorten fertigten Berufsmaler oder Dorfhandwerker Votivbilder an. Die auf Holz, Leinwand, Blech, Karton oder hinter Glas gemalten Darstellungen folgten einem bestimmten Schema: In den Wolken ist das Kultobjekt abgebildet, darunter finden sich die Person des knienden oder betenden Stifters sowie die Jahreszahl und die Worte *ex voto* als Hinweis, dass die Spende aufgrund eines religiösen Versprechens (lat. *votum*) erfolgte.

Neben den bunten Bildern waren auch Marmortafeln mit den schlichten Worten »Dank und Bitte«, Datum und Spender-Monogramm üblich. Sie finden sich häufig bei Antonius- und Judas-Thaddäus-Statuen in den Kirchen. Vielfach wurden figürliche Opfergaben gespendet, die als Nachbildung in Holz, Eisen oder Wachs

Körperteile, Menschen und Tiere darstellten. Wohlhabende bürgerliche Stifter hinterließen im 18. und 19. Jahrhundert silberne Votive; ursprünglich war dies ein barocker Brauch in südeuropäischen Städten. Außerdem verwahren die Schatzkammern der Wallfahrtsorte große, verzierte → Kerzen, Schmuck, Krücken, Brautschleier, → Rosenkränze und zahlreiche andere von den Votanten gespendete Gegenstände.

*Zwei Dinge sollen Kinder von ihren Eltern bekommen:
Wurzeln und Flügel.*

Johann Wolfgang von Goethe

WALLFAHRT Auch nicht- und vorchristliche Religionen pfleg(t)en Wallfahrten zu heiligen Stätten. Oft waren (und sind) die Pilgerstätten mit numinosen Orten wie Bergen, Steinen, Quellen, Bäumen verbunden. Die christliche Wallfahrt beruht auf den Traditionen des Alten Testaments. Gott gebot Moses, dass Männer dreimal jährlich nach Jerusalem pilgern sollten (Ex 23). Unter Kaiser Konstantin (272–337) und seiner Mutter, der hl. Helena (um 250–um 330), entstanden Wallfahrtsstätten im Heiligen Land, die mit dem Wirken Jesu in Zusammenhang gebracht wurden. Weiters kamen als Ziele Märtyrergräber wie die Gedenkstätten der Apostelfürsten Petrus und Paulus und nach dem Konzil von Ephesos (431) marianische Wallfahrtsorte dazu. Durch die Jahrhunderte bedeutsam war der – auch heute beliebte – → Jakobsweg nach Santiago de Compostela in Spanien. Im Lauf des Mittelalters entstanden überall in Europa Wallfahrtsorte.

Für den Ursprung mittelalterlicher Wallfahrten nennt Ludwig Andreas Veit einige wiederkehrende Legendenmotive, »daß ein Bild der heiligsten Jungfrau oder eines Heiligen die Augen wendete, nickte, weinte, lächelte oder, als es eine ruchlose Hand verletzte, blutete. (...) das stromaufwärts schwimmende Bild. Selbst steinernen Bildern wurde diese Fähigkeit zugeschrieben, selbstredend und in noch höherem Grade den Reliquien (...) das Gespannwunder, daß die Tiere, deren Reliquien befördert wurden, sich weigerten weiter zu gehen ... zum Zeichen, daß der Heilige an dieser Stelle ein Heiligtum begehre.« Der Kirchenhistoriker betont, dass die Wallfahrten im Zeichen des → *Do ut des* standen und bereits die Mühen und Gefahren der Pilgerfahrt eine große Gabe darstellten. Zahlreiche erhaltene → Votive zeugen vom Vertrauen der Gläubigen. An manchen Wallfahrtsorten standen Sündenwaagen, auf denen man mit Getreide aufgewogen wurde. Manchmal kam dieses den Ortsarmen zugute. Mehr oder weniger war jede Wallfahrt ein Buß- oder Sühneakt, eine Intention, die sich auch als Mittel des Strafvollzugs eignete. Pilgersegen und Abzeichen zeigten das erfüllte Gelübde an. Wer sich auf eine Fernwallfahrt in das Heilige Land oder nach Santiago de Compostela begab, erhielt von den Landesfürsten Geleitbriefe zum Schutz vor Überfällen. Das Gastrecht war schon unter Karl dem Großen verbrieft. Bruderschaften versorgten die »Nichtbürger« (lat. *peregrini*) in Herbergen und Spitälern.

In den vergangenen Jahrzehnten erlebt das Pilgern eine Renaissance, wobei nicht nur religiöse Motive ausschlaggebend sind, sondern auch Selbsterfahrung, Gemeinschaftserlebnis oder sportliche Leistung. Daneben bestehen in Deutschland traditionelle Wallfahrten zu Reliquien, wie die alle sieben Jahre stattfindende Aachener Heiligtumsfahrt, Wallfahrten zum Heiligen Rock nach Trier oder die Wallfahrt zu den Heiligen Drei Hostien im Kloster Andechs. Weltweit gibt es Zehntausende christliche Pilgerstätten. Die größten Wallfahrtsorte sind die Basilika der Jungfrau von Guadalupe in Mexiko (jährlich ca. 20 Mio. Pilger), Rom (ca. 18 Mio. Pilger), Aparecida in Brasilien (ca. acht Mio. Pilger), San Giovanni Rotondo in Italien (ca. sieben Mio. Pilger), Lourdes in Frankreich (ca. fünf Mio. Pilger), und Tschenstochau in Polen (ca. fünf Mio. Pilger). Ein klas-

sischer Pilgerweg ist die Via Sacra, die von Wien zum größten österreichischen Wallfahrtsort, Mariazell in der Steiermark, führt.
→ Pinzgauer Vesper

WALPURGISNACHT Spätestens seit Goethes *Faust* ist die Walpurgisnacht als Hexennacht bekannt. 1777 bestieg der Dichter erstmals den »Blocksberg« genannten Brocken im norddeutschen Harzgebirge und war so beeindruckt, dass er die Ballade »Die erste Walpurgisnacht« schrieb. Um 1900 brachten der nationalromantische Mythos und der Tourismus großen Aufschwung: 1901 kamen hunderte Feierwillige zum Gipfel, 1932 übertrug die »Wochen-

→ Walpurgisnacht
1932 beging man die 30. Walpurgisnacht auf dem Brocken im Harz.

→ Walz
Zimmerleute in Berufstracht auf der Walz in Berlin.
Fotografie. Um 1930

schau« die 30. Walpurgisfeier auf dem Brocken. Derzeit feiern 20 Gemeinden in der Region die Harzer Walpurgisnächte.

An dem Chaos, das in der Nacht vor dem 1. Mai traditionell in den Dörfern ausbrach, waren keine Hexen schuld, sondern Burschen, die in dieser traditionellen → Unruhnacht → Rügebräuche, das → Philippeln, ausübten. Der Termin könnte auf das Fränkische Recht zurückgehen, in dem für die außergerichtliche Konfliktaustragung die Nacht vor dem 1. Mai vorgesehen war.

Die Namensgeberin, die hl. Walpurgis (Walburga), hat damit nichts zu tun. Die angelsächsische Königstochter lebte im 8. Jahrhundert. Als Äbtissin des deutschen Doppelklosters Heidenheim war sie eine der bedeutendsten Frauen des christlichen Europa ihrer Zeit. Ihre Heiligsprechung erfolgte am 1. Mai (vermutlich 870 durch Papst Hadrian II.) anlässlich der Umbettung ihrer Gebeine nach Eichstätt, wo sich ein starker Reliquienkult entwickelte. Walpurgis ist eine Patronin der Kranken, Wöchnerinnen und Bauern.

WALZ Um nach dem erfolgreichen Abschluss der Lehrzeit Erfahrungen zu sammeln, begaben sich früher viele frisch gebackene Gesellen »auf die Walz«. Für diesen → Berufsbrauch erhielten sie von ihrer Zunft eine offizielle Unterstützung, das »Viaticum«. Ihre Wanderung dauerte einige Jahre und war besonders bei den Buchdruckern und Schriftsetzern sowie den Zimmerleuten (die man an ihrer typischen schwarzen Tracht erkannte) üblich.

Auf die Walz zu gehen hatte auch einen sozialen Grund: Der junge Geselle überließ den älteren bzw. einem neuen Lehrling den Arbeitsplatz. Zuvor musste er alle Schulden bezahlen und er durfte den ehrenhaften Ruf seines Meisters, von dem er ein Zeugnis erhielt, nicht schädigen. War er mit dem neuen Meister handelseins geworden, erlegte er das sogenannte »Inspringgeld« und konnte seinen Einstand in die Firma feiern.

WASSERORAKEL Dass Papst Gregor III. im Jahr 731 die *fontium augura* verbot, änderte wenig am Glauben an Wasser und Brun-

Serie M. 1912 № 4036
Série

Unterstützungswanderschein
für die
Benützung der Naturalverpflegungsstationen
des schweizerisch-interkantonalen Verbandes,
der ober-badischen Kreise Konstanz, Villingen, Waldshut und Lörrach,
und des Landes Vorarlberg.

LIVRET DE VOYAGE
de l'Union intercantonale Suisse,
de l'Union de l'Oberland Badois (districts de Constance, Villingen, Waldshut et Lörrach),
et du pays de Vorarlberg
pour les secours en nature à délivrer aux voyageurs nécessiteux.

Dieser Wanderschein ist auf
Ce livret est délivré à

Wolf, Jos. Schriftsetzer
(Name. — Nom)

Wien, Oesterr. geb. 1896 I.I.
(Heimat, Geburtsjahr, Gewerbe. — Origine, an de naissance, profession)

ausgestellt worden von der Verpflegungsstation:
par la station de secours de:

[Stamp: NATURALVERPFL. CANT. THURGAU / 14 JUN. 1914 / FRAUENFELD]

(Stempel der Ausfertigungsstelle mit Datum. — Timbre et date)

und zwar auf Grund folgender amtlicher Ausweisschriften:
sur la production des papiers ci-après:

1 Reise-Pass d. d. 22. IV. 1914
(Paß, Heimatschein oder sonstige auf Seite 4 verzeichnete anerkannte)
(Passeport, acte d'origine ou autres papiers officiels reconnus valables, voir page 5)

Jos. Walz
(Eigenhändige Unterschrift des Inhabers)
(Signature du porteur)

→ Walz
Dieser Unterstützungs-Wanderschein berechtigte Handwerksburschen, die auf der Walz waren, 1914 zur »Benützung der Naturalverpflegungsstationen« in der Schweiz.

nen als Zukunftskünder. Ein beliebtes → Orakel war beispielsweise das Wassermessen zu → Weihnachten oder in der Nacht auf → Neujahr: Man füllte ein Gefäß mit Wasser. Schien der Flüssigkeitsstand zu steigen, deutete dies auf Teuerung oder Hochwasser. Im Spiegel des Wassers von Brunnen oder Kübeln wollten Mägde das Bild ihres Zukünftigen erkennen. Die Wiener Schriftstellerin Karoline Pichler (1769–1843) schilderte das »wohlbekannte Lesseln« am → Heiligen Abend: »Viel Lachen erregten die Nußschalen, deren jede ein kleines Lichtchen und den Namen von einer Person der Gesellschaft trug und die so als leuchtende Flotte auf dem Teich eines Beckens mit Wasser gesetzt wurden. Eine überzählige Nußschale hatte den Namen des Pfarrers und es gab nun zu allerlei Scherz Anlaß, wenn die rechten oder auch die unrechten Schalen zusammen schwammen und vielleicht der Zufall den Pfarrer mit einem dieser Pärchen vereinigte, was dann eine sichere Heirat bedeuten sollte.«

WEIBERFASTNACHT Am Donnerstag vor dem Aschermittwoch führten die Frauen im Rheinland in Deutschland das Regiment. In der traditionellen Gesellschaftsordnung verstand man dies als Ausdruck der Verkehrten Welt im → Fasching. Nach Zeugnissen aus dem 14. Jahrhundert luden die Städte die Frauen zu einem Mahl ein. Später veranstalteten die »Weiberzechen« maskierte Heischeumzüge, deren Ertrag sie in den Wirtshäusern umgehend wieder ausgaben. Dabei hielten sie Gericht über ihre Männer, die nicht anwesend sein durften. Einen ähnlichen Brauch gab es im 18. Jahrhundert in den Klöstern, wobei sich die Nonnen als Geistliche verkleideten, tanzten und Karten spielten.

An Mosel, Ahr und in der Eifel entwickelten sich vielfältige Formen der dörflichen Weiberfastnacht. Dazu gehörten → Heischebräuche, Festgelage und das Baumstammrecht. Bei letzterem spendete die Gemeinde den Frauen einen schönen Baum, den sie verkauften und mit dem Erlös ein Mahl feierten. Außerdem nahmen sie Männern Kleidungsstücke ab und verlangten Lösegeld dafür.

WEIHNACHTEN Weihnachten ist das Fest der Geburt Jesu Christi. Dem eigentlichen Feiertag, dem Christtag, gehen Feierlichkeiten am Vorabend, dem → Heiligen Abend, voraus. Der Weihnachtstermin ist in Rom für den 25. Dezember 336 historisch belegt. Erst seit dem Biedermeier (1815–1848) entwickelte sich Weihnachten zum besinnlichen Familienfest mit Lichterbaum und Christkind.

Während die Bescherung am Heiligen Abend jüngeren Datums ist, haben Geschenke anderer Art eine lange Geschichte. Im Mittelalter beschenkte die Wiener Bürgerschaft den Landesfürsten. Ihre großzügigen Gaben scheinen in den Stadtrechnungen des 14. Jahrhunderts unter dem Namen »Chleinat« (Chlainet) auf. 1374 bekamen mehrere Goldschmiede für Chlainet für Herzog Albrecht und Herzog Leopold Entgelt. In der ersten Hälfte des 15. Jahrhunderts bestand das jährliche Weihnachtsgeschenk aus Münzen, auch die Herzogin sowie ihre Bedienten (Türhüter, Knecht, Hofmeister, Marschall, Kanzler) wurden bedacht, ebenso der Wiener Bürgermeister. Die Sitte bestand bis zum Tod Kaiser Friedrichs III. (1415–1493).

→ Advent, Christblock, Fischseele, Frautragen, Geburt, Glocken, Güldensonntag, Habergeiß, Heilige Madel, Hofgrössing, Joseftragen, Kletzenbrot, Krapfen, Krippe, Lichtmesstag, Lüttenweihnacht, Luzientag, Orakel, Pfingsten, Pflanzen und Bräuche, Raunächte, Rauschgoldengel, Salzach-Schiffer, Schlenkeltage, Schlüsselbrot, Hl. Sebastian, Stephanitag, Störibrot, Stroh, Unschuldige Kinder, Wasserorakel, Wetter und Bräuche, Wiege

WEIHWASSER Im Eingangsbereich der Kirchen befinden sich Becken für das Weihwasser, mit dem sich die Gläubigen bekreuzigen. Aus dem 8. Jahrhundert ist überliefert, dass die Priester jeden Sonntag eine Weihe des Wassers vornahmen und die Messbesucher damit besprengten. Dahinter stand das Motiv der Tauferneuerung. Zusätzlich wurde zu bestimmten Anlässen Wasser geweiht: zu → Ostern (Osternacht) das Taufwasser, am → Dreikönigstag Gregoriuswasser zur Altarweihe sowie am → Stephanitag das Stephanswasser zum Schutz des Hauses und als Stallsegen.

Turmblasen am Heiligen Abend in Kassel, wahrscheinlich auf dem Turm der alten Stiftskirche St. Martin. Fotografie. 1935

Im privaten Haushalt sollte Weihwasser → apotropäisch wirken, oft wurde ihm magische Wirkung zugeschrieben. Man bekreuzigte sich beim Betreten und Verlassen des Hauses oder morgens, mittags und abends mit Weihwasser. Den Kindern zeichnete die Mutter vor dem Schlafengehen ein Kreuz mit dem geweihten Wasser auf die Stirn. In den → Raunächten wurde Weihwasser zur Schadensabwehr versprengt.

WEINBEERGEISS Der Abschluss der Weinlese wurde vielfach mit einem Fest gefeiert, dessen Höhepunkt ein Umzug darstellte. Das mitgetragene Festgerät hatte verschiedene Formen, darunter Holzgestelle, die an ein ziegenartiges Tier erinnerten. Der Kopf mit

→ Weinbeergeiß
Einst präsentierten die Untertanen ihrer Herrschaft die schönsten Trauben auf einem Holzgestell. Heute ist die Weinbeergeiß ein hübsches folkloristisches Requisit bei Weinlesefesten (hier in der Wachau). Fotografie. Um 1950

den Hörnern war geschnitzt, bunte Trauben bildeten das Fell. Diese Weinbeergeiß stellte eine stilisierte Abgabe an die Grundherrschaft dar. 1524 zogen die jugendlichen Kremser Hauerknechte mit Fahnen und einem Korb voll Trauben und Obst nach Hadersdorf und in das Schloss Grafenegg in Niederösterreich, dessen Lehensleute sie waren. In kleineren Orten war es im 19. und 20. Jahrhundert üblich, dass die → Weinhüter eine Weinbeergeiß dem Richter, eine zweite dem Pfarrer und eine dritte ins Gemeindewirtshaus brachten, wo sich ein Tanz anschloss.

WEINHÜTER Aufgabe der Weinhüter war es, Weinberge zur Zeit der Traubenreife zu bewachen. Von den Kremser Weinhauern ist bekannt, dass sie bereits im Jahr 1340 einen *hueter* wählten. Der Dienst der Weinhüter begann zu Jakobi (25. Juli) oder Laurenzi (10. August) und endete, wenn drei Viertel der Trauben gelesen waren. Pistolenschüsse markierten den Beginn und das Ende (Gebirgsaufschießen) der Hütezeit. Die Bewacher trugen Hacken (Hiatahackl) oder Spieße als Waffen, Rechts- und Würdezeichen. Auch Stöcke, Peitschen, Säbel und Pistolen fanden Verwendung. Blasinstrumente (Hüterpfeiferl) aus Messing oder Rinderhörner dienten als Signalgeräte. In Lengenfeld in Niederösterreich wurden drei Bewerber ausgelost und von der Gemeinde vereidigt. Jeder Hüter bekam einen Bürgen, der für ihn verantwortlich war. Außer der üblichen Ausstattung erhielten die Hüter dort ein Fernglas und eine Plakette. Ihren Hut schmückten sie mit einem Sträußchen aus Wermut. Stellten sie einen Traubendieb, so waren sie verpflichtet, ihn auf die Gemeinde zu bringen, wo er verurteilt wurde. Nur schwangere Frauen gingen straffrei aus.

Während ihres Dienstes wohnten die Männer in behelfsmäßigen oder festen Hüterhütten in den Weingärten. Der Hüterbaum (Hutsäule) zeigte die Weinhüter-Saison an: ein mehrere Meter hoher, bis auf den Wipfel entrindeter, geschmückter Baum. Regional wurde er mit gekreuzten Strohwischen, hölzernen Hüterhacken oder dem Hüterstern bekrönt. Im Weinviertel zierten Wermut und

Kugeldisteln die Hüterstange. Wie der → Maibaum war der Hüterbaum immer in Gefahr, gestohlen zu werden. Am Ende der Saison legte man ihn um und feierte dies mit einem festlichen Umzug und Mahl.

WENDEN Als Wender bezeichnete Leopold Schmidt Volksheilkundige, Zauberärzte oder sogenannte Ansprecher, die suggestive Heilmethoden anwendeten. Manche waren auf bestimmte Krankheiten bei Mensch und Tier spezialisiert, z. B. Warzen oder Augenleiden. Das in ganz Europa verbreitete Besprechen oder Wenden beruhte auf Segensformeln, magischen Handlungen und Sympathiemedizin. Man praktizierte es bei abnehmendem Mond oder an → Schwendtagen, um Krankheiten zum Verschwinden zu bringen. Dieses Wissen wurde innerhalb der Familie oder an als würdig erachtete Nachfolger übertragen. Unter bestimmten Berufsgruppen gab es besonders häufig Wender, beispielsweise Hirten oder Schmiede. Manche Wender galten den Dorfbewohnern als unheimlich oder der Hexerei nahestehend. Andererseits waren die Heilkundigen oft angesehene oder besonders fromme Personen, viele kombinierten ihre Sprüche mit Gebeten. Wenden hatte geheimnisvollen Charakter, Misserfolge wurden verschwiegen.

Zum Ritual gehörte stets ein Spruch bzw. formelhafter Segen, wobei sich christliche und magische Anschauungen vermischten. Manche Formeln wie der Blutsegen reichen bis in das 12. Jahrhundert zurück. Die Sprüche wurden mündlich überliefert, handgeschrieben oder seit der Barockzeit in Drucken wie dem *Romanusbüchlein* oder dem 6. und 7. Buch Mosis.

Ein nicht unwichtiger Bestandteil des Wendens waren Gesten wie Streichen, Berühren und Bekreuzigen. Wender übertrugen, so der Glaube, die Krankheit auf einen Gegenstand, z. B. einen Faden, der unter der Dachtraufe vergraben, im Wasser weggeschwemmt oder in einen Baum verpflockt werden konnte (→ Pflanzen und Bräuche). Wie der Gegenstand, auf den sie die Krankheit übertrugen, sollte diese schwinden.

In Oberösterreich heilte man ausgerenkte Glieder von Tieren unter Anrufung des hl. Leonhard mit der »Roadlkettn«: Die zum Bremsen des Heuwagens verwendete Radkette wurde zusammen mit einer Schaufel an einen Holzpfosten im Stall gebunden. Drei Tage durfte man nicht hinschauen, am vierten Tag sollte sich die Kette gelockert und die Schaufel umgedreht haben, was den Erfolg anzeigen sollte.

WERKELMANN Noch vor 100 Jahren waren Drehorgeln aus dem öffentlichen Leben nicht wegzudenken – zeigt sich heute in der Fußgängerzone einer Stadt ein Werkelmann mit seinem Instrument, kann er sicher sein, als Besonderheit bestaunt zu werden. Der Name »Drehorgel« verweist auf den Mechanismus: Der Spieler bewegte mit einer Handkurbel die Walze, deren eingesetzte Stifte die Ventile der Orgelpfeifen öffneten. Die ersten Leierkasten trug man um den Hals, mit verbesserter Technik und zunehmender Größe kamen sie im 19. Jahrhundert auf fahrbare Gestelle. In Wien spielten Werkelmänner im Prater, in Vergnügungsstätten und Höfen, besonders gerne in den Durchhäusern der Vorstädte. Die Mieter warfen ihnen aus dem Fenster in Papier gewickelte Münzen zu – nicht selten, um sie dadurch zum Weiterziehen zu bewegen und die Ruhestörung auf diese Weise in beiderseitigem Einvernehmen zu beenden.

In Maria-Theresianischer Zeit waren die Werkelmänner Kriegsinvalide, die sich durch Straßenmusik einen geringen Verdienst erwirtschaften konnten. Im Jahr 1838 gab es 800 Lizenzen, 1900 immerhin noch 120, nach 1930 wurden keine mehr vergeben.

WIEGE Seit dem Mittelalter bis um 1900 waren in Europa hölzerne Kinderwiegen üblich. Diese Möbel waren aus Pfosten und Brettern zusammengefügt und standen auf Kufen, mit denen sie geschwungen werden konnten. Der Wiener Schottenmeister malte 1469 die Geburt Mariä mit einer charakteristischen Querschwingerwiege. In der Barockzeit wurden die Wiegen tischhoch, geschnitzt und bemalt. Sprüche, Jahreszahlen und religiöse Motive waren die

»Auszier«. Häufig findet sich auf dem Kopfteil das Jesusmonogramm, auf dem Fußteil der abwehrende fünfzackige Drudenfuß (Pentagramm). Um das Kind vor Insekten zu schützen, wurden – oft ebenfalls geschnitzte – Holzbogen angebracht, über die man Tücher legte. Ende des 19. Jahrhunderts lösten Kinderwagen und Gitterbetten die Wiege ab. Der Begriff »Wiegenfest« bezeichnet im gehobenen Sprachgebrauch heute noch den Geburtstag.

Das »Kindelwiegen« war der älteste Brauch rund um → Weihnachten. Bereits 1162 – zwei Generationen vor der legendären Krippenfeier des heiligen Franziskus – beschrieb der Augustiner-Chorherr Propst Gerhoh von Reichersberg diesen Brauch. Aus dem 14. Jahrhundert ist das Lied »Joseph, lieber nefe mein, hilf mir wiegen mein kindelein« des »Mönch von Salzburg« genannten Dichters bekannt. In einer kleinen Wiege lag »ein schön aufgeputztes Christkind, zumeist aus Wachs, das von Mitgliedern der Gemeinde oder auch von umherziehenden Kindern unter Absingen entsprechender Lieder gewiegt werden durfte«. Genau 850 Jahre nach der ersten Erwähnung – am 7. Januar 2012 – wurde der Brauch in St. Gertrud, einer kleinen, romanischen Kirche der Stiftspfarre Klosterneuburg, wieder zum Leben erweckt. Initiator des revitalisierten Kindelwiegens ist Eberhard Kummer – bekannt als Pionier des Drehleierspiels und der Interpretation mittelalterlicher Epen.

HL. WOLFGANG Zu den Andenken an die → Wallfahrt nach St. Wolfgang in Oberösterreich zählten die »Wolfgangihackeln«, kleine Amulette, die man am Rosenkranz oder an der Uhrkette befestigte. Wie Medaillen und Bilder sollten sie das Vieh schützen. Der Legende zufolge warf Wolfgang das Beil, um den Bauplatz der Kirche festzulegen. Außerdem gab es eigene Fläschchen zum Mitnehmen des Wassers aus dem Brunnen bei der Wallfahrtskirche. Wo der Heilige rastete, soll er eine Spur im Stein hinterlassen haben. Am Durchkriechstein bei seiner Kapelle auf dem Falkenstein hoffte man, verschiedene Krankheiten abzustreifen.

Wolfgang (924–994) begann seine Ausbildung und geistliche

Karriere im Kloster Reichenau am Bodensee. Aus politischen Gründen musste er 976 nach Mondsee fliehen und reformierte dort das 748 gegründete Kloster. Sein Gedenktag ist der 31. Oktober.

WETTER UND BRÄUCHE

Den Landwirten »regnet es in die Werkstatt«. Zu viel oder zu wenig Regen kann ihre Arbeit auch heute noch zunichtemachen. In früheren Zeiten, als computergestützte Wettervorhersagen noch ebenso unbekannt waren wie automatische Bewässerungssysteme, konnten Dürre, Unwetter, Blitzschlag oder Hagel verheerende Folgen bis hin zu Hungersnöten auslösen.

Umso mehr hoffte man, sich mit »abergläubischen Zusatzversicherungen« wie den → Antlasseiern gegen Unwetter zu schützen. Es gab eigene Wetterheilige und Lostage, an denen mit »Bauernregeln« Wetterprognosen versucht wurden.

BLITZSCHUTZ

Blitzschlag bedeutete bei Dächern und Häusern aus leicht brennbaren Materialien den Verlust der Existenz. Nach den Vorstellungen des Sympathieglaubens ziehen bestimmte Pflanzen und Tiere Blitze an, andere sollen vor Gewitter schützen. Bekannt ist der Reim: »Eichen soll man weichen, Buchen soll man suchen, Weiden soll man meiden.« Die – auch Donnerbart genannte – Hauswurz (*Sempervivum tectorum*) setzte man zum Schutz auf das Hausdach. Dies wurde schon im 9. Jahrhundert im *Capitulare de villis* empfohlen. Im Tierreich versprach man sich von Storch und (Wetter-)Hahn Hilfe. → Kerzen, schwarze Gewitterkerzen und rote Feuerkerzen ließ man am → Lichtmesstag weihen. Himmelsbriefe und Wetterbüchlein sollten gegen Blitzschlag und Brandgefahr helfen. Geweihte Glocken trugen die Inschrift *»fulgura frango«* (ich breche die Blitze).

Im Jahr 1754 montierte der Prämonstratenserpater Prokop Diviš (1698–1765) im Garten seines Pfarrhofs in Přiměticebei Znojmo/Znaim im heutigen Tschechien den ersten Blitzableiter Europas. Der Geistliche stand in Kontakt mit Gelehrten, kannte aber die Erfindung, die Benjamin Franklin zwei Jahre zuvor in den

Tanz eines in Gräser, Laubzweige und Blumen gehüllten, mit Wasser begossenen Mädchens

USA gemacht hatte, nicht. Bauern, die den Blitzableiter für Teufelswerk hielten, zerstörten das Gerät.

1449 beschädigte ein Blitzschlag den Wiener Stephansturm. Ein Jahrhundert später (1551) ließen Bürgermeister und Rat der Stadt Wien auf den obersten acht Spitzen Hirschgeweihe anbringen, »die für die Einschlagung des wilden Feuers und Donners dienstlich sein sollen«.

GEWITTERSEGEN

Im Mittelalter verbreitete sich in ganz Deutschland die Sitte, bei aufziehenden Gewittern das Allerheiligste zur Kirchentür und auf den Friedhof zu bringen, den Segen in die gefährdete Richtung zu erteilen und den Exorzismus zu üben. Offiziell war dieser Brauch jedoch verboten, weshalb die Kirche versuchte, als Alternative einen einfachen, mit einem Kruzifix oder Kreuzpartikel zu erteilenden Wettersegen anzubieten. Wie hartnäckig Bräuche sich halten können, zeigt die Tatsache, dass sich die Konstanzer Diözesansynode noch im Jahr 1609 veranlasst sah, das Verbot zu wiederholen, das Allerheiligste als Abwehrmaßnahme gegen Gewitter herumzutragen.

HAGELABWEHR

Um die Saat vor Hagel zu schützen, steckte man → Palmbuschen in die Felder und führte die → Fronleichnamsprozession dort vorbei. Zogen dennoch Hagelwolken auf, legte man in Oberösterreich die Egge mit den Zähnen nach oben, gab drei Hagelkörner in den Weihbrunnkessel und stellte diesen auf den Misthaufen. Um von Hagel verschont zu bleiben, sollten die Bauern, so hieß es, an Sonn- und Feiertagen kein Getreide zur Mühle bringen.

REGEN

Durch den mittelalterlichen Kirchenrechtler Burchard von Worms (um 965–1025) wissen wir, dass Regenzauber, bei dem Mädchen begossen wurden, in Deutschland im Jahr 1024 zu einer zwanzigtägigen Kirchenbuße führte. Hingegen sollten → Prozessionen, → Wallfahrten und Gebete die Witterung im Sinne der Landwirte beeinflussen.

Regen bei einer → Hochzeit ließ sich als → Orakel positiv oder negativ deuten. Regen bei einem Begräbnis galt als Todesvorzeichen für einen der Trauergäste, sollte jedoch auch die Qualen des Verstorbenen im Fegefeuer lindern. An Lostagen zog man

Schlüsse auf das kommende Wetter oder die Ernteerträge. Bekannte Regeln waren beispielsweise: Nasse Ostern bringen ebensolche Pfingsten. Regnet es am 1. August, dann vier Wochen lang. Regnet es im Fasching, bekommt man viel Gemüse, Karfreitagsregen bringt keinen Segen. Regenvorzeichen kamen aus Erfahrung ebenso wie aus irrigen Annahmen. Viele fanden durch Bauernkalender Verbreitung. Mondhof und Morgenrot sollten auf Niederschläge deuten. Auch Tiere galten als Wetterpropheten: Wenn die Schwalben niedrig flogen oder Hunde Gras fraßen, meinte man, dass es bald regnen werde.

Z

Wenn weise Männer nicht irrten, müssten die Narren verzweifeln.

Johann Wolfgang von Goethe

ZAHLEN Heilige Zahlen finden sich in allen Religionen, in → Zauber, Astrologie und Mystik. So gilt die Drei als Inbegriff des Segenskräftigen und Mächtigen. Im Christentum findet sie sich als Dreifaltigkeit, bei den drei Marien, den drei → Heiligen Madln, in den Dreiergruppen bei den 14 Nothelfern etc. In zahlreichen Märchen wie auch bei vielen Bräuchen muss man etwas dreimal tun oder einen Spruch dreimal aufsagen.

Die Wertschätzung der Zahl Sieben ist aus der orientalischen Astrologie – sieben Planeten, sieben Wochentage – und dem Alten Testament bekannt. In der Bibel steht die Zahl für eine Gesamtheit: Sieben bedeutet die Weisheit Gottes und die Übereinstimmung mit seinem Ratschluss. Der siebenarmige Leuchter (Menora) zählt zu den wichtigsten religiösen Symbolen des Judentums. Auch das Christentum verwendet diese Zahl oft. Es nennt sieben Tugenden: Demut, Freigiebigkeit, Keuschheit, Wohlwollen, Mäßigkeit, Sanftmut und Eifer im Guten. Der Kirchenlehrer und Papst Gregor I. (540–602) hat die sieben Hauptsünden definiert: Hoffart, Geiz, Neid, Unmäßigkeit, Unkeuschheit, Zorn und Trägheit. Interessant ist nicht zuletzt, dass es sich bei diesen – früher Todsünden genannten – *peccata capitalia* um die Übertreibung berechtigter Strebungen handelt. So wird z. B. Sparsamkeit zu Geiz. Auf dem Kalvarienberg in Wien-Hernals finden sich große Reliefs mit den Darstellungen der Tugenden und Laster.

Märchen erzählen unter anderem von sieben Raben, sieben Geißlein, sieben Brüdern, »Sieben auf einen Streich« oder Siebenmeilenstiefeln. In Redensarten begegnet die Zahl als »eine böse Sieben« (Frau), »seine Siebensachen packen«, »ein Siebenschläfer (Langschläfer) sein«.

Zahlen werden auch mit Glück oder Unglück verbunden. So gilt 13 landläufig als Unglückszahl, weil sie das runde Dutzend übersteigt. Dieses war lange Zeit die grundlegende Maßeinheit. Maße und Gewichte folgten nicht, wie heute, dem Dezimalsystem, sondern waren Vielfache von zwölf (Dutzend), Schock (5 Dutzend), Gros (12 Dutzend). Die Zugabe eines 13. Stücks, das die Bäcker beim Kauf von zwölf Gebäcken gratis abgaben, hieß in Deutschland Bäckerdutzend. Seit 1793 wird, von Frankreich ausgehend, das dezimalmetrische System verwendet. In Österreich gilt es erst seit 1876 verbindlich.

ZAHLENLOTTO In Österreich legalisierte 1751 das Lotteriepatent Joseph II. dieses Glücksspiel. Die neue staatliche Einnahmequelle machte sich bezahlt: Ab 1759 finanzierte das Kaiserhaus nach italienischem Vorbild durch die Einnahmen aus Glücksspielen das Burgtheater. 1813 regelte Kaiser Franz II. (I.) das Staatslotteriewesen neu.

Um die Gewinnzahlen zu erraten, bediente man sich in Wien verschiedenster Mittel. Die »Lotterieschwestern« hofften, sie im → Agnesbrünnl zu erkennen oder ließen Zettel mit Nummern von Hunden oder Papageien ziehen. Auch an den Barbarazweigen brachten sie Zettel mit Ziffern an. Öffnete sich die Blüte am Zweig, galt die Ziffer als Glückszahl. Sehr beliebt war die symbolische Deutung nach dem *Ägyptischen Traumbuch* vom Jahre 1204 (oder 1231) oder dem altbekannten *Schusterbuben-Traumbuch*. Dass die zugewiesenen Zahlen unterschiedlich und manche der zur Lotto-Vorhersage gedeuteten Gegenstände ungewöhnlich sind, dürfte nicht gestört haben. Einige Beispiele: Armbrust – 39, 82, Chorpult – 22, Drachen – 25, 39, Fischsuppe – 64, Murmeltier – 88, Perücke pudern – 54.

ZAHN Bis ins 19. Jahrhundert werkten Marktschreier und Quacksalber in der Öffentlichkeit als Zähnebrecher. Als Patronin der Dentisten und Patienten rief man seit dem Mittelalter die hl. Apollonia zu Hilfe, der als Martyrium die Zähne gezogen wurden. Fragmente von Zahnsegen in lateinischer Sprache sind aus der Zeit der ersten Jahrtausendwende belegt. Sie erzählen von Petrus, der wegen seiner Zahnschmerzen weinend auf einem Stein sitzt. Deutschsprachige Entsprechungen sind seit dem 15. Jahrhundert bekannt. In der populären Medizin sollten die Schmerzen auf ein Gewässer oder einen Baum übertragen werden. Als besonders geeignet galten Weiden, die man wie folgt anzusprechen hatte: »Guten Abend, liebe alte Weide, ich bringe dir meine Zahnschmerzen heute und wünsche, dass sie bei dir bestehen und bei mir vergehen.«

Der erste Zahn bei Kindern wurde besonders begrüßt. Bernsteinketten sollten das Zahnen erleichtern. Beim Zahnwechsel warf man den Milchzahn hinter den Ofen mit dem Wunsch: »Ofen, da hast du den alten Zahn, mach mir bald einen neuen dran.« Auch Mäuse – denen man ein besonders gutes Gebiss nachsagte – wurden zu Hilfe gerufen, indem man den Milchzahn in einen Mäusebau steckte.

Eine Broschüre über *Aberglaube und Bauernregeln im Volksmunde* aus dem Jahr 1905 verzeichnete einige auf Zähne bezogene Vorstellungen: »Ist zwischen den Vorderzähnen eine große Lücke, so kommt man noch weit hinaus in die Welt.« und »Man muss seine Nägel jeden Freitag schneiden, dann bekommt man nie Zahnweh.«, heißt es dort.

ZAUBER Mit Zauber soll – im Unterschied zum Gebet, das Gott die Erfüllung der menschlichen Hoffnungen und Wünsche überlässt – eine höhere Macht zu etwas gezwungen werden. Das *Wörterbuch der deutschen Volkskunde* nennt als Anwendungsweisen für Zauber Sprüche, Gesten und Handlungen, unter anderem im Zusammenhang mit Saat, Ernte, Heilung oder zu bestimmten Tagen des Jahres.

Zauber sind oftmals sehr alt, viele Zaubersprüche sind mit christlichen Vorstellungen verquickt, wobei das »Amen« entfällt. 1842 gab Jacob Grimm erstmals die »Merseburger Zaubersprüche« heraus, die ein Jahr zuvor in der Bibliothek des Domkapitels der Stadt an der Saale entdeckt worden waren. Die beiden Zauberformeln stammen aus dem 9./10. Jahrhundert. Sie sind in althochdeutscher Sprache verfasst und behandeln einen Lösezauber und einen Heilungszauber.

→ Superstition

ZINKEN Als Gaunerzinken bezeichnete man Symbole, die mit wenigen Strichen gezeichnet werden konnten, um Bettlern und Landstreichern Auskunft über die Bewohner eines Hauses zu geben. Von den hunderten Zeichen, die seit dem 16. Jahrhundert verwendet wurden, sind manche noch heute bekannt. Dazu zählen Kreis (hier gibt es nichts), Zackenlinie (bissiger Hund) und Kreuz (fromm stellen lohnt sich).

ZYLINDER Der Zylinder ist ein hoher, steifer Hut mit zylindrischem Kopf und fester Krempe. Zylinder für Männer entwickelten sich um 1780 aus hohen Hüten aus Wollfilz, wie sie der englische Landadel als Reithut trug. Im 19. Jahrhundert wurden sie zur Kopfbedeckung der Bürger, und damit zum Feindbild der Arbeiter in der Revolution 1848 in Wien. Davon erzählt die Travestie einer »Schauderhaften Moritat«, in der es heißt: »Am Thury drunt' beim Brunni, geschah's am sechsten Juni (…) das Opfer hieß Zylinder. Zwei Strizzi war'n die Sünder, die schlugen drein wie Binder.«

In der Stadt war der Zylinder bald Bestandteil bestimmter Berufstrachten (Rauchfangkehrer, Fiaker, Zauberkünstler). Ab 1820 hatten auch die reichen Bauern in Niederösterreich und Oberösterreich hohe schwarze Hüte. In Norddeutschland trugen die Mitglieder der → Pankokenkapellen Zylinder.

Der Soziologe Roland Girtler schildert, welche Rolle diese Kopfbedeckung für die Studenten der Klosterschule spielte, die er in Oberösterreich 1959 abschloss: »Nach der Zeugnisverteilung (…) ging es zur Kirche, die Patres hatten wieder ihre dunklen, noblen Umhänge an und auf ihren Köpfen prangten die Zylinder.« Doch nicht nur die Lehrer waren durch die hohen Hüte ausgezeichnet, auch die Schüler der Abschlussklassen: »Am Sonntag vor der schriftlichen Matura kam es in der Klosterschule zu einem spannenden Ritual, bei dem die Maturanten sich von der Bevölkerung des Ortes verabschiedeten.«

Am sogenannten »Pflanzsonntag« erschienen die Maturanten im eigens angeschafften schwarzen Anzug. »Als Kopfbedeckung trugen sie einen Zylinder, den sie entweder selbst aus Familienbeständen, wie ich, hatten, oder den sie sich ausborgten. So angetan fuhren sie im Pferdewagen, begleitet von der Studentenkapelle und den Burschen der unteren Klassen in den Markt.« Dort hielten sie Reden, »wobei sie sich über ihre Lehrer im Kloster und Leute aus der Bevölkerung belustigten. (…) Und schließlich wurde der Tag der Matura mit einem Festessen, dem so genannten ›Valet‹ in einem Gasthaus des Ortes abgeschlossen. Zu diesem marschierten die Maturanten mit Zylinder und einer weißen Nelke im Knopfloch, angeführt von der Musikkapelle und gefolgt von den jüngeren Studenten.«

LITERATUR (AUSWAHL)

Aberle, Andreas: Nahui, in Gotts Nam! Rosenheim 1974
Adam, Adolf: Das Kirchenjahr mitfeiern. Freiburg/Br. 1979
Albers, Johann Heinrich: Das Jahr und seine Feste. Stuttgart 1917
Alle heiligen Zeiten. Lieder und Texte im Jahreskreis. Atzenbrugg 2010
Alvensleben, B. von: Aberglaube und Bauernregeln im Volksmunde. Leipzig 1905
Baumert, Susan: Bürgerliche Familienfeste im Wandel. Frankfurt/Main 1914
Benediktionale. Studienausgabe. Freiburg/Br. 1989
Becker-Huberti, Manfred: Lexikon der Bräuche und Feste. Freiburg/Br. 2000
Becker-Huberti, Manfred: Der heilige Martin. Leben, Legenden und Bräuche. Köln 2003
Beitl, Klaus: Votivbilder. Salzburg 1973
Beitl, Klaus: Volksglaube. Salzburg 1978
Berger, Rupert: Kleines liturgisches Lexikon. Freiburg/Br. 1987
Berger, Rupert: Neues Pastoralliturgisches Handlexikon. Freiburg/Br. 1999
Bieritz, Karl-Heinrich: Das Kirchenjahr. München 1994
Blümml, Emil K. – Gustav Gugitz: Alt-Wiener Krippenspiele. Wien 1925
Bönsch, Annemarie: Formengeschichte europäischer Kleidung. Wien 2001
Brauneck, Manfred: Religiöse Volkskunst. Köln 1979
Brückner, Wolfgang: Volkskunde als historische Kulturwissenschaft (Nachträge II). Würzburg 2010
Bürger, C. F.: Die Blumensprache. Hg. Michael Kurzer. Würzburg 1995
CML – Realis: Curiositäten- und Memorabilien Lexicon von Wien. Wien 1846 (2 Bände)
Das älteste, echte Ägyptische Traumbuch vom Jahre 1204. Wien o. J.
Das Schusterbuben-Traumbuch mit Lottozahlen. Wien 2014
Der Kleine Pauly, Lexikon der Antike. Stuttgart 1969
Deutsch, Walter – Helga Maria Wolf: Menschen und Melodien im alten Österreich. Wien 1998
Die Bibel, Einheitsübersetzung. Altes und Neues Testament. Stuttgart 1980
Döring, Alois: Rheinische Bräuche durch das Jahr. Köln 2006
Edl, Richard: Östliches Weinviertel. Alltag im Dorf. Erfurt 2003
Engelhauch und Sternenglanz. Ausstellungskatalog. Wien 2000
Ennstaler Bräuche im Jahreslauf. Gröbming 2002

Euler-Rolle, Andrea: Zwischen Aperschnalzen und Zwetschenkrampus. Linz 1993
Fielhauer, Hannelore: Die Kerze. Ein Lichtblick der Kulturgeschichte. Wien 1987
Fielhauer, Hannelore: Nun schlägt die Glocke 13. Wien 1991
Fielhauer, Helmut: Volkskunde als demokratische Kulturgeschichtsschreibung. Wien 1987
Floßmann, Ursula: Österreichische Privatrechtsgeschichte. Wien 2001
Frank, Norbert – Karl Kaus: Heiliger Martin. Eisenstadt 2014
Friedl, Inge: Almleben. So wie's früher war. Wien 2013
Galler, Werner: Mai- und Frühlingsbrauch in Niederösterreich, Ausstellungskatalog. Wien 1980
Galler, Werner: Kirtag in Niederösterreich. St. Pölten 1984
Galler, Wolfgang: Unser täglich Brot. Schleinbach 2013
Geramb, Viktor: Sitte und Brauch in Österreich. Graz 1948
Girtler, Roland: Die alte Klosterschule – eine Welt der Strenge und der kleinen Rebellen. Wien 2000
Gladt, Karl: Stammbuchblätter aus Wien. Wien 1967
Goop, Adulf Peter: Brauchtum in Liechtenstein. Vaduz 1986
Graber, Georg: Volksleben in Kärnten. Graz 1941
Grabner, Elfriede: Martinisegen und Martinigerte in Österreich. Eisenstadt 1968
Goethe, Johann Wolfgang von: Schriften zu Literatur und Theater. I. Hg. Walter Rehm, Stuttgart 1970
Großer Katechismus der katholischen Religion. Wien 1929
Gugitz, Gustav: Das Jahr und seine Feste im Volksbrauch Österreichs. Wien 1950 (2 Bände)
Gugitz, Gustav: Die Sagen und Legenden der Stadt Wien. Wien 1952
Gugitz, Gustav: Fest- und Brauchtums-Kalender. Wien 1955
Gugitz, Gustav: Österreichs Gnadenstätten in Kult und Brauch. II. Wien 1955
Haberlandt, Arthur: Taschenwörterbuch der Volkskunde Österreichs. Wien 1959 (2 Bände)
Hager, Franziska – Hans Heyn: Drudenhax und Allelujawasser. München 1988
Haid, Gerlinde – Hans Haid (Hg.): Alpenbräuche. Bad Sauerbrunn 1994
Haid, Gerlinde (Hg.): Kärnten und seine Nachbarn. Brauchlied. Wien 2000
HDA – Handwörterbuch des deutschen Aberglaubens. Berlin 1927/1987 (10 Bände)
Harmening, Dieter: Superstitio. Berlin 1979

HLW – Felix Czeike: Historisches Lexikon Wien. Wien 1992–1997 (5 Bände)
Hoke, Rudolf: Österreichische und deutsche Rechtsgeschichte. Wien 1992
Hörandner, Edith: Schutz und Segen. Wien o. J.
Hörandner, Edith u. a.: Von Bienen und Imkern ... Wien 1994
Hörmann, Ludwig: Tiroler Volksleben. Stuttgart 1909 (Reprint Innsbruck 1995)
Jacobelli, Maria Caterina: Ostergelächter. Regensburg 1992
Jäger, Gerold – Hans Kiessling: Holzknechtmarterl in Österreich. Wien 2011
Kammerhofer-Aggermann, Ulrike: Die Gasteiner Perchten. Vortrag Gastein, 24.6.2012
Kaut, Hubert: Alt-Wiener Spielzeugschachtel. Wien 1961, 7 f.
Kaut, Hubert: Kaufrufe aus Wien. Wien 1970
Keller, Hiltgard: Reclams Lexikon der Heiligen und der biblischen Gestalten. Stuttgart 1970
Keller, Peter – Johannes Neuhardt (Hg.): Edelsteine, Himmelsschnüre, Rosenkränze und Gebetsketten. Salzburg 2010
Kirchhoff, Hermann: Christliches Brauchtum im Jahreskreis. München 1990
Kirchhoff, Hermann: Christliches Brauchtum. Feste und Bräuche im Jahreskreis. München 2004
Kisch, Wilhelm: Die alten Straßen und Plätze Wiens ... Wien 1883
Koren, Hanns: Volksbrauch im Kirchenjahr. Salzburg 1934
Krammer, Otto: Wiener Volkstypen. Wien 1983
Kreissl, Eva (Hg.): Kulturtechnik Aberglaube. Bielefeld 2013
Kremser, Eduard: Wiener Lieder und Tänze. Wien 1913 (3 Bände)
Kriss-Rettenbeck, Lenz: Bilder und Zeichen religiösen Volksglaubens. München 1963
Kronprinzenwerk – Kronprinz Rudolf (Hg.): Die österreichisch-ungarische Monarchie in Wort und Bild. Band VI, Oberösterreich und Salzburg. Wien 1889
Kronprinzenwerk – Kronprinz Rudolf (Hg.): Die österreichisch-ungarische Monarchie in Wort und Bild. Band VII, Steiermark. Wien 1890
Kronprinzenwerk – Kronprinz Rudolf (Hg.): Die österreichisch-ungarische Monarchie in Wort und Bild. Band VIII, Kärnten. Wien 1891
Kunsthistorisches Museum Wien, Führer durch die Sammlungen. Wien 1988
Le Goff, Jacques: Die Geburt des Fegefeuers. Stuttgart 1984
Lexer, Matthias: Mittelhochdeutsches Taschenwörterbuch. Leipzig 1885

LThK – Lexikon für Theologie und Kirche. Freiburg/Br. 1986 (14 Bände)
Lexikon christlicher Ikonographie. Freiburg/Br. 1992 (8 Bände)
Lipp, Franz C. – Elisabeth Längle – Gexi Tostmann – Franz Hubmann (Hg.): Tracht in Österreich. Wien 1984
Lipp, Franz C.: Vom Flachs zum Leinen. Linz 1989
Mailly, Anton: Deutsche Rechtsaltertümer in Sage und Brauchtum. Wien 1929
Mantuani, Josef: Die Musik in Wien. Wien 1907 (Reprint Hildesheim 1979)
Martischnig, Michael (Hg.): Sammeln und Sichten. Wien 1979
Mayerhofer, Johannes (Hg. Karl Klier): Volksleben im Land um Wien. Wien 1969
Messerscharf. Ausstellungskatalog. Wien 2003
Mitteis, Heinrich (bearb. Heinz Lieberich): Deutsches Privatrecht. München 1978
Mitterauer, Michael: Namen und Heilige. München 1993
Mitterauer, Michael: Traditionen der Namengebung. Wien 2011
Mitterauer, Michael: St. Jakob und der Sternenweg. Wien 2014
Moser, Dietz-Rüdiger: Bräuche und Feste durch das ganze Jahr. Freiburg 2002
Mostviertler Hausbuch. Wien 1991
Oelwein, Cornelia: Weihnachten im alten München. Dachau 2006
Petermann, Reinhard E.: Wien im Zeitalter Kaiser Franz Josephs I. Wien 1908
Richter, Günter: Der Holzknecht in Niederösterreich. Wien 1984
Richter, Joseph (Pseud. Franciscus Obermayr): Bildergalerie katholischer Missbräuche. Frankfurt und Leipzig 1784
Rochholz, Ernst L.: Deutscher Glaube und Brauch im Spiegel der heidnischen Vorzeit. Berlin 1867 (2 Bände)
Röhrich, Lutz: Das große Lexikon der sprichwörtlichen Redensarten. Freiburg/Br. 1991 (3 Bände)
Schilling, Margarete: Glocken. Gestalt, Klang und Zier. München 1988
Schlager, Johann Ev.: Wiener Skizzen aus dem Mittelalter. Wien 1836–1846 (5 Bände)
Schmidt, Leopold: Wiener Volkskunde. Wien 1940
Schmidt, Leopold: Das deutsche Volksschauspiel … Berlin 1954
Schmidt, Leopold: Volkskunde von Niederösterreich. Horn 1966–1972 (2 Bände)
Schmidt, Leopold: Volkskunst in Österreich. Wien 1966
Schott-Messbuch für die Sonn- und Festtage. Freiburg/Br. 1983

Schreiner, Klaus: Rituale, Zeichen, Bilder. Köln 2011
Smits van Waesberghe, Joseph: Musikgeschichte in Bildern. Leipzig 1986
Teufelsbauer, Leopold: Erntedankfest. Klosterneuburg 1933
Teufelsbauer, Leopold: Jahresbrauchtum in Österreich I. Wien 1935
Tostmann, Gexi: Das alpenländische Dirndl. Wien 1998
Veit, Ludwig Andreas: Volksfrommes Brauchtum und Kirche im deutschen Mittelalter. Freiburg/Br. 1936
Vorgrimler, Hubert: Neues theologisches Wörterbuch. Freiburg/Br. 2000
Walter, Sepp: Steirische Bräuche im Laufe des Jahres. Trautenfels 1997
Waltner, Lisl: Der gemeine Steirer. Wien 1982
WDV – Beitl: Wörterbuch der deutschen Volkskunde. Stuttgart 1974
Westerhoff, Wolfgang: Prangersäulen in Österreich. St. Pölten 1994
Wimmer, Otto – Hartmann Melzer: Lexikon der Namen und Heiligen. Innsbruck 1988
Wolf, Alfred: Sitten und Bräuche der Buchdrucker, in: Gott grüß die Kunst. Wien 1947
Wolf, Alfred: Alsergrund-Chronik. Wien 1981
Wolf, Helga Maria: Das neue BrauchBuch. Wien 2000
Wolf, Helga Maria: Österreichische Feste & Bräuche im Jahreskreis. St. Pölten 2003
Wolf, Helga Maria: Weihnachten. Kultur und Geschichte. Wien 2005
Wolf, Helga Maria: Die Märkte Alt-Wiens. Wien 2006
Wolf, Helga Maria: Mythos Wasser. St. Pölten 2009
Wolf, Helga Maria: Wiens beste Feste. Erfurt 2014
Wolf, Helga Maria: Sehnsucht nach dem Alten Wien. Wien 2014
Wolf, Helga Maria: Zwischen Pracht und Protest. Wien 2015
Zinnburg, Karl: Salzburger Volksbräuche. Salzburg 1972
Zur Geschichte des Bestattungswesens in Wien (Hg. Städtische Bestattung). Wien 1982

REGISTER UND QUELLENNACHWEIS

Mit dem Verweis s. → gekennzeichnete Stichwörter werden in dem Beitrag behandelt, auf den verwiesen wird.

A

Adam-und-Eva-Spiel 11
Advent 12, 13
Agnesbrünnl 13
Ahnlsonntag 15
Aitenkerzen 15
Allerheiligenstriezel aus Stroh 15
Allerseelen 16–18
Allgäuer Brotvögel 18
Almfeste 18, 19
Alräunchen
   s. → Pflanzen und Bräuche
Anblasen 21
Andreasnacht (29. auf 30. November) 21
Angebinde 22
Angelusläuten 22/23
Annentag 23/24
Ansingelieder 24/25
Antlassei 25
Apotropäon 25–27
Arbeitsverbote 27
Aufräummontag 27
Ausläuten
   s. → Geburt und Taufe

B

Bachfeiertag 32
Bäckerschupfen 32/33
Ballspende 33
Ballspenden, in: SammlerJournal.
Hl. Barbara
   s. → Heilige Madl

Bartholomäustag (24. August) 33–36
Baumaussingen 36
Baumbeten
   s. → Pflanzen und Bräuche
Bäume
   s. → Pflanzen und Bräuche
Begräbnis
   s. → Tod
Beichtzettel 36
Beinhaus 34/35, 36
Benediktuspfennig 37
Berufsbräuche 37–39
Beschwörung 39/40
Bestrafte Heilige 40
Bienen
   s. → Tiere und Bräuche
Bierglocke
   s. → Glocken
Blasiusjagen 40/41
Blauer Montag 41
Blitzschutz
   s. → Wetter und Bräuche
Blochziehen 42
Blumensprache
   s. → Pflanzen und Bräuche
Bohnenkönig 42/43
Brauchgebäck 43/44
Brechelritter 44, 45
Bretterkrippe
   s. → Krippen
Brigittakirtag
   s. → Kirtage
Brizzingwasser 44/45
Budelfrau
   s. → Luzientag

Buchs
s. → Pflanzen und Bräuche

C
C+M+B 54, 55
Christi Himmelfahrt 54–56
Christblock 56

D
Daumen 57, 58
Deielendames 57
Do-ut-des-Prinzip 57/58
Dreikönigstag 58–60
Dreschen 60/61

E
Eisbosseln 62
Eisheilige (12. bis 14. Mai) 62/63
Eheschließung
s. → Hochzeit
Ehrenmaibaum
s. → Maibaum
Emmaus gehen 63
Erntedank 63–66
Eselsfest 66/67

F
Fasching, Fastnacht 68–72
Fastenzeit 72/73
Fensterln 75, 74
Feuerjucken 75
Feuerschutz 75
Fischseele 78
Flachs 78/79
Fleischtage 79
Flötzerball
s. → Fasching

Frauendreißiger 79/80
Frautragen 80
Fronleichnamsprozession 80-83
Funken 83
Fürsegnen
s. → Geburt und Taufe

G
Gautschen 84–86
Geburt und Taufe 28–31
Hl. Gertrud (17. März) 86
Geschlossene Zeit 86/87
Gewittersegen
s. → Wetter und Bräuche
Glocken 87–89
Gmarischauen 89
Goaßelfahren 89/90
Godl, Göd 90
Gregori (früher 12. März, seit 1969 3. September) 90/91
Grenzbegehung
s. → Gmarischauen; Lewergehen
Gründonnerstag 91/92
Güldensonntag 93

H
Haarriedel 94
Habergeiß 94/95
Hafernetzen 95
Hagelabwehr
s. → Wetter und Bräuche
Hallamasch 95
Hausaufbahrung
s. → Tod
Haussegen 95/96
Hebekult 96/97
Heilige Madl 97
Heilige Nacht (24. Dezember) 97

Heiratsvermittler, himmlische 97/98
Heischebräuche 98–101
Heringschnappen 101
Herrgottbussen 101/102
Hirtenbräuche 102
Hochzeit 106–111
Hochzeitslader
  s. → Hochzeit
Hofgrössing 102
Holzfahrt 103
Holzknechtbräuche 103–105
Hühner
  s. → Tiere und Bräuche
Hubertusschlüssel 104
Hütelheben 105
Huttanz 105

I & J
Initiation 112
Jahrmärkte 113
Jakobsweg 113
Jodeln 114, 115
Johannesfeuer 116
Johannesminne 117
Josefi (19. März) 118
Joseftragen 118

K
Kappenfahrten
  s. → Fasching
Karfreitag 119
Karsamstagkohle 120
Kathrein
  s. → Heilige Madl
Katzenmusik 120
Kaufrufe 120, 121
Kehraus 122
Kerbholz 122/123

Kerze 123, 124
Kinderzeichen
  s. → Geburt und Taufe
Kirtag 124–126
Kletzenbrot 126/127
Klöpfelsnächte 127
Kornaufwecken 128
Knien 127/128
Krapfen 129/130
Kreissstehen 130
Kreuzweg 130
Krippen 131/132
Krummer Mittwoch 132
Kühtreiben 132

L
Laetare 138
Lamberti (18. September) 139
Leichenschmaus
  s. → Tod
Leichhütlieder
  s. → Tod
Hl. Leonhard (6. November) 139, 141
Lesgans 142
Lewergehen 142
Lichterschwemmen 142
Lichtmesstag (2. Februar) 143
Hl. Lukas (18. Oktober) 143
Lüttenweihnacht 144
Luzientag (13. Dezember) 144/145

M
Maibaum 146, 147
Maipfeife 148
Maitau 148
Hl. Margareta
  s. → Heilige Madl

Hl. Markus (25. April) 149
Marterl 149
Martinitag (11. November) 149/150
Maulgabe 151
Mendelbrot 151
Michaeli (29. September) 152
Mühlen 152
Myrte
    s. → Pflanzen und Bräuche

Philippeln 175
Pinzgauer Vesper 175
Pranger 176/177
Primiß
    s. → Hochzeit
Primiz 177/178
Prozessionen 178, 179
Pumpermette 178
Quatember 180

N
Nachhochzeit
    s. → Hochzeit
Neujahr 153/154, 155, 156
Nikolo 154–157

R
Radelrecht 181
Ratschen 181/182, 184/185
Raunächte 182/183
Raunler 183
Rauschgoldengel 186
Rechtsbräuche 186/187
Regen
    s. → Wetter und Bräuche
Richtersetzen 187
Ringe 187
Roasgehen 188
Römerfahrt 188
Rorate 189
Rosenkranz 189/190
Rosmarin
    s. → Pflanzen und Bräuche
Rügebräuche 190–192

O
Ofenbräuche 158
Ohren 158/159
Omen
    s. → Vorzeichen
Orakel 159/160
Ostern 161–165

P & Q
Palmbuschen 166/167
Palmesel 167/168
Pankokenkapelle 168
Passionsspiele 168/169
Pentekoste 169/170
Perchten 170–172
Petri-Vinkels-Tag (bis 1969
    1. August) 172
Pferd
    s. → Tiere und Bräuche
Pfingsten 173–175
Pflanzen und Bräuche 46–53

S
Sacklaufen 193
Salbei
    s. → Pflanzen und Bräuche
Salz 193
Salzach-Schiffer 194
Samper 194
Sator Arepo 195
Sauschädelstehlen 195

Scheibenschlagen 196
Schifferlsetzen 196/197
Schimmelbeschlagen 197
Schipfeln und Scheiteln 197
Schlenkeltage 197/198
Schlumwoche 198
Schluckbilder 199–200
Schlüsselbrot 200
Schmachtfetzen 200
Schnabelperchten 201
Schneerose
   s. → Pflanzen und Bräuche
Schuhe 201/202
Schützen 202/203
Schwein
   s. → Tiere und Bräuche
Schwendtage 204
Schwerttänze 204/205
Hl. Sebastian (20. Januar) 205/206
Sendschwert 206
Sensenzwickfrauentag 206/207
Silvesterkönig 207
Sommer- und Winter-Spiel 207/208
Sonne 208–210
Sonnwendfeuer
   s. → Sonne
Spanspur 210
Spiegel 210
Stab 210–212
Stammbuch 212
Stechpalme
   s. → Pflanzen und Bräuche
Stephanitag (26. Dezember) 212/213
Stohsuppe 213–214
Störibrot 214
Stroh 214–217
Strohhalmlegen
   s. → Stroh
Superstition 217

T

Tagewählerei 223/224
Taufe 224
   s. auch → Geburt und Taufe
Taufpaten
   s. → Geburt und Taufe
Hl. Thomas (früher 21. Dezember, seit 1969 3. Juli) 224/225
Tiere und Bräuche 134–137
Tod 218–222
Tracht 225–227
Totenbruderschaft
   s. → Tod
Totenwache
   s. → Tod
Trauerkleidung
   s. → Tod

U & V

Hl. Ulrich (4. Juli) 228/229
Unruhnacht 228
Unschuldige Kinder (28. Dezember) 229
Hl. Urban (25. Mai) 229/230
Hl. Vinzenz (22. Januar) 230
Volkstänze 230–233
Vornamen 233/234
Vorzeichen 234/235
Votive 235/236

W

Wallfahrt 179, 237–239
Walpurgisnacht (30. April auf 1. Mai) 239–241
Walz 240, 241, 244
Wasserorakel 241–243
Weiberfastnacht 243

Weide
→ Pflanzen und Bräuche
Weihnachten 244, 245
Weihwasser 244–246
Weinbeergeiß 246
Weinhüter 247/248
Wenden 248/249
Werkelmann 249
Wetter und Bräuche 252–255
Wiedergänger
　s. → Tod
Wiege 249/250
Hl. Wolfgang (31. Oktober) 250/251
Wudil
　s. → Hochzeit

Z
Zahlen 256/257
Zahlenlotto 257/258
Zahn 258
Zauber 259
Zinken 259
Zinseier
　s. → Ostern
Zylinder 259/260

Zu vielen Einträgen finden sich Informationen auch auf: austria-orum.org/af/Wissenssammlungen/ABC_zur_Volkskunde_Österreichs

BILDNACHWEIS

akg-images, Berlin: Seite 64/65 (Siegfried Bonitz/DDR Bildarchiv)
APA-PictureDesk, Wien: 17, 76/77, 88, 239, 240 (Austrian Archives/Imagno); 221 (Archiv Hajek/Imagno); 115, 190 (Franz Hubmann/Imagno); 121 (Sammlung Hubmann/Imagno); 147 (Roland Mühlanger); 26, 30, 58, 199, 216 (Helmut Nemec/Imagno); 13, 38, 155 (Franz Neumayr); 50 rechts, 55, 74, 99, 171, 183, 246, 253 (Österreichische Nationalbibliothek/Imagno); 81, 135, 140/141, 179 (Österreichisches Volkshochschularchiv/Imagno); 34/35 (Edwin Stranner); 19 (Gerhard Trumler/Imagno); 85, 184/185, 203 (Votava/Imagno)
bpk, Berlin: 231 (Lothar Rübelt)
Deutsche Fotothek/SLUB Dresden: 245
Getty images, München: 162 (Sean Gallup)
mauritius images, Mittenwald: 50 links, 51 (United Archives), 156 (Paul Fearn/Alamy)
Stadtarchiv Bamberg: 125 (Alfons Steber)
Stadtarchiv München: 69
Süddeutsche Zeitung Photo, München: 107 (RalphH/Timeline Images)
ullstein bild, Berlin: 110, 137
Wikipedia, Berlin: 167 (Andreas Praefcke), 177 (Hagman)
Privatbesitz Alfred Wolf: 45, 242